国家社科基金项目“供给侧结构性改革背景下长江经济带市场化生态补偿机制的培育研究”（18CJ09）
江西省社会科学规划青年博士基金项目“碳排放视角下的土地生态利益分配制度对城市建设用地生态效率的影响研究：以环鄱阳湖生态城市群为例”（17BJ09）
江西省高校人文社科基金项目“区域环境规制策略性互动、空间溢出与城市建设用地生态效率——以长江中游城市群为例”（JJ18228）
江西师范大学青年英才培育资助计划（2019）

土地收益分配制度对城市建设用地利用效率的影响研究

钟成林◎著

TUDI SHOUYI FENPEI ZHIDU DUI CHENGSHI JIANSHEYONGDI LIYONGXIAOLV DE YINGXIANGYANJIU

2014)，土地供给不足与粗放利用、低效配置并存（张海鹏等，2014；王永慧，2015)，城市建设用地规模的持续扩张和城市经济总量的增长并不意味着土地利用效率的同步提升（张衔等，2016)。2013 年处于低效利用状态的城镇工矿建设用地高达5000 平方公里，约占全国城市建成区面积的 11%①，2008~2012 年全国批而未供的土地 1300.99 万亩，闲置土地 105.27 万亩，批而未供土地占批准建设用地总量的 41.6%②。

在城市建设用地供需矛盾突出与低效利用并存的背景下，盘活存量，提高存量建设用地的利用效率，用好增量，提高新增建设用地的配置效率就是提高城市建设用地利用效率以及有效破解城乡建设用地供需矛盾的有效手段（钟成林等，2015)，而如何盘活存量，提高存量土地的利用效率，用好增量，提高新增建设用地的配置效率也就顺理成章地成为国内外学者共同关注的焦点和学界研究的热点。

按照制度经济学大师诺斯（2014）的观点，制度才是决定长期经济运行绩效的关键，土地收益分配制度作为我国土地制度体系的核心制度安排之一，引导着土地利益相关者的土地利用行为，决定了最终的土地利用绩效（杨亚等，2005)。因此，本书拟从土地收益分配制度的角度出发，以农地发展权收益分配制度、土地出让收入分配制度和土地税收收益分配制度为切入点，沿着制度—行为—绩效的分析范式，详细考察在现行土地收益分配制度的激励约束作用下，各土地利益相关者将采取何种土地利用行为，这些土地利用行为将会对城市建设用地利用效率产生何种影响，其作用机制如何；不同的土地收益分配制度是否存在交互作用，现实数据是否支持这些作用机理；我们如何根据实证结果，借鉴国外发展经验来进一步深化土地收益分配制度改革，提高城市建设用地利用效率。

---

① 详见 http：//www. mlr. gov. cn/wszb/2014/lytdgd/zhibozhaiyao/201406/t20140619_ 1321081. htm。

② 详见《国家土地督察公告》，2015 年第 1 号。

目录

第一章 导 论

一、研究意义

（一）现实意义

土地收益分配制度是决定城市建设用地利用效率的关键，因此本书对于捋顺土地收益分配关系，合理引导土地利益相关者的土地利用行为，提高城市建设用地利用效率，有效缓解城市建设用地供需矛盾，保护耕地，保障粮食安全，维护社会和谐稳定，实现城乡经济社会的持续健康发展就具有重要的现实意义。

（二）理论意义

从土地收益分配制度的角度来分析城市建设用地利用效率问题不仅能让我们了解土地收益分配制度影响城市建设用地利用效率的微观作用机理，而且还可为制度决定绩效的理论提供有力的佐证。此外，土地收益分配制度影响城市建设用地利用效率的分析范式还可拓展至其他资源和其他形态利用效率问题的研究上。

二、研究方法

（一）文献分析法

通过系统梳理国内外相关文献，明确国内外在土地收益分配制度、城市建设用地利用效率以及土地收益分配制度对城市建设用地利用效率的影响等领域的研究现状，归纳总结了他们的主要观点和争辩的焦点，初步奠定了本书的研究基础。与此同时，在充分肯定国内外学者业已取得的研究成果的基础上，指出了他们的研究当中还存在的一些不足，并据此确定了本书的研究视角和切入点。

（二）制度比较分析

采用对比分析法分析了中外土地收益分配制度的发展差异，归纳总结了国外土地收益分配制度中一些好的做法和经验，有效识别出我国土地收益分配制度体系中存在的问题和不足。

（三）定性与定量分析相结合

首先采用超效率 DEA 模型和 Malmquist 指数法，从静态和动态两个角度，对我国 29 个省份和 284 个地级市的城市建设用地利用效率进行了综合测定，归纳总结了我国城市建设用地利用效率的基本特征，明确了我国城市建设用地利用效率的发展趋势，归纳总结我国城市建设用地利用效率存在的问题，初步揭示引发城市建设用地利用效率波动的结构性根源。

采用博弈论的分析方法，详细考察了在不完全信息条件下，大城市和小城市如何从自身利益最大化的角度出发，选择自己的新增建设用地供应计划申报策略，大城市和小城市的行为互动如何决定最终的新增建设用地供应计划申报均衡。与此同时，采用混合博弈分析法，简要分析了在土地督察管理部门土地督察策略概率分布未知的情况下，地方政府如何根据识别概率和惩处力度的变化来选择自己的超计划用地策略。

（四）规范分析与实证分析相结合

以西方经济学的成本收益分析理论和制度经济学的制度—行为—绩效理论为依据，沿着土地收益分配制度—土地利益相关者的土地利用行为—城市建设用地利用效率的分析范式，对农地发展权收益分配制度、土地出让收入分配制度、土地税收收益分配制度以及制度间的交互作用对城市建设用地利用效率的影响机理进行了逻辑推演。然后，综合采用空间计量、门限回归和普通计量等现代化计量手段和估计方法，从宏观、中观和微观三个视角对各土地收益分配制度对城市建设用地利用效率的影响进行了实证研究。

三、研究思路和技术路线

（一）研究思路

从城市建设用地利用效率制度决定论出发，以农地发展权收益分配制度、土地出让收入分配制度和土地税收收益分配制度三项子收益分配制度安排为切入点，沿着土地出让收入分配制度—土地利益相关者的土地利用行为—城市建设用地利用效率的分析思路，从理论和实证的角度综合分析土地收益分配制度对城市建设用地利用效率的影响。首先，系统梳理国内外有关土地收益分配制度和城市建设用地利用效率的相关研究文献，明确研究现状，并在此基础上确立本书的切入点。其次，厘清国内土地收益分配制度体系的基本框架，归纳总结农地发展权收益分配制度、土地出让收入分配制度和土地税收收益分配制度的基本特征和演化进程，并有意识地选取部分典型国家和地区的优秀土地收益分配制度做重点介绍，通过土地收益分配制度的横向比较，归纳境内外土地收益分配制度的主要差别，初步揭示导致城市建设用地利用效率国别差异的土地收益分配制度根源。再次，利用我国 29 个省份和 284 个地级市 2004~2014 年城市市辖区相关数据，综合采用超效率 DEA 模型和 Malmquist 指数模型，从动态和静态两个角度对我国城市建设用地利用效率进行综合测定，归纳总结我国城市建设用地利用效率的基本特征，指出我国城市建设用地利用效率存在的问题，并对决定我国城市建设用地利用效率发展现状的收益分配制度根源进行预判。又次，以制度经济学的制度行为理论和西方经济学的成本收益理论、博弈论为指导，对农地发展权收益分配制度、土地出让收入分配制度以及土地税收收益分配制度影响城市建设用地利用效率的微观作用机理进行逻辑推演。最后，综合采用空间面板、门限面板和普通面板模型等现代化计量模型和分析手段，从宏观、中观和微观角度对农地发展权收益分配制度、土地出让收入分配制度和土地税收收益分配制度对城市建设用地利用效率的影响进行实证检验。根据实证结果以及典型国家和地区的优秀土地收益分配制度发展经验，提出了有针对性的对策建议。综合而言，本书主要想解决以下几个问题：

（1）我国城市建设用地利用效率的平均水平如何，变化趋势怎样，结构如何；到底是城市建设用地利用效率中的哪一部分或哪一环节抑制了城市建设用地利用效率的增长。

（2）我国主要有哪些土地收益分配制度，具体规定是怎样的；国外有哪些优秀的土地收益分配制度，与国外的优秀土地收益分配制度相比，我国的土地收益分配制度还存在哪些不足。

（3）农地发展权收益分配制度、土地出让收入分配制度以及土地税收收益分配制度是否对城市建设用地利用效率有显著的影响，这种影响是否存在区际差异；各土地收益分配制度影响城市建设用地利用效率的中介渠道或作用机理如何。

（4）土地出让收入分配制度与土地税收收益分配制度的交互作用是否会对土地税收收益分配制度的资源配置功效产生显著影响。

（5）各土地利用行为对城市建设用地利用效率的影响是不是线性的。

（二）技术路线

从城市建设用地利用效率制度决定论的理论基础出发，沿着理论模型构建—定量分析—定性分析—实证分析—结论和政策建议的总体分析路线，根据制度经济学和西方经济学相关理论，综合采用数理推导、逻辑推演、博弈论、超效率 DEA 模型、Malmquist 指数模型、普通面板计量模型、空间计量模型和面板门限计量模型等分析手段，对土地收益分配制度对城市建设用地利用效率的影响进行了系统分析，技术路线如图 1-1 所示。

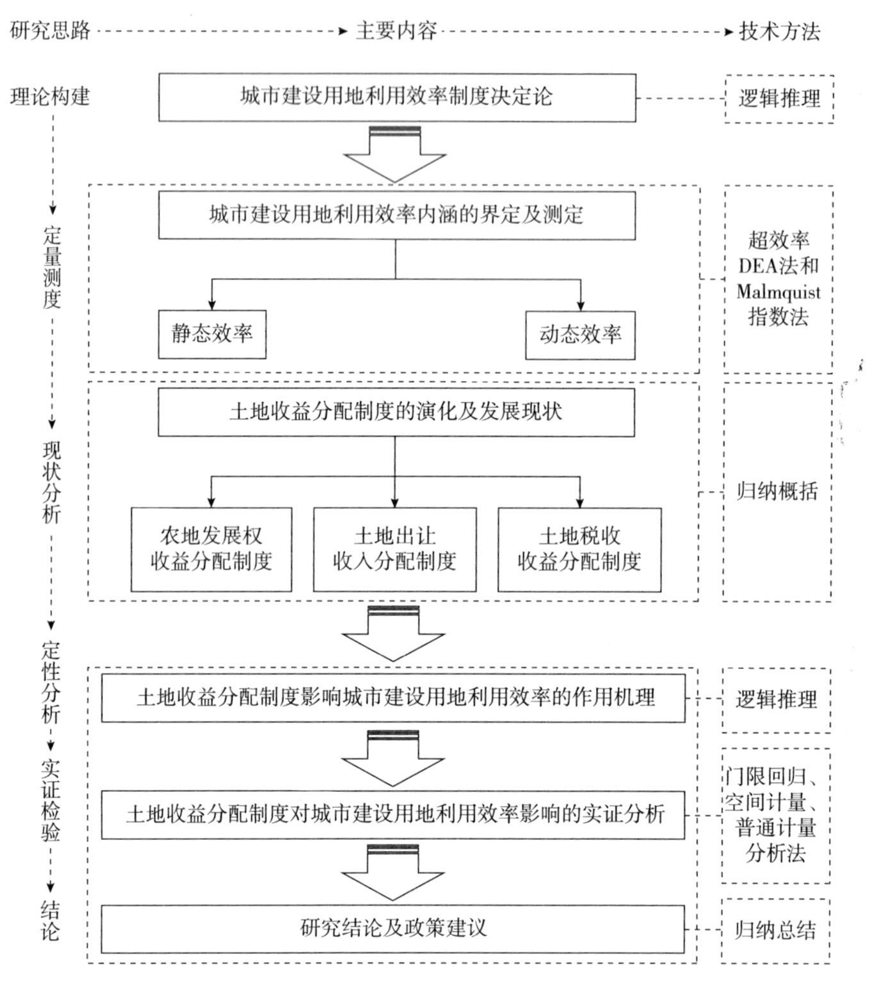

图 1-1　技术路线

四、研究内容

为分析土地收益分配制度对城市建设用地利用效率的影响，以城市建设用地利用效率制度决定论为逻辑起点，沿着土地收益分配制度—土地利益相关者的土地利用行为—城市建设用地利用效率的总体性分析思路，从理论和实证的角度系统分析了农地发展权收益分配制度、土地出让收入分配制度和土地税收收益分配制度三项子土地收益分配制度安排对城市建设用地利用效率的影响。具体而言，本书主要分为七章，各章的主要研究内容如下：

第一章主要介绍了本书的研究背景、研究意义，提出了系统的研究思路，指出了本书所采用的研究方法，构建了本书的研究框架，阐述了各章的主要研究内容。

第二章简要阐述了本书的理论基础，系统梳理了国内外学者在城市建设用地利用效率、土地收益分配制度以及土地收益分配制度对城市建设用地利用效率等方面的研究进展，归纳总结了国内外现有研究的主要观点，并对其做了简要的述评，在充分借鉴前人研究成果的基础上，确定了本书的研究视角和切入点。

第三章系统阐述了农地发展权收益分配制度、土地出让收入分配制度以及土地税收收益分配制度三项子土地收益分配制度安排的具体分配规定和变迁过程，并结合最新统计数据资料对各土地收益分配制度的变迁过程做了有力佐证，系统归纳总结了各子土地收益分配制度的内部结构特征和空间分布特性。

第四章基于投入产出视角，结合本书的研究目的和发展现状，系统阐述了城市建设用地利用效率的基本内涵。综合采用超效率 DEA 模型和 Malmquist 指数法，从动态和静态两个角度对我国 29 个省份和 284 个地级市 2004~2014 年的城市建设用地利用效率进行了综合测定，归纳总结了我国城市建设用地利用效率的时空和内部结构特征，初步揭示了导致我国城市建设用地利用效率表现出这些特征的土地收益分配制度根源。

第五章是本书的核心内容之一，本章主要以城市建设用地利用效率制度决定论为逻辑起点，综合运行制度经济学的制度—行为—绩效理论和西方经济学成本—收益分析、博弈分析等现代分析方法，系统推演了农地发展权收益分配制度、土地出让收入分配制度和土地税收收益分配制度三项子制度安排影响城市建设用地利用效率的微观作用机理。

第六章综合采用空间计量、门限面板和普通计量等现代化计量手段和估计方法，从全国和东中西部地区两个层面，以宏观、中观和微观三个角度，对农地发展权收益分配制度、土地出让收入分配制度、土地税收收益分配制度以及制度间的交互作用对城市建设用地利用效率的总体性影响进行了实证分析，对各微观作用机理进行了实证检验。

第七章根据实证结果，提炼了本书的研究结论，结合土地收益分配制度影响城市建设用地利用效率的作用机理，充分借鉴典型国家和地区的优秀土地收益分配制度发展经验，提出了进一步深化土地收益分配制度改革，促进城市建设用地利用效率持续快速增长的对策建议。

五、本书的创新点与不足之处

（一）可能的创新点

一是视角创新。国内外现有研究大多是从传统因素角度来研究城市建设用地利用效率问题，从土地收益分配制度视角来分析的极少，虽然大量学者从土地税收角度论证了其对土地资源配置效率的影响，但他们的研究还缺乏系统性，更未将研究层次提升至土地收益分配制度的高度。按照诺斯的观点，制度才是决定长期经济运行绩效的关键，土地收益分配制度作为土地制度体系的核心制度安排之一，引导着土地利益相关者的土地利用行为，决定了最终的土地利用绩效。有鉴于此，本书主要从土地收益分配制度的视角来研究城市建设用地利用效率问题，着重分析了农地发展权收益分配制度、土地出让收入分配制度和土地税收收入分配制度三项子土地收益分配制度对城市建设用地利用效率的影响，详细考察了在现行土地收益分配制度的激励约束作用下，各土地利益相关者将采取何种土地利用行为，这些土地利用行为将会对城市建设用地利用效率产生何种影响，其作用机制如何，我们如何充分借鉴土地收益分配制度影响城市建设用地利用效率的作用机理来指导土地利用实践，如何通过变革土地收益分配的激励结构来实现预期的土地管理目标，提高城市建设用地利用效率。

二是研究范围创新。将农地发展权收益分配制度纳入土地收益分配制度影响城市建设用地利用效率的分析框架中，以新增建设用地和超计划用地两个二级制度安排为切入点，从实证和理论两个方面来考察它们对城市建设用地利用效率的影响。农地发展权配置是新增建设用地配置的源头，其配置结构和配置效率在很大程度上决定了新增建设用地的最终配置绩效，但受计划经济思想的影响，目前我国农地发展权仍主要采用计划方式进行配置，因此国内对农地发展权收益分配制度对城市建设用地利用效率影响的研究极少，对超计划用地这种非正式农地发展权收益分配制度对城市建设用地利用效率影响的研究几乎处于空白。鉴于此，本书拟将土地收益分配制度的研究范围进一步拓展至农地发展权收益分配制度，不仅分析新增建设用地供应计划这种主流和传统的农地发展权收益分配制度对城市建设用地利用效率的影响，而且还系统分析了超计划用地这种非正式农地发展权收益分配制度对城市建设用地利用效率的损害。

三是研究内容创新。着重考察了土地出让收入分配制度与土地税收收益分配制度的交互作用对城市建设用地利用效率的影响。国内外现有研究虽然注意到了各土地收益分配制度对城市建设用地利用效率的独立作用，但很少考虑制度间的交互作用对城市建设用地利用效率的影响，在我国的土地收益分配制度体系中，土地出让收入分配制度居于核心地位，而土地税收是一种较为弱势的土地收益分配制度，强势的土地出让收入分配制度很可能会对弱势的土地税收制度提出额外的要求，干扰土地税收收益分配制度对城市建设用地利用效率的影响，因此本文除了考虑各土地收益分配制度安排对城市建设用地利用效率的独立影响之外，还将研究内容拓展至土地收益分配制度间的交互作用对城市建设用地利用效率的影响，特别是土地出让收入与土地税收收益分配制度的交互作用对土地税收资源配置功效的影响。

四是研究方法创新。采用非线性估计技术（门限回归模型）来拟合土地出让收入分配制度对城市建设用地利用效率的影响。虽然国内现有研究表明，土地出让收入分配制度存在严重的扭曲，并显著地抑制了城市建设用地利用效率的增长，但这些研究大多认为，土地出让收入分配制度对城市建设用地利用效率的影响是线性的。而随着工业化进程的不断推进、地方政府土地财政状况的不断发展以及违法用地收益分配制度的不断变迁，土地收益分配制度的激励结构将会发生“质”的变化，对土地利益相关者土地利用行为的影响也就会发生显著的变化。若仍采用线性估计技术对其进行估计，势必会造成严重的估计偏误，进而无法全面窥视土地收益分配制度对城市建设用地利用效率影响的全貌，若将其用于指导土地收益分配制度和土地利用实践，将会带来灾难性的后果。有鉴于此，本书采用了门限回归方法来对土地出让收入分配制度影响城市建设用地利用效率的各种微观作用机理进行拟合，以期能还原土地收益分配制度影响城市建设用地的本来面目。

（二）不足之处

由于各种原因，本书还存在如下一些不足：

（1）由于生态效率的内涵和测定方法尚不成熟，因此本书分析的仅仅是城市建设用地的经济效率，对生态效率几未涉足。但随着生态危机的日益凸显，对城市生态效率的研究刻不容缓，故只分析城市建设用地的经济效率，而未分析生态效率是本书的一大缺陷，与此同时，也为未来的研究预留了广阔的空间。

（2）由于数据的限制，我们无法将“虚假挂牌出让”从真实的挂牌出让当中区分出来，因此也就无法考察“虚假挂牌出让”这种伪市场化出让方式对城市建设用地利用效率的独立影响，而是只能混入真实挂牌出让之内。希望未来随着统计资料的不断完善，“虚假挂牌出让”的相关数据会日渐丰富，彼时便可将“虚假挂牌出让”作为一种独立的土地出让方式和土地收益分配制度安排来看待，并直接考察其对城市建设用地利用效率的影响。

第二章　理论基础及国内外研究进展

随着工业化和城镇化进程的持续快速推进，城市建设用地规模不断扩张，耕地数量锐减，18 亿亩耕地保护红线岌岌可危，粮食安全和生态安全面临严峻挑战，城市建设用地供需矛盾极为突出。在此背景下，提高城市建设用地利用效率就是有效缓解城市建设用地供需矛盾、保障城市经济社会持续健康发展的有效途径。按照诺斯的观点，制度才是决定长期经济运行绩效的关键，土地收益分配制度作为土地制度体系的核心制度安排之一，引导着土地利益相关者的土地利用行为，决定了最终的土地利用绩效，因此，土地收益分配制度才是影响城市建设用地利用效率的关键，对城市建设用地利用效率影响因素问题的研究也就聚焦于土地收益分配制度领域。

第一节　理论基础

国内外围绕城市建设用地利用效率影响因素问题开展了大量研究，取得了丰硕的成果，但他们的研究主要集中在传统影响因素领域，从土地收益分配制度角度出发的研究极少。虽然部分学者有所涉猎，但还未上升至制度的高度，在为数不多的涉及土地收益分配制度的研究当中，又主要集中在某一或某些土地收益分配制度上，缺乏系统性，因此，本书主要从制度的角度出发，着重考察了土地收益分配制度对城市建设用地利用效率的影响，本书的理论基础如下：

一、科斯定理

按照科斯第一定理，在交易费用为零的情况下，只要允许自由交易，无论产权的初始配置状况如何，最终都能实现资源配置的帕累托最优。这主要是由于在交易费用为零的情况下，扭曲的初始配置状况可以不费成本地得到调整，只要资源配置没有实现帕累托最优，潜在的调整利益就会驱使利益相关各方展开谈判，调整资源的配置结构，直至资源配置的帕累托最优。

但科斯第二定理表明，在交易费用为正的情况下，法律制度极其重要①，这主要是由两个原因决定的：一是在自由可交易的状态下，虽然资源的配置状况可以调整，但资源的调整需要借助市场机制，而市场机制的运行不是免费的，资源的调整最多只能在一定程度上改善资源的配置状况，但并不能完全矫正初始扭曲配置，因此一个较好的初始配置方案将比一个较差的初始配置方案更有利于资源配置效率的增长。二是制度转换也要花费成本，只有制度转换的超额收益超过制度转换本身所花费的成本时，制度转换才有可能发生。若制度转换成本超过制度间潜在收益的差额，那么经济系统将长期被锁定在低效率制度的运行轨道，这极大地降低了经济系统的整体运行效率，抑制了资源配置和利用效率的持续快速增长。

新增建设用地供应计划和超计划用地是我国农地发展权配置领域的两项重要制度安排，由于其配置机制存在显著的差别，这使两者的运行成本也存在较大的差异，故由此导致的配置绩效也就不尽相同。更关键的是，新增建设用地供应计划分配的农地发展权并不完整，新增建设用地供应计划指标不能自由交易流转，这进一步凸显了产权初始配置的重要性。

二、产权理论

诺斯指出："产权理论和国家理论是理解制度结构的两大基石。"② 汪洪涛也认为："产权构成了制度安排的基础，所有的经济主体的交互行为从根本上说都是围绕着产权展开。"③ 由此可见，产权制度是其他制度安排的基础，产权制度的发展状况直接决定了其他制度安排的发展状况。

按照西方产权理论，产权不是一项权利，而是一束权利。巴泽尔在《产权的经济学》一书中指出，"产权是由消费这些资产，从这些资产中取得收入和让渡这些资产的权利或权力构成"；德姆塞茨在《关于产权的理论》一书中指出，"产权是一种社会工具，它界定了一个人或他人如何受益及如何受损，因而谁必须向谁做出补偿以修正他们的行为"④；埃格特森也认为，"产权主要包括如下三项权利，第一是一项资产的权利，第二是从资产中获取收益及与他人订立契约的

① 程恩富、胡乐明：《新制度经济学》，北京：经济日报出版社，2005 年，第 52-55 页。

② 道格拉斯·C. 诺斯：《经济史中的结构与变迁》，上海：上海三联书店，1991 年，第 17 页。

③ 汪洪涛：《制度经济学——制度及制度变迁性质解释》，上海：复旦大学出版社，2006 年，第 12 页。

④ Demsets, H., Toward a theory of property rights, *American economicreview*, Vol. 57, No. 2 (May, 1974), pp. 347-359.

权利，第三是永久转让有关资产所有权的权利”①；柯武刚等也提出，“我们可以将产权定义为个人或组织的一组受保护的权利，他们使所有者能够通过收购、使用、抵押和转让的方式持有或处置某些资产，并获取这些资产运营过程中的收益”②。虽然不同经济学家对产权结构的认识有所差别，但他们都认为，收益权是产权的一项基本权能，人们之所以热衷于追求产权，主要是因为产权能给其带来额外的收益，而人们之所以愿意放弃产权，主要是由于产权的维护成本超过了产权给其带来的收益，因此可以认为，产权是收益权的基础，收益权内生于产权，产权制度的发展状况直接决定了收益分配制度的发展状况，有什么样的产权制度就有什么样的收益权分配制度。

在土地私有制国家，私人不仅拥有土地的使用权，而且还可拥有土地的所有权，任何单位和个人想要使用土地，绝大部分都只能通过购买的方式加以解决。在美国，即使州政府想要征占地方政府的土地，也必须采用购买的方式，而不能平调。与此相反，我国是社会主义国家，实行的是土地的社会主义公有制，个人只拥有土地的使用权，不拥有土地的所有权，这样的土地产权结构特征决定了我国的土地收益分配制度将有别于私有制国家。在我国，城市土地所有权不能买卖，但使用权却可依法交易流转，土地交易价格体现的是土地使用权的价格。较为特殊的是，我国的土地公有制是一种二元体制，农村土地和城市土地分属不同的公有制主体，农村土地归集体经济组织所有，而城市土地归国家所有，农村土地要转为国家土地，只能经由国家征收。在将农村土地转为国有土地的过程中，首先必须购买农村土地的所有权，然后才能将购买的农村土地所有权转换为城市土地所有权。但值得特别注意的是，我国的土地征收是一种体制内交易，在交易完成后，土地所有权归国家所有，从性质上来看仍属于土地公有制，只是公有制的层次有所提高，因此从交易前后土地所有权的性质来看，我国土地征收过程中所涉及的土地所有权转变与私有制国家的土地交易有本质区别。

虽然土地所有权有公有和私有之分，但土地的公共管理权却绝大多数都归政府所有，这样的土地产权配置结构使得各国政府都有权凭借土地的公共管理权参与城市土地收益分配。在现实生活中，土地税收就是国家土地公共管理权借以实现的主要经济形式。由于土地位置固定且不易于隐藏，这使土地非常适合用来征税，自土地私有制诞生以来，来自于土地的税收就是各国政府财政收入的重要来源，但与私有制国家相比，公有制国家土地税收的财税贡献相对更弱，私有制国家的土地税收对国家财政收入的税收贡献则相对更强。

---

① ［冰］思拉恩·埃格特森：《新制度经济学》，北京：商务印书馆，1996 年，第 35 页。

② 柯武刚、史漫飞：《制度经济学——社会秩序与公共政策》，北京：商务印书馆，2000 年，第 212 页。

产权决定收益分配的观点已基本成为经济学界的共识，那么产权是如何决定收益分配的？或者说，为什么产权制度相同或相似的国家和地区却演化出了不同形式的收益分配制度？到底是什么原因引起了土地收益分配制度的国别或地区差异？张五常（2002）的佃农理论对此作出了较为合理的解释①，在该理论中，他构建了一个包括交易费用、交易风险和合约选择的系统分析框架，并用交易费用和交易风险的差异解释了现实合约选择的差异。他指出，交易费用和交易风险是决定地主—农户合约选择的重要因素，两者的交互作用共同决定了现实的合约选择。对特定的合约安排来说，交易风险和交易费用总是不能两全，有利于降低交易风险的合约安排却常常会导致交易费用的上升，而有利于降低交易费用的合约安排却常常会增加交易风险，当交易费用和交易风险达到均衡时，合约均衡也就自动实现。

三、制度变迁理论

按照林毅夫（1996）的制度变迁理论，根据制度变迁主体的不同，可将其分为诱致性制度变迁和强制性制度变迁，其中强制性制度变迁是靠政府命令和法律引入来实现的，而诱致性制度变迁则是由个人或一群人在响应制度非均衡引致的获利机会时所进行的自发性变迁，前者的实施主体是政府，而后者的实施主体是一个人或一群人。

根据制度变迁方式的不同，又可将制度变迁模式分为激进式制度变迁和渐进式制度变迁，其中渐进式制度变迁所引发的制度变革幅度较小，对社会的影响也较小，而激进式制度变迁则是在短时间内对制度进行剧烈的变革。渐进式制度变迁虽然较为温和，不太容易招致社会的强烈反对，因此也就更容易实现制度变革的预期目标，但与此同时也应该看到，渐进式制度变迁采取的是“小步慢走”的方式，制度变迁的周期较长，在漫长的制度变迁过程中将形成各种利益集团，这些利益集团在自身利益得到满足后就不愿意对制度做进一步的变革，有时甚至会反对其他行动集团发起的进一步制度变革，正是这些利益集团的存在致使制度变迁过程裹足不前，无法彻底进行。激进式制度变迁则有望在短时间内迅速实现制度变革目标，不用遭受利益集团的困扰，但与此同时也容易引发社会动荡，一旦失败，后果不堪设想。不同性质的制度变迁可采取不同的制度变迁方式，如强制性制度变迁既可以采取激进的变迁方式，也可以采取渐进的变迁方式，诱致性制度变迁也可采取渐进或激进的方式进行。

制度变迁一般都意味着用新的制度代替旧的制度，但在我国的土地收益分配

① 张五常：《经济解释》，北京：商务印书馆，2002年，第53-80页。

制度领域，新制度出现后，旧的制度并没有就此消失，而是与新制度长期共存，这是为何？这主要与我国采用的制度变迁模式有关。纵观改革开放后我国的制度变迁历程，大多采用的是渐进式变迁方式，土地收益分配制度作为城市要素收益分配制度改革的突破口自然也就首当其冲，在土地收益分配制度的渐进式变革过程中，形成了大量的土地利益集团，致使我国土地收益分配制度改革阻力重重。如虽然相关部门一再强调，要求工业用地与其他经营性用地一样，必须采用完全市场化的招拍挂出让方式，但从各地的执行情况来看，形势并不乐观，“虚假挂牌出让”的情况较为普遍，即使是在北京这样的国际化大都市也难免存在“虚假挂牌出让”现象，这使得我国工业用地招拍挂出让收入分配制度改革遇到了严重的阻碍，既得利益集团的存在也就较好地解释了为何一些低效率的土地收益分配制度能够长期存在。此外，不同形式的土地收益分配制度，其对交易费用降低的作用各有所长，不同土地出让收入分配制度安排间的关系不是自由竞争，而是垄断竞争，正是这种差异化的制度竞争，不同土地出让收入分配制度安排能够在相同的制度环境下长期共存。具体而言，招拍挂出让方式和与之对应的土地出让收入分配制度主要适用于工商用地等需求量较大、经济效益较为明显的地类，采用招拍挂出让方式可在较短的时间内汇集大量的潜在需求者，并在较短的时间内以较为低廉的成本将其配置给对其评价最高同时也是最善于使用它的单位或个人，这有利于降低交易成本，提高交易效率，改善资源的配置状况，充分发挥招拍挂等完全市场化出让方式的制度优越性。而协议和划拨则主要适用于其他不宜采用招拍挂出让的地块，如在新加坡，协议出让主要适用于零星破碎的地块，对这些地块而言，由于土地面积狭小且不规整，很难进行常规开发利用，这使得其潜在需求者甚少，将地块出让信息传递给这些潜在的需求者需要广泛的信息发布途径和漫长的等待，这将产生大量的信息成本和机会成本。即使找到了这些潜在的需求者，市场势力相对结构的变化也注定了交易双方的讨价还价过程必然会比一般的土地出让过程更为艰辛曲折。为了降低这些交易成本，邀请临近地块有限的几个土地使用者参与土地交易就成为一种更优的制度安排。通过邀请特定经济主体参与土地交易不仅可以降低搜寻成本，而且还有利于降低讨价还价的成本，故这种小范围协商的土地收益分配制度安排最有利于降低交易成本，最符合交易双方和社会的整体利益，因此也就会成为一种现实的土地出让收益分配制度选择。划拨是社会主义国家计划经济时期的遗产，不可否认，其绝对交易成本极为高昂，若不加区分地采用划拨方式必然得不偿失，但对于那些公益属性较强、社会效益和生态效益较高、经济效益并不明显的地块而言，划拨方式却是一种理想的选择，这主要是由于社会效益和生态效益的衡量较为困难，要精确计算出这些地块的开发利用所带来的社会效益和生态效益更是难上加难，即使能够计量，其成本也会超乎想象，并会超过招拍挂出让制度所带来的好处，蚕食制度的红利，因此，直接采用划拨方式能够节约计量成本，当这种节约超过了不同收益分配制度间原本的交易成本差异时，划拨就会成为一种现实的土地收益分配制度安排，并与其他土地收益分配制度长期共存。

四、土地规模报酬递减理论

土地规模报酬递减是经济学发展史上的一个重要概念，土地规模报酬递减规律首先发轫于农业领域，描述的是在农业生产中，劳动和资本等可变要素的投入与由此带来的单位土地面积产出之间的关系。

威廉·配第是最先注意到“土地规模报酬递减”现象的古典政治经济学家，他在 1672 年出版的《政治算术》中总结道，“一定面积土地的生产力存在一个最大的限度，超过这一限度之后，土地生产物的数量就不会随劳动的增加而增加了”。

重农学派代表人物杜尔阁（1766）在其论著《关于财富的形成和分配的考察》中也重点论述了土地规模报酬递减思想，他指出：“撒在一块天然肥沃土地上的种子，增加劳动投入后，产量增加的比例会大于投资增加的比例，直到这一比例达到它所能达到的上限。超过这一点再增加投资，产量的增加会越来越少，直到土地的肥力被耗尽，投资的增加不会使产量有任何提高。”（杨欢进，2010）

随后，英国农场主安德森于 1777 年在《谷物法性质的研究》中首次注意到了科学技术进步对农业生产率的影响，他指出，“在合理的经营制度下，土地的生产率可以无限制地提高，但在一定的科学技术条件下，这种提高是有限的，土地肥力会递减，一定量的土地能供养的人口是有限的”。遗憾的是，安德森并没有将技术进步对规模报酬的影响规范化，这就使得技术进步对土地规模报酬递减的影响一直没有引起太大的关注，直到 1836 年西尼尔才将“农业生产技术保持不变”作为一项重要的前提条件引入土地规模报酬递减内涵当中。

虽然众多的经济学家和实业家都基于自己的研究和观察提出了内容极为相似的土地规模报酬递减的思想，但他们都未使用“土地规模报酬递减规律”这个词，直到 1815 年，英国的威斯特在其论著《资本用于土地》一书中才正式提出了“土地规模报酬递减规律”的概念，他指出，“土地之所以必须日渐垦殖，就在于‘土地报酬递减规律’之故”，“所谓土地规模报酬递减规律是指在耕作改进的过程中，原生产物的增加将耗费日益增大的费用，换句话说土地的纯产品和它的总产品的比例是递减的”。

到了 1900 年，美国经济学家克拉克在其著作《财富的分配》中开始将生产要素分为可变和不变两类，并将“若干生产要素投入量保持不变”“只有一种要素可变”作为土地规模报酬递减规律发生作用的前提[①]。在边际报酬达到最高点以前，不变要素的比重大于变动要素的比重，直到边际报酬越过最高点后，不变要素与可变要素的比重才会趋于平衡。在边际报酬达到最高点之前，不变要素没有得到充分利用，而可变要素则已被充分利用，此时增加可变要素的投入数量可大幅提高可变要素的边际效率，当边际报酬超过最高点后，不变要素已被充分使用，而可变要素则处于不充分利用状态，在此条件下，再增加可变要素只能带来递减的报酬[②]。

随着经济社会的不断发展，土地规模报酬递减规律的内涵也日渐丰富，土地规模报酬递减的适用范围逐渐从农业领域拓展到其他生产领域，规模报酬的适用对象也从不变要素转移到可变要素，我国一些农业科学家的实验结果甚至表明，在同时考虑多种投入要素可变的情况下，土地的规模报酬递减规律依然成立。随着城市经济的不断发展，城市开始在经济生活中占据主导地位，城市土地日益成为经济学家关注的重点，城市土地规模报酬递减规律也就成为一个绕不开的核心问题。所谓城市土地规模报酬递减规律是指，在生产技术水平、土地要素及其他要素投入数量保持不变的情况下，随着可变要素投入数量的不断增多，产出也将不断增长，且产出的增长速度将快于可变要素的增长速度，但当可变要素的投入数量超过一定临界点后，随着可变要素投入数量的继续增加，产出虽然也会增加，但产出增加的幅度将小于可变要素的增长幅度。

值得注意的是，技术水平保持不变是城市建设用地规模报酬递减的前提条件之一，但现实的技术却是不断进步的，故现实的生产规律可能并不像传统规模报酬递减规律所预示的那样行事。这集中表现为，在技术进步速度一定的情况下，经济系统的生产曲线将处于动态变化之中，最优生产规模和最佳土地要素投入数量也呈不断增长之势，因此为了获取规模报酬递增效益，避免规模报酬递减损失，经济主体应及时根据变化了的生产条件适时调整要素投入数量。

五、效率理论

效率是经济学研究的核心，亚当·斯密在《国富论》中就对效率问题做了系统的论述，这初步奠定了效率理论的基础，勾勒出了效率理论的基本框架。在《国富论》中亚当·斯密将效率分为两种类型：一种是分工效率；另一种是竞争

① 约翰·B. 克拉克：《财富的分配》，陈福生、陈振骅译，北京：商务印书馆，1959 年，第 157 页。

② 毕宝德：《土地经济学》，北京：中国人民大学出版社，2001 年，第 211-212 页。

效率。前者用制针业的例子做了生动的说明，后者则是贯穿全书的思想精髓。循着亚当·斯密的这两个方向，不同的学者发展了不同的分支，由此也就产生了两种不同的效率理论：一种是配置效率论；另一种是生产效率论。

配置效率论是西方经济学的主流效率理论，历经多个发展阶段而长盛不衰，从古典经济时期的李嘉图、萨伊，到新古典经济时期的马歇尔、瓦尔拉、帕累托，再到现代资产阶级经济学的代表人物萨缪尔森等都是配置效率论的坚定支持者。由于配置效率论产生于自由竞争时代，因此技术有效是该理论的一个暗含前提，故配置效率论关注的焦点是资源的配置问题，重点研究的是如何调整配置结构，将生产要素从低效率使用者手中转移到高效率使用者手中，将消费品从低出价者手中转移到高出价者手中。

所谓配置效率也就是亚当·斯密在《国富论》中所说的竞争效率，表示的是一种资源配置状态，该最优配置状态由完全竞争引致。虽然如此，但完全竞争在现实生活中并不存在，因此竞争效率也只是空中楼阁。直到 1887 年，意大利经济学家帕累托在研究资源的配置问题时提出了帕累托最优标准，竞争效率才从理论走向实践。所谓帕累托最优指的是一种资源配置状态，在该状态下，任何资源配置的调整都无法做到使得至少一个人的状况变好，而没有任何人的状况变坏。经济效率或帕累托效率是一种理想状态，代表的是既定资源的最高配置境界，但由于现实的资源配置过程总是存在各种摩擦，致使帕累托最优总是遥不可及，因此我们一般用现实的资源配置状态与理想资源配置状态进行对比来判断经济系统的资源配置绩效，只要现实的资源配置状态与帕累托最优所要求的资源配置状态存在一定的差异，就说明资源配置状况没有达到最优，仍存在帕累托改进。

生产效率论是与配置效率论相对的一个效率理论。受古典经济思想的影响，长期以来，人们只关注宏观层面的资源配置效率，却很少关注微观层面的生产效率。在人们的印象中，企业好比是一个黑箱，只要按照既定比例投入相应的要素就能得到预期的产出，人们对企业生产的这一固有观念使得一些对效率有重要影响的因素被忽视，但这些因素对效率的影响可能比配置效率对效率的影响还要大。直到 1966 年，美国哈佛大学教授莱宾斯坦提出了X-效率理论，企业内部的生产效率问题才开始为人们所关注。莱宾斯坦教授认为，大型企业集团由于长期缺乏外部竞争压力，致使企业集团内部形成了一种惰性，这种惰性将导致企业生产效率的下降，但这种效率损失并不是由传统的资源配置失当引发，而是由企业的自身缺陷引发，因此该效率损失并不是配置效率损失，而是与之相对的非配置效率损失。① 莱宾斯坦教授继续指出，虽然企业与员工签订了合约，但由于现实

① Harvey Leibenstein, Allocative efficiency vs "X-efficiency", *American economic review*, Vol. 56, No. 3 (June, 1966), pp. 392-415.

的复杂性，这种合约总是不完全的，这就使员工有很大的自由来选择自身的努力水平，而为了自己的利益考虑，员工并不会拼尽全力，而是喜欢偷懒。与此同时，虽然企业目标是个人目标之和，但企业目标并不等于员工个人的目标，员工个人目标经常与集体目标相冲突。此外，人的行为并不总是理性的，而是会根据环境的变化有选择地表现自己的理性程度。无论是选择性努力、选择性理性还是个人目标对集体目标的偏离都会导致企业生产效率的下降，相同的投入并不能带来稳定的最大化产出。

综合而言，配置效率论和生产效率论都是着眼于如何从既定的投入中获取更多的产出，只是两者关注的重点或视角存在一定的差别。配置效率关注的是宏观层面的资源配置问题，假定的是所有的技术都得到了充分的发挥，重点分析的是如何通过帕累托改进以达到帕累托最优。生产效率的着力点则在微观企业层面，生产效率论并不关注宏观层面的资源配置问题，而是聚焦于企业内部的生产技术问题，生产效率论假定企业微观层面存在技术效率损失，因此其研究的重点就是如何通过加强组织协调，制定更为合理的激励机制，提高劳动者的积极性，提升X-效率，在相同投入的情况下，生产出更多的产出。

六、地租理论

（一）传统地租理论

地租是一种较为古老的土地收益分配制度，地租的产生是土地产权制度变革的产物。根据地租形成原因的不同，可将地租分为绝对地租和级差地租，其中绝对地租是最基本的地租形态，马克思指出，“地租是土地所有权借以实现的经济形式”，任何人想要使用他人的土地都必须向土地所有者缴付地租，任何不付费的土地使用行为都将被排除在外。英国重商主义代表人物、古典政治经济学先驱威廉·配第（2010）在其著作《赋税论》中提到，“地租是劳动产品扣除生产费用和维持劳动者必须后的余额，是剩余价值和剩余劳动的真正形态”，新古典综合学派代表人物萨缪尔森也认为“地租是土地的使用价格”。从生产关系的角度来看，绝对地租似乎带有强烈的剥削意味，但亚当·斯密指出，绝对地租可以看成是地主出借自然力的报酬，重农学派代表人物杜尔阁也认为，“农业中存在着一种特殊的自然生产力，这种自然的生产力使得劳动者生产出来的产品数量在扣除自己再生产劳动力所必需的数量后还有剩余，这部分剩余产品就是自然恩赐的‘纯产品’，由于这部分‘纯产品’并不是劳动者个人努力的结果，而是自然努力的结果，‘纯产品’不应分配给劳动者，而应以绝对地租的形式分配给自然力的所有者地主”。因此从出借自然生产力的角度而言，绝对地租似乎带有一定的合理性，因为这并没有挤压其他要素再生产所需的收入份额，对这部分地租的占有并不会阻碍简单再生产的顺利进行。

与此相对，级差地租是地租的特殊表现形式，而根据级差地租形成过程的不同，又可将级差地租分为级差地租Ⅰ和级差地租Ⅱ，其中级差地租Ⅰ是由土地肥力和离市场远近程度的不同所引发的，等量投资投在优等土地上能生产出更多的产品，而等量投资投在离市场更近的地块上也能节省更多的产品运输费用，因此，如果在最劣等土地和离市场最远的土地上经营都能获取正常利润，那么在优等土地和离市场更近的土地上经营将可获得超额利润。由于在优等土地和离市场更近的土地上经营能创造超额利润，因此也就可以提供更多的地租，这部分超额地租就是极差地租Ⅰ。级差地租Ⅱ是由等量资本投在同一土地上所产生的级差收益引发，大卫·李嘉图认为，由于存在土地规模报酬递减规律，在同一地块上连续追加等量投资将产生递减的收益，当追加投资所产生的收益只相当于劣等土地上的投资收益时，在优等土地上的投资就会停止。但只要连续追加投资的收益超过最劣等土地的收益水平，在优等土地上连续追加等量投资就可创造超额利润，这部分超额利润并不为土地使用者所享有，而是会以级差地租Ⅱ的形式流入地主手中。

（二）城市土地竞租理论

受屠能农业圈层理论的启发，美国哈佛大学教授阿朗索于 1964 年提出了城市土地竞租理论，首次系统揭示了城市土地空间分布形态的形成机理。城市土地竞租理论认为，不同的用地类型，其竞标函数和竞标曲线均存在一定的差别①，而不同用途土地使用者之间的公开竞争则共同决定了城市地租的空间分布形态和城市土地的空间配置结构。在该配置结构下所有土地使用者都实现了利润最大化，全部地块都配置给了最佳用途，任何配置结构的调整都会导致土地配置效率的下降和社会福利的损失。

具体而言，由于商业企业对区位较为敏感，在市中心经营能获得更多利润，因此，商业企业对市中心的土地评价最高，其竞标曲线最为陡峭。与此相反，住宅用地对城市边缘地区的地块更为偏爱，对城市边缘区位的土地评价也相对更高，这就使得住宅用地需求者的竞标曲线最为平坦。此外，工业用地对区位条件不如商业用地那么敏感，且工业生产会产生大量污染，这就使得工业企业的竞标曲线比商业企业的更为平坦。最终，在各业用地需求者公开竞价的情况下，市中

---

① 竞标租金函数简称竞标函数，是指土地使用者对不同区位的城市土地所愿意支付的最高价格。竞标租金曲线简称竞标曲线，是竞标函数的具象化，随着离市中心距离的不断增加，城市土地的区位条件也在不断恶化，超额收益也就会不断减小，土地使用者的租金支付能力也就会不断下降，因此竞标曲线是一条向右下方倾斜的曲线，只是不同的用地类型，其竞标曲线的斜率存在显著的差别。

心的土地将由商业企业竞得，紧邻市中心的地块将配置给工业用地，而住宅用地将坐落在城市的外围。

土地竞租机制能确保把不同区位的土地配置给最佳的用途，做到“地尽其用”，这有利于引导土地的空间布局，改善城市土地的空间配置状况，优化城市土地的空间配置结构，提高城市土地的空间配置效率。与此相反，任何阻碍竞租机制顺利发挥的因素都会改变各业用地的竞租函数和竞租曲线，扰乱城市土地的空间配置秩序，恶化城市土地的空间配置结构，抑制城市土地空间配置效率的增长。

随着经济体制改革的深入实施，我国土地出让市场的市场化程度也在不断提高，市场逐渐替代了政府在土地资源配置过程中发挥主导作用，这有利于优化土地资源的空间配置结构，提高土地资源的空间配置效率，真正做到“地尽其用”。但与此同时，土地出让市场的市场化改革并非一帆风顺，而是阻力重重，招拍挂等市场化出让方式在实际的执行过程中经常走样变形，严重侵蚀了招拍挂出让收入分配制度的潜在效能，弱化了市场机制在城市土地资源配置过程中作用的有效发挥，降低了土地资源的空间配置效率。

第二节　国内外研究进展

一、城市建设用地利用效率

城市建设用地主要是指用于城市建设和满足城市机能运转所需土地的总称。从空间分布形态来看，城市建设用地主要是指位于城市规划区范围内，并被赋予一定用途和功能的土地的统称。从利用形态来看，城市建设用地可分为居住用地、公共设施用地、工业用地、仓储用地、对外交通用地、道路广场用地、市政公共设施用地、绿地和特殊用地。

国内对城市建设用地外延和内涵的争议较小，但对城市建设用地利用的理解差异较大。毕宝德认为应当从土地利用的目的来界定土地利用活动，他指出“土地利用是指人类通过与土地的结合获得物质产品和服务的经济活动过程”①。周诚则强调从资源配置和具体使用的角度来界定土地利用的内涵，他提出“土地利用是指对于某一国、某一地区、某一单位之土地，在社会需要的不同方向上，在

① 毕宝德：《土地经济学》，北京：中国人民大学出版社，2001 年，第 190 页。

国民经济的各个不同部门之间，在各个不同项目上的分配和使用”①。曲福田则主张从规划和政策的视角来定义土地利用过程，他指出“土地利用不同于土地使用，土地使用最多只能算是狭义的土地利用，即对土地施以一定的劳动和资本以求发挥土地的功能，学术上的土地利用是指人们为了实现特定的目的，对特定土地资源的特性，结构功能进行综合评价和用途设计，制定政策和规划方案，以臻于最优利用”②。刘书楷等对土地利用的理解则更加宽泛，他提出：“土地利用是指人们根据土地资源的特性、功能和一定的经济目的，对土地的使用、保护和改造”③，由此可以看出，土地利用活动不仅包括利用土地生产相应的产品和服务，满足人们的经济目的，而且还包括保护和改造土地这项要素本身。

从不同学者对土地利用所下的定义可以看出，其分析的视角和关注的层面存在很大的差别，其中毕宝德、周诚和刘书楷等都是从土地开发利用实践的角度出发，从微观使用层面来阐述土地利用的内涵，而曲福田等则主要从土地管理的角度出发，从宏观层面来构建土地利用的外延和内涵。由于本书所要分析的是各省份具体的土地利用状况，想要考察的是各省份的微观土地使用过程，故采用的是毕宝德和周诚对土地利用所下的定义，即本书认为土地利用是一个与土地结合生产出所需产品和服务的过程。

目前，国内对城市建设用地利用效率的研究主要集中在效率的测定、评价以及传统因素对城市建设用地利用效率的影响两个方面。

（一）城市建设用地利用效率的测定与评价

对城市建设用地利用效率的测定与评价主要从以下三个角度展开：

一是从单要素生产率的角度对土地利用效率进行测度与评价。根据测定方法的不同，可将土地单要素利用效率研究分为如下两大类：第一类是从边际效率的角度来考察土地的单要素利用效率。边际学派创始人门格尔（2013）认为，“一种要素在生产中的贡献，可通过撤除它所引起的损失来评估”，因此边际贡献是考察要素边际效率的一个重要手段和方法。受边际分析范式的启发，大量学者从边际效率的角度来测度土地的单要素利用效率，如陈伟等（2014）采用经改进的DEA 模型，在控制其他要素的情况下，单独提取出土地要素对产出的边际贡献信息，而王良健等（2015）则运用参数估计方法，基于 C-D 函数，采用 SFA 法对各地级市的土地单要素生产率进行了综合测定。第二类是单一指标法，即直接用产出与土地要素之比来作为土地要素利用效率的一个量度。李永乐等（2014）认为，所谓城市建设用地利用效率主要是指单位城市建成区面积上的第二、第三

① 周诚：《土地经济学初编》，北京：土地经济研究会，1986 年，第 127 页。

② 曲福田：《土地经济学》，北京：中国农业出版社，2016 年，第 106 页。

③ 刘书楷：《土地经济学原理》，南京：江苏科学技术出版社，1988 年，第 122 页。

产业增加值，贝涵璐（2009）、罗文斌（2010）和吴一洲等（2013）延续了单一指标的传统，用城市非农产业产值与城市建成区面积之比来表征城市建设用地利用效率，并从土地经济密度的角度对不同空间尺度的城市建设用地利用效率进行了综合测定。

二是从集约利用的角度对土地利用效率进行测定与评价。土地经济学家毕宝德认为，城市存在一个最适规模，当城市的实际规模低于该最优值时，随着城市规模的不断扩大以及可变要素投入数量的不断增多，各要素的边际效率也将不断提升，故大量学者基于规模报酬视角对土地的集约利用绩效进行了综合测定与评价。如方创琳等（2013）就直接采用主成分分析法，从土地开发利用模式、产业基础、城市功能和人口规模等角度对城市新区和老区的土地集约利用状况进行了综合测定与比较。姚成胜等（2016）则主要从土地利用强度、土地产出和可持续性三个方面对各城市的土地集约利用状况进行了综合测算与评价，彭冲等（2014）则从土地投入强度、土地利用强度、土地产出效益和土地利用结构四个方面对我国各省2006~2011年土地集约利用的时空特征进行了系统分析。除此之外，张宪涛等（2016）还着重考虑了经济新常态的土地利用特征，率先将要素质量、产业结构、土地市场化状况和土地持续利用状况等能反映新时期动能转换和产业结构转型升级特征的指标纳入评价体系，并用该新评价指标体系对成都市两个国家级开发区的土地集约利用状况进行了综合测评。

三是从全要素生产率的角度对土地利用效率进行测定与评价。根据全要素生产率测定方法的不同，又可将国内研究分为两大类：第一类研究主要基于传统DEA模型，从静态角度对城市建设用地全要素生产率进行测定与评价，静态效率测定方法的目的旨在揭示土地利用效率的发展现状和空间分布特征。如林坚等（2014）采用DEA法详细剖析了我国各城市群土地利用效率的区域差异和时空特征，张俊峰等（2014）采用DEA法对武汉城市圈城市土地利用效率的时空分布特征进行了详细比较分析。第二类研究则主要基于Malmquist指数模型，从动态角度对城市建设用地全要素利用效率的变化状况进行综合测定和评价，动态效率测定方法的重点在于揭示效率的变化趋势和寻找引发效率波动的结构性根源。如许建伟等（2013）采用Malmquist指数法，对长三角16个城市2000~2010年间的全要素土地利用效率的变化状况进行了综合测定，并从技术进步、技术效率和规模效率的角度对导致土地利用全要素生产率趋势性下降的根源做了较为合理的解释。范建双等（2015）为了克服Malmquist指数法无法进行多边和跨期比较的缺陷，采用基于Färe-Primont指数的DEA方法对浙江省地级市1999~2010年的建设用地利用效率进行了动态测定和比较。

（二）传统因素对城市建设用地利用效率的影响

除了对城市建设用地利用效率进行测定之外，国内学者还对城市建设用地利用效率的影响因素展开了大量研究，归纳而言，他们所关注的传统影响因素主要有如下几类：

首先，经济因素是影响城市建设用地利用效率的主要方面。奥国学派创始人门格尔（2013）认为，土地也是一种财货，其价值由供求关系决定。随着经济的不断发展，土地需求也会不断增加，土地价格也将不断上升，这将提高土地资源的配置和利用效率（毕宝德，2001）。从微观视角来看，人均收入水平的增加会刺激住房消费需求的增长，推动住房竞租曲线向右上方移动，提高住宅用地的租金水平，促进城市建设用地利用效率的增长（刘英群，2013）。更为甚者，经济发展水平对城市建设用地利用效率的影响有时是非线性的，随着人均收入水平的提高，土地集约利用水平和利用效率将先上升后下降，最终趋于稳定（孔伟等，2014）。

与此同时，产业结构作为经济结构的重要表现形式，也是影响城市建设用地利用效率的关键（范建双等，2015）。王秀平等（2013）、李培祥（2010）等的研究认为，产业结构变化与用地结构变化相互影响，相互制约，产业结构变化将会引起用地结构发生相应的变化，而用地结构的转换又是产业结构转型升级的基础。而孟媛等（2011）的研究则进一步表明，产业结构转换对城市建设用地利用效率的影响是非线性的，随着工业化进程的不断推进，第三产业与第二产业用地的效率之比将先上升后下降。韩峰等（2013）的研究也支持产业结构对城市建设用地集约利用水平的影响存在非线性特征的观点，在产业结构调整的早期，产业结构的优化将导致土地的粗放利用，抑制城市建设用地集约利用水平的提升，只有当产业结构的优化程度超过一定的临界值时，产业结构的进一步调整才会有效促进城市建设用地集约利用水平的提升和城市建设用地利用效率的增长。

其次，一些社会因素也会对城市建设用地利用效率构成严重的威胁，李永乐等（2014）的研究表明，耕地资源赋存状况将会对城市土地开发利用模式产生显著的影响，耕地资源稀缺程度的上升有利于促进土地利用效率的增长，但这种倒逼效应只对东部地区有效，中西部地区耕地资源的倒逼效应并不明显。

除此之外，城镇化发展水平也是制约城市建设用地利用效率持续快速提升的关键，陈伟等（2014）的研究表明，长三角地区的人口城市化显著地促进了城市建设用地利用效率的增长，但土地城市化却显著地抑制了城市建设用地利用效率的有效提升，土地城市化过快是导致当前我国城市建设用地利用效率不断下降的重要原因。更为甚者，城市化对城市建设用地利用效率的影响可能是非线性的，当前我国的城市化显著地抑制了城市建设用地利用效率的有效提升，且这种抑制作用存在显著的区间效应，当城市化率超过一定门槛值时，这种抑制作用将会加剧（李佳佳等，2015）。与此同时，从分地区的情况来看，城镇化与城市建设用地集约利用的耦合度也存在显著的方向性差异，这间接支持了城市化对城市建设用地利用效率的影响存在门槛效应的核心论点（王雨竹等，2016；张乐勤等，2014）。

此外，人口集聚状态也会对城市建设用地利用效率产生显著的影响，夏清滨等（2015）的研究指出，人口集聚有利于集聚效应的有效发挥，如降低运输费用、共享公共基础设施、劳动力市场等。韩峰等（2013）的实证研究也表明，人口集聚程度的提升有效地促进了我国城市建设用地利用效率的增长，且对东部地区的促进作用最大，中部地区次之，而对西部地区城市建设用地利用效率提升的促进作用并不明显。

然后，地理空间因素也会对城市建设用地利用效率产生显著的影响。柯新利等（2014）的研究就表明，城市间的相互作用力显著地促进了城市建设用地利用效率的持续快速增长，张荣天等（2015）的研究也指出，城市建设用地利用效率存在着显著的空间溢出效应，一个城市建设用地利用效率的提升将会有效推动相邻地区城市建设用地利用效率的快速增长。而赵伟等（2016）的研究结果表明，东部地区优越的地理位置显著地促进了其城市建设用地利用效率的增长，而中西部地区区位条件的弱势则显著地抑制了其城市建设用地利用效率的有效提升。

虽然上述研究均表明，地理空间因素会对城市建设用地利用效率产生显著的影响，但他们主要是从宏观角度对这种影响进行检验，很少有人分析产生这种影响的微观作用机理，周沂等（2013）的研究则在一定程度上弥补了上述不足，其研究表明，靠近省会城市和港口的优越区位能有效促进城市建设用地利用效率的增长，这主要是由于省会城市拥有广阔的市场，离省会城市越近，越有利于充分利用其市场规模巨大的优势，而离港口城市越近，则越有利于降低远洋运输成本，刺激国际贸易增长，因此临近省会城市和港口城市的空间特征有利于促进城市建设用地利用效率的增长。

最后，政府作为我国城市化进程和城市建设用地开发利用的主导者，其行政管理行为对城市建设用地利用效率的影响也是一股不容忽视的力量，这主要表现在如下两个方面：

一是地方政府是我国新增建设用地供应计划的制订者，决定了新增建设用地的配置状况。王昱等（2012）的研究就直接指出，基于地方政府行政层级和计划制订的土地资源配置机制引发了严重的配置效率损失，抑制了城市建设用地配置和利用效率的增长。陆铭等（2009）的研究也认为，新增建设用地计划指标不能流动是造成当前我国东部地区与中西部地区城市建设用地利用效率差距不断扩大的重要原因，因此应允许建设用地指标的跨区域配置，提高新增建设用地指标的配置效率。

二是地方政府的财政支出作为社会总支出的重要组成部分，其支出结构将会对城市建设用地利用效率产生深远的影响。

部分学者的研究表明，地方政府财政支出有利于促进城市建设用地利用效率的增长，例如：张雅杰等（2015）的实证研究就表明，地方政府财政支出有效地促进了长江中游城市群城市建设用地利用效率的增长；陈伟等（2014）以长三角为样本的实证研究也得到了相似的结论；夏清滨等（2015）基于全国层面的分析则进一步支持了地方政府财政支出的增加有利于促进城市建设用地利用效率增长的观点。

但与此同时，其他一些学者的研究却得到了相反的结论，他们的研究认为，地方政府财政支出不仅没有促进反而严重地抑制了城市建设用地利用效率的增长，例如：周沂等（2013）的研究表明，地方政府财政支出占城市 GDP 国内生产总值的比重越大，城市建设用地利用效率将越低；赵伟等（2016）的研究也指出，地方政府财政支出将会改变土地使用者的用地方式和决策模式，当土地使用者充分掌握了地方政府的支出偏好之后，他们就会通过不作为或者少作为的方式将部分成本转嫁给地方政府，这加重了地方政府的负担，影响了财政资金的运用效率，抑制了城市建设用地利用效率的增长；文贯中等（2015）的研究也表明，地方政府财政支出对城市建设用地利用效率的抑制作用存在显著的区际差异，其中中部地区地方政府财政支出显著地抑制了城市建设用地利用效率的增长，而西部地区地方政府的财政支出对城市建设用地利用效率的抑制作用并不显著。

虽然这些学者从不同的角度论述了财政支出对城市建设用地利用效率的影响，但他们仅将地方政府的财政支出视为一般的宏观调控行为，并未将其与土地收益分配制度和地方政府的私利联系起来。但按照公共选择学派的观点，政府官员也有自己的私人利益，也追求利益最大化，在土地财政时代，追求土地出让收入最大化就是大多数地方政府的重要目标之一。在现行地方政府政绩考评体系、土地征收制度、土地出让制度和土地出让收入分配制度的激励约束作用下，地方政府很可能会为了获取更多的土地出让收入而有意识地调整财政收入的支出方向①，这必将对土地出让收入分配和城市建设用地利用效率产生深远的影响。因此，仅从地方政府行政干预和宏观调控的角度来看待地方政府的财政支出行为是片面的，应从土地出让收入分配制度的高度来分析其对城市建设用地利用效率的影响。

二、农地转用增值收益分配

制度是影响经济运行绩效的关键，土地收益分配制度作为土地制度体系的核

① 张军涛、孙振华、张明斗：《中国城市土地利用率的动态测度及影响因素——基于两步法的分析》，《数学的实践与认识》2014 年第 11 期。

心制度安排之一，是决定城市建设用地利用效率的关键，因此在传统影响因素对城市建设用地利用效率的解释力受到质疑的情况下，将分析的目光转向土地收益分配制度就显得极为自然和紧迫。农地转用增值作为城市土地价格的重要组成部分，首先受到了学者的重点关注。当前我国农地转用增值收益分配制度极不合理，这是引发城乡土地资源配置扭曲和城市建设用地利用效率低下的制度根源（Cao，2008）。进一步来看，农地产权结构遭到破坏又是导致农地转用增值收益分配扭曲的关键，虽然《中华人民共和国宪法》明确规定农村土地归农民和农村集体经济组织所有，但这种所有权并不完整，农地并不能直接入市交易，农地要转为城市建设用地只能经由国家征收，这样的农地产权制度安排极大地破坏了农地市场的潜在均衡，弱化了市场机制的调节作用，加速了农地非农化，致使城市建设用地规模扩张过快，抑制了城乡土地资源配置和利用效率的增长（沈飞等，2004）。因此，农地直接入市交易有利于打破城乡土地市场分割的局面，完善农地产权结构，保障农民合法土地权益，特别是农地发展权权益，让农民分享更多的农地转用增值收益，带动农民参与农地征收的积极性，实现资源的优化配置（李中，2012）。

与此同时，征地补偿制度不完善以及农地转用增值收益分配监督机制不健全又是导致农地转用增值收益分配扭曲的关键。由于土地收益分配体制的缺陷，地方政府不仅可以单方做出土地征收决策，而且还可以独立制定土地征收补偿方案，决定土地征收补偿标准。在这样的配置机制下，为了攫取更多的农地转用增值收益，地方政府总是倾向于在法定范围内压低土地征收标准，这就使得大部分的农地转用增值收益都集中在地方政府手中（王小映等，2006；谭荣，2010；刘国臻，2012）。因此，大量学者建议应该改革现行土地收益分配制度，完善征地补偿制度，建立健全政府行为监督约束机制，提高补偿标准，提高中央政府分成比例，减轻地方政府对土地财政收入的过度依赖（徐会苹，2015），提高农地转用成本，延缓城市建设用地扩张，优化城乡土地资源配置，提高城市土地利用效率（臧俊梅等，2008）。

三、土地出让收入分配

与农地转用增值收益分配不同，土地出让收入分配体现的是地方政府与土地使用者之间的土地利益分配关系，从土地收益分配制度的层级体系来看，土地出让收入分配制度是与农地转用增值收益分配制度相并列的土地收益分配制度安排。目前，国内对土地出让收入分配的研究主要集中在土地收益分配对城市建设用地利用效率、地方政府土地利用行为偏好形成的影响以及土地出让收入分配制度影响城市建设用地利用效率的微观基础三个方面。

（一）土地出让收入分配制度对城市建设用地利用效率的影响

土地出让收入分配制度是我国土地收益分配制度体系的核心，是决定城市建设用地利用效率的关键。

从静态的角度而言，城市土地出让收入分配制度的合理与否直接关系到土地资源的合理配置[①]。何芳（2015）的研究表明，土地收储增值收益的合理分配是低效利用土地收储盘活的关键，土地收储增值收益分配过分偏向地方政府将遭遇土地使用者的抵触，致使低效利用土地长期得不到有效的盘活，严重抑制了存量土地利用效率的持续快速增长。

从动态角度来看，土地出让收入分配制度的变革将引发土地利用绩效的波动。大多数学者认为，以市场化为导向的土地出让收入分配制度改革有效地促进了城市建设用地利用效率的增长，如张敬东（1992）的研究也表明，在统收统支时期，由于财税激励机制的缺失，使得地方政府缺乏调整土地利用结构、提高土地利用效率的积极性，这直接导致了城市土地利用结构不合理和效率低下的严重后果。Deng（2005）、叶涛（2007）等对全国和深圳市土地有偿使用制度改革的实证研究也表明，始于1980年初的土地有偿使用制度改革显著地促进了城市建设用地配置效率的增长。白彦锋等（2013）对工业用地出让收入分配制度改革对城市建设用地配置和利用效率影响的研究也得到了相似的结论。唐鹏等（2014）的研究也表明，对非市场化出让方式和土地收益分配制度的限制有效地抑制了“土地引资策略”，降低了划拨和协议出让土地的供应数量，这不仅有效地抑制了城市建设用地规模的肆意扩张，避免了土地资源的粗放利用和低效配置，而且还推动了土地出让市场的发育进程，提高了土地资源的配置效率。赵爱栋等（2016）的研究则进一步表明，工业用地协议出让收入分配制度改革力度的区际差异是导致土地出让市场发育程度区际差异的重要原因，并引发了城市建设用地利用效率的区际差别。与此相反，部分学者则认为土地出让收入分配制度改革阻碍了市场发育，抑制了城市建设用地利用效率的有效提升，如曹广忠等（2007）的研究就直接指出，虽然中央政府通过各种政策措施倒逼地方政府进行土地出让市场化改革，但由于土地征收收益分配制度不健全，地方政府仍可低价征地，因此地方政府仍有优越的土地价格条件来竞争工业资本，故缺乏土地征收市场化改革的土地出让市场化改革就不能达到提高市场化程度的目的。

值得警惕的是，部分学者的研究还表明，土地出让收入分配制度改革对土地出让市场发育和土地资源配置效率的影响并不显著。如夏清滨等（2015）的研究

---

① 何芳：《城市土地再利用产权处置与利益分配研究》，北京：科学出版社，2014年，第152页。

就表明，我国土地出让收入分配制度（市场化）改革并未促进城市建设用地配置和利用效率的有效提升，这主要是土地出让方式的差异化所致，土地有偿使用制度改革虽然有利于减少划拨土地供应数量和占比的增长，但与此同时也导致了协议出让等“伪市场化”出让方式的盛行，严重抑制了土地出让收入分配制度改革的功效，进而导致土地市场化改革对城市建设用地配置和利用效率的促进作用并不显著。

（二）土地出让收益分配影响城市建设用地利用效率的微观基础

土地出让收入分配制度影响城市建设用地利用效率的微观基础主要有以下三个：一是土地出让收入分配制度会影响农地非农化进程，进而影响土地利用效率。董礼洁（2009）指出，农地转用增值收益分配制度不合理是集体使用权流转的内在动力；张志宏等（2013）的研究表明，当前我国的农地非农化过快在很大程度上是因为经济利益分配不均引发，城市中心—郊区—农村土地价格梯度递减规律是厂商、企业或土地开发者放弃城区优越区位，寻求边缘区农用地的根本原因。农地增值收益分配扭曲加速了农地非农化进程，而城乡二元户籍制度使得我国人口的自由流动受到了极大的限制，大量人口被阻滞在农村地区而无法在城市安家落户，致使土地城市化快与人口城市化慢，诱发了土地的粗放利用和低效配置，抑制了城市建设用地利用效率的增长（崔军，2014；文贯中等，2015；王兴杰，2016）。

二是土地收益分配制度会影响管理者和使用者开发利用土地的积极性。张敬东等（1992）的研究结果表明，在统收统支时期，由于财税激励机制的缺失，使得地方政府缺乏调整土地利用结构、提高土地利用效率的积极性，这直接导致了城市土地利用结构不合理和效率低下的严重后果。

三是土地收益分配制度会影响土地储备融资，制约土地利用效率的增长。孙超（2013）指出，发行土地证券可有效拓宽地方政府的土地储备融资渠道，转变土地增值收益分配结构和分配模式，让更多的土地投资者分享土地增值收益，提高货币化分配方式在土地增值收益分配体系中的地位和作用，有效缓解地方政府土地储备融资压力，提高土地收储能力和土地开发利用效率。

（三）土地出让收入分配制度对地方政府行为偏好形成的影响

土地出让收入分配制度是土地财政产生的重要原因，是地方政府土地利用行为偏好形成的关键（吴群等，2015）。现行土地出让收入分配制度具有明显的地方政府利益偏向，为地方政府提供了过大的激励，并诱使地方政府采取一系列的土地财政行为，养成了明显的土地利用偏好，这对我国的城市建设用地利用效率产生了深远的影响。目前，国内对土地出让收入分配制度的研究主要集中在土地出让收入分配制度对地方政府土地利用行为偏好形成的影响上，归纳而言，地方政府的土地利用行为偏好主要表现在如下几个方面：

1. 城市建设用地规模扩张偏好

土地出让收入分配的地方政府偏向为地方政府提供了错误的激励，诱使地方政府盲目扩大城市建设用地面积，并持续陷入土地财政的旋涡而无法自拔。在现行土地征收收益分配制度和土地出让收入分配制度的框架范围内，地方政府只需凭借自己掌握的土地征收权、城市土地垄断供应权以及土地出让方式的选择权便可低买高卖，攫取大量土地利益。为了获取更多的土地出让收入，地方政府加大了土地征收力度、加快了城市建设用地规模扩张速度，这使得城市建设用地规模不断增大。

与此同时，地方政府对土地财政的依赖还具有显著的“路径依赖”特征，一旦陷入土地财政陷阱，地方政府就很难从中逃脱（叶林等，2016），这主要是由于地方政府官员很难在短时间内开辟新的财源，若强行另辟蹊径，将面临严重的政治风险（程瑶，2009），因此地方政府官员总是安于土地财政给其带来的恩赐，不肯轻易改革土地财政制度，这就决定了土地财政对城市建设用地规模扩张的刺激作用具有持久性，对城市建设用地利用效率的抑制作用也将表现出明显的自我强化特征。为此，李刚等（2015）建议应重构中央政府与地方政府间的土地收益分配关系，弱化土地出让收入分配制度对地方政府城市建设用地规模扩张的刺激作用，抑制地方政府的土地财政行为和城市建设用地规模扩张冲动。

2. 土地开发利用模式偏好

低廉的土地获取成本诱使地方政府主要通过增加新增建设用地供应而不是存量土地盘活的方式来满足城市经济社会发展日益增长的城市建设用地需求。

土地出让收入分配制度的分权式改革为地方政府盲目扩大城市建设用地面积，攫取更多土地出让收入提供了极大的激励，而现行地方政府政绩考评体系所激发的区域竞争则是诱使地方政府捕获这些潜在收益，盲目扩大城市建设用地面积的导火索（杨志安等，2015；陈宇琼等，2016）。为了能在激烈的区域招商引资中获胜，各地不约而同地选择了“筑巢引凤”的招商引资策略和土地开发利用模式，这极大地刺激了城市建设用地需求的增长，但与存量土地再开发相比，新增建设用地的获取成本显著更低，在现行农地转用增值收益分配制度框架范围内，地方政府只需动用自己的土地征收权便可轻松攫取大量的超额土地收益，有效满足区域招商引资日益增长的工业用地需求，这就使得城市建设用地外延扩张成了地方政府的不二之选，而存量建设用地盘活却随着区域招商引资竞争的白热化而被抛诸脑后（侯有金，2015）。

3. 产业结构偏好

在工业用地低价协议出让制度的推动作用下，地方政府在扶持产业的选择上采取了策略性行为，加大了对地方房地产业的支持力度（郭志勇等，2013），弱化了共享税和中央独享税税基产业的关照，这就使得城市房地产业和工业不断发展壮大，在城市投资结构中所占比重不断攀升，致使城市投资和产业结构表现出了明显的工业化和房地产化特征（曹广忠等，2007）。

地方政府对土地出让收入的过分追逐导致房地产业过度繁荣。李怀等（2016）的研究就表明，土地财政显著地促进了房产价格的上涨，且对东部和中部地区房价上涨的推动作用尤为明显。宫汝凯（2012）的研究也指出，分税制改革是推动房价持续快速增长不可忽视的制度性因素，而土地出让收入分配制度是联系分税制与房价上涨的桥梁。更为甚者，部分学者的研究还表明，土地出让收入增加与房价上涨之间是一种双向互动的关系（王猛等，2013），高房价有利于获取高额的土地财政收入，而为了获取更多的土地出让收入，地方政府又会进一步地推动房价的上涨（邵朝对等，2016）。

4. 城市建设用地利用效率的阶段性特征

虽然现有研究大量表明，土地财政会推动城市建设用地规模扩张，加剧土地城市化对人口城市化的偏离，抑制城市建设用地利用效率的增长，但他们大多认为土地出让收入分配制度对城市建设用地利用效率的影响是线性的，而蒋震（2014）的研究指出，土地出让收入不仅受地方政府主观努力程度的影响，而且还与工业化发展水平有关，只有当地方政府的努力程度与工业化发展水平均较高时，土地财政才会实现快速的增长。王克强等（2012）、丘海雄等（2012）以及邹秀清（2016）的研究则进一步指出表明，随着工业化水平的不断提高，地方政府对土地出让金的依赖先上升后下降，大体上呈现出一个倒“U”的形状，对城市建设用地利用效率的抑制作用强度也就会先下降后上升。

此外，城市化和经济发展对土地财政的影响也是非线性的，在城市发展的早期阶段，土地财政的增加会促进城市空间扩张，但在城市发展后期，土地财政的空间扩张效应将逐渐降低，土地财政与城市空间扩张之间的关系表现为一个倒“U”形（李勇刚等，2016）。从经济发展的角度来看，当人均收入水平较低时，由于税基较窄，地方政府对土地财政的依赖较强，但随着城市经济的发展和人均收入水平的不断提高，城市税基不断拓宽，对土地财政的依赖程度将会降低（李一花等，2016）。由于土地财政在很大程度上是地方政府行政干预的结果，而不是市场演化的结果，因此地方政府对土地财政依赖程度的变化将导致城市建设用地利用效率的波动，这将导致城市建设用地利用效率表现出显著的阶段性特征。

四、土地税收的资源配置功效

国内外学者对土地税收的资源配置功效展开了激烈的争辩，归纳而言，他们的观点可分为三大类：第一类观点认为土地税收是中性的；第二类观点认为土地税收是非中性的；第三类观点认为土地税收是否具有资源配置功效带有很大的不确定性。

土地税收中性论者认为，土地税负会被转嫁和资本化，土地税收的任何变化都会转化为土地价格的相应波动，当土地税收的变化完全被土地价格的变化吸收时，土地税收收对土地资源利用的调节作用就会完全消失，因此土地税收并不具备任何资源配置功效（野口悠纪雄，1989）。Dachis 等（2012）对加拿大多伦多土地增值税收益分配制度改革的实证研究有力地支持了上述论点，他的研究表明，土地增值税每增加 1 个百分点，将会导致房屋交易数量下降 1.5 个百分点，且土地增值税的上涨将会全部转化为土地价格的下降。Michael 等（1974）对美国休斯敦地区的实证研究也指出，由于微观经济主体在作出土地利用决策时已经将土地税率及其变化考虑进来，因此土地税收对城市土地开发率的影响并不显著。

土地税收非中性论者认为，土地税收对土地资源的配置效率具有重要影响。虽然他们承认，现实生活中确实存在土地税收资本化的问题，但与此同时他们也认为，土地税收只会部分，而不会完全资本化，因此土地税收会在一定程度上影响土地利益相关者的成本—收益结构、土地使用者的土地利用行为以及土地资源的配置状况和配置效率（Jacob 等，2015）。针对中国的实证研究却表明，土地税收收益分配制度刺激了城市建设用地规模扩张，诱发了土地的粗放利用和低效配置，抑制了城市建设用地利用效率的增长（李涛等，2015；金媛等，2015）。分税种角度的实证研究也有力地支持了土地税收非中性的论点，如林继红（2014）和孙华强（2015）等对浙江省城镇土地使用税改革的实践研究表明，与经济激励相结合的城镇土地使用税改革显著地促进了城市建设用地利用效率的增长。闫勇等（2015）的研究也指出，房产税不仅有利于控制地方土地出让面积、优化土地资源配置结构、提高土地资源的配置和利用效率，而且有利于增加地方政府财政收入，改善地方政府财政状况，降低土地出让收入分配制度对城市建设规模扩张的压力，避免城市建设用地利用效率损失。而 Chien 等（2015）的研究则进一步表明，土地增值税税率短期变化的资源配置功效要强于长期变化的资源配置功效。但也有学者得到了相反的证据，陈宇琼等（2016）的研究却表明耕地占用税不仅没有抑制，反而刺激了城市建设用地规模扩张。

但对国外土地税收的研究却普遍表明，土地税收有利于促进城市建设用地利用效率的提升，只是不同的土地税收其对土地利用行为的调节方式存在一定的差别（Mitra，1960）。其中来自于土地的财产税主要通过影响城市基础设施建设的方式来促进城市建设用地利用效率的增长，这主要是由于来自于土地的财产税收入是地方政府财政收入的主要来源，可为城市基础设施建设提供强有力的资金支持，改善城市基础设施状况，提高城市经济系统的整体运行效率，促进城市经济发展和城市建设用地利用效率的有效提升（Chattopadhyay 等，2015）。更进一步来看，差异化的财产税有利于改善土地的空间配置状况，提高土地的空间配置效率，促进城市建设用地整体利用效率的增长（Benoy，2015），与此同时，差异化的土地财产税税率有利于促进税收公平，缩小收入差距，刺激消费需求增加，推动经济增长，促进城市建设用地利用效率的有效提升（Gluszak，2015）。与财产税不同，土地交易流转环节的税收收益分配制度对城市建设用地利用效率的影响主要体现在交易成本和交易数量上，John（2014）对澳大利亚土地税收体制改革的实证研究表明，印花税的取消有利于降低房产交易成本，提高劳动力的流动性，优化劳动力的空间配置结构，促进劳动生产率和土地利用效率的提升。土地增值税的征收虽然有利于调节收入分配，但却显著地增加了土地的交易成本，抑制了土地交易流转，Pietola 等（2011）的研究认为，土地增值税的降低可减少土地交易市场的扭曲程度，提高土地交易市场的运行效率，但 Cho 等（2015）指出，在经济繁荣时期，土地增值税的提高对城市建设用地的蔓延的调节作用并不显著。

与此相对，部分研究表明，土地税收收益分配制度对土地利用效率的影响可能并不是单一的，而是双向的，土地税收既可能促进也可能抑制城市建设用地利用效率的增长。如 Źróbek 等（2016）的研究认为，虽然从价税有利于提高土地的开发密度，促进城市建设用地利用效率的有效提升，但也会降低土地的开发利用强度，抑制城市建设用地利用效率的增长。Farris（2016）也认为，只对建筑物的价值征税不利于抑制城市蔓延，而征收土地价值税不仅有利于提高土地开发利用强度，而且还有利于遏制城市建设用地蔓延。Cho 等（2013）的研究则进一步表明，从价税与从量税双管齐下才是治理从价税资源配置功效漏损的有效手段。他们对 Nashville-Davidson 县的实证研究表明，提高土地税率、降低建筑物价值税税率有利于促进居民点建筑密度的提升，在经过税率调整之后，一般服务区和城市服务区土地税收与建筑物价值税的税率之比已分别上升至 1.07 : 1 和 1.25 : 1，而建筑密度则分别提高了 18%和 83%。

最后，其他学者则指出，土地税收是否会被资本化并不是绝对的，而是与具体的制度环境有关。程瑶（2011）和钟太洋等（2007）的研究就表明，土地税收对城市建设用地利用效率的影响跟土地税制本身有很大的关系，不同的税制将导致不同的调节功效。Alpanda（2012）对日本的研究则表明，土地税收是否会被资本化与土地交易市场主体的预期有关，当土地交易市场的市场主体预期到土地税率的变化是永久性时，土地税收将会被资本化，但当市场主体预期土地税率的变化只是短期现象时，土地税收就不会被资本化。Pietola 等（2011）对芬兰的实证研究也表明，短期的土地增值税削减有利于减少对土地市场的扭曲，加快土地的交易流转，土地增值税削减 75%就可以使现有的交易量加倍，而取消土地增值税则可使土地交易增加 2 倍。此外，短期的土地增值税削减对土地市场扭曲的矫正作用也是短期的，在政策推出后这种矫正作用将会消失。

五、可转让土地发展权计划的资源配置功效

可转让土地发展权计划（TDR）是一种流行于欧美等发达市场经济国家的现代化土地收益分配制度安排，该制度对于解决城市蔓延和开敞空间的保护问题曾发挥了重要作用（Harman，2015）。一方面，可转让土地发展权收益分配制度有利于加快权利接收地区土地开发利用模式的转变，提高其开发利用强度，实现更加“精明”的增长，推动城市建设用地利用效率的持续快速提升（Daniel 等，2016）。但另一方面，部分学者的研究表明，土地发展权收益分配制度并不总是令人满意，如 Matt 等（2004）的研究也表明，可转让土地发展权收入分配制度只对控制带之内的土地开发利用有效，但对控制带之外的土地非农开发利用则缺乏足够的约束力，因此可转让土地发展权计划不仅不能抑制，反而会加剧城市建设用地的蔓延①，Linkous 等（2014）甚至直接指出，可转让土地发展权收益分配制度对控制美国佛罗里达州城市蔓延的作用并不显著。此外，Virginia 等（2006）的研究则表明，可转让土地发展权收益分配制度甚至会带来一些额外的不利影响，他们对美国卡尔弗特县 TDRs 实践的案例分析表明，可转让土地发展权虽然有利于农地保护目标的实现，但由于并没有对权利的落地施加任何限制，这就使得指标的落地在空间分布上较为零散，不仅没有促进土地的集约高效利用，反而助长了土地的粗放式开发，抑制了土地利用效率的增长。

六、土地开发费（税）对城市建设用地利用效率的影响

土地开发费（税）是与土地发展权计划类似的土地收益分配制度安排，其主要功能也主要在于保护开敞空间，减少土地利用冲突，提高土地资源的持续利用水平和利用能力。但与可转让土地发展权计划不同，土地开发费（税）收益分配制度的提出和实践相对更早，且土地开发费（税）主要是通过直接激励的方式来调节土地开发利用行为。Jou 等（2008）的研究就指出，对开敞空间的社

① Matt Moroney Commentary: Purchase of development rights program's success depends on informed Taxpayers Daily. Regional Business News, 2004-05-06.

会收益考虑不足将会引发严重的负外部性，诱使土地使用者加快土地开发速度，致使土地开发数量超过社会所需的最优数量，这将加剧土地城市化对人口城市化的偏离，严重抑制城市建设用地利用效率的持续快速增长。Sundberg（2014）对格鲁吉亚土地开发税改革实践的研究表明，通过对需要保护的地区实施更为优惠的财产税有利于抑制这些地区开发利用强度的增长，进而实现保护开敞空间、促进土地持续利用能力和利用效率增长的目标。Zhu（2004）的研究则从侧面证明了土地开发收益分配制度的重要性，其研究表明，1992 年后城市土地再开发有效地促进了城市建设用地利用效率的增长，但再开发利益分配不明却严重扰乱了土地开发利用秩序，抑制了城市建设用地利用效率的持续快速增长。

值得注意的是，土地开发税并不总能带来令人愉悦的结果，Bento 等（2009）的研究就表明，土地开发税对城市建设用地利用效率的影响存在显著的负外部性，部分土地使用者会因土地开发受限而利益受损，但由于缺乏有效的利益再分配机制，使得其利益损失得不到有效的补偿，这严重挫伤了这些土地使用者开发利用土地的积极性，抑制了土地集约利用水平的有效提升和土地利用效率的持续快速增长。Burge 等（2013）的研究也表明，土地开发费收益分配制度虽然有利于提高开征区域的土地开发密度和投资强度，但与此同时也降低了周边地区的土地开发密度和投资强度，抑制了临近地区土地集约利用水平的提高和利用效率的持续快速增长。

七、租税制度效率的比较

总体而言，现有研究大多认为，土地税收比土地租金对产出的影响更小，效率更高。亚当·斯密就曾指出，土地划归国家所有，并通过收取地租的方式来筹集财政收入将产生大量的交易成本，侵蚀地租，而土地私有则不会产生上述交易成本①。更关键的是，土地私人所有还有利于刺激土地改良，促进产出增加和税收增长，因此从整个社会的角度而言，土地税收是比地租更为优良的土地收益分配制度安排。与此同时，古典政治经济学先驱威廉·配第也认为，为了筹集同等数量的财政收入，征收地租税比划分完的领地然后收取地租的方式更为可靠，但他也提醒世人注意，要严格控制地租税的征管成本，切实防止土地税收所带来的好处为税收征管成本所侵蚀②。

---

① 亚当·斯密：《国民财富的性质及原因》（下卷），郭大力、王亚南译，北京：商务印书馆，1974 年，第 380-404 页。

② 威廉·配第：《威廉·配第著作选集》，陈冬野、马清槐、周锦译，北京：商务印书馆，1981 年，第 31 页。

第三节 国内外研究述评

国内外学者分别从城市建设用地利用效率的测定、土地收益分配制度以及土地收益分配制度对城市建设用地利用的影响三方面做了大量的研究，归纳总结了各地区城市建设用地的时空特征和内部结构特性，并对经济因素、社会因素、地理因素以及地方政府财政支出等对城市建设用地利用效率的影响进行了理论和实证分析，并对土地税收的资源配置功效和土地出让收入分配制度对地方政府土地财政行为的影响进行了重点论述，取得了丰硕的成果，对于指导土地开发利用，提高土地利用效率具有重要的理论和现实意义。但与此同时，他们的研究也存在如下一些不足：

（1）对城市建设用地利用效率影响因素的研究主要集中在传统因素上，从制度角度出发的研究较少，虽然部分学者有所涉足，但还未上升至制度的高度。按照诺斯的观点，制度才是决定长期经济运行绩效的关键，土地收益分配制度作为土地制度体系的核心制度安排之一，引导着土地利益相关者的土地利用行为，决定了最终的土地利用绩效，故土地收益分配制度才是决定城市建设用地利用效率的关键，单纯分析传统因素对城市建设用地利用效率的影响并未触及城市建设用地利用效率问题的本质，亟须将制度因素纳入城市建设用地利用效率影响因素分析框架，从土地收益分配制度的角度来考察其对城市建设用地利用效率的影响。

（2）国内对土地出让收入分配制度的研究则主要聚焦于土地出让收入分配制度对地方政府土地财政行为偏好形成的影响上，他们的分析不仅缺乏系统性，而且没有进一步推演地方政府土地利用行为对城市建设用地利用效率的影响。更关键的是，他们大多认为，土地出让收入分配制度对地方政府土地财政行为进而城市建设用地利用效率的影响是线性的，这很可能与事实不相符。

（3）国内对土地出让收入分配制度的研究主要集中在地方政府方面，对土地使用者土地利用行为及其对城市建设用地利用效率的影响则较少涉足。但土地使用者是土地出让收入分配制度的重要参与者，地方政府在将土地投入市场之后，只有经过土地使用者的开发利用才会产生实际的土地利用后果，若只考虑地方政府的土地财政行为，而不注重对土地使用者后续土地利用行为的分析，难免会造成严重的偏误。因此，在分析土地出让收入分配制度对土地利益相关者土地利用行为进而对土地利用效率的影响时，应该将土地使用者的土地利用行为提升至与地方政府土地财政行为同等重要的位置，详细考察在现行土地出让收入分配制度的激励约束作用下，土地使用者将会采取何种土地利用行为，他们的土地利用行为将会对土地利用效率产生何种影响，其作用机制如何。

（4）国内外研究，特别是国内研究大多只注意到土地税收和土地出让收入分配制度等显性制度安排对城市建设用地利用效率的影响，却忽视了农地发展权等隐性土地收益分配制度对城市建设用地利用效率的威胁。虽然部分学者考察了新增建设用地供应计划这种正统的农地发展权收益分配制度对城市建设用地配置和利用效率的影响，却很少有人分析超计划用地的资源配置功效。

（5）虽然国内外学者对土地税收收益分配制度的资源配置功效做了详尽的论述，但他们并未考虑制度间的交互作用对城市建设用地利用效率的影响。但在行政集权和财政分权的管理体制条件下，土地出让收入分配制度对土地税收收益分配制度的干扰作用又非常明显，因此亟待将制度间的交互作用纳入土地收益分配制度影响城市建设用地利用效率的分析框架。

综上所述，本书拟从土地收益分配制度的角度出发，以农地发展权收益分配制度、土地出让收入分配制度和土地税收收益分配制度三个子土地收益分配制度安排为抓手，沿着土地收益分配制度—土地利益相关者的土地利用行为—城市建设用地利用效率的分析思路，详细考察在这三个子制度的激励约束作用下，各土地利益相关者将采取何种土地利用行为，这些行为将会对城市建设用地利用效率产生何种影响，其作用机理如何，实证结果是否支持这些作用机理。我们如何根据实证结果、作用机理，借鉴典型国家的优秀土地收益分配制度发展经验来进一步深化土地收益分配制度改革，提高土地利用效率，缓解城市建设用地供需矛盾，保护耕地，保障粮食安全，实现城乡经济的持续健康发展。

第三章　国内外土地收益分配制度的演进及发展现状

我国的土地收益分配制度主要包括农地发展权收益分配制度、土地出让收入分配制度和土地税收收益分配制度，因此本章第一节主要从这三个子制度出发，对各制度的分配对象、分配关系、分配结构、分配机制以及变迁过程做系统介绍。与此同时，为了取长补短，本章第二节还有意识地选取了部分典型国家和地区的优秀土地收益分配制度发展经验做了重点介绍，以期能够为进一步深化土地收益分配制度改革、提高城市建设用地利用效率提供有益的参考和借鉴。

第一节　国内土地收益分配制度的演进及发展现状

所谓土地收益分配制度主要是指土地利益如何在各土地利益相关者之间进行分割的规定的总和，是以法律条文或不成文规定等形式所体现的各土地利益相关者的权利和利益关系。由于地方政府在我国土地收益分配制度体系中居核心地位，主导着土地收益分配制度的变迁，决定了土地收益分配的发展现状，因此本书主要站在地方政府的角度来论述我国土地收益分配制度的发展现状及变迁过程。

从结构上看，目前我国的土地收益分配制度体系主要由农地发展权收益分配制度、土地出让收入分配制度和土地税收收益分配制度三项构成（见图 3-1）。具体而言，农地发展权收益分配制度又包括新增建设用地供应计划和超计划用地两项次级土地收益分配制度安排。土地出让收入分配制度则由宏观和中观两个层次的收益分配制度安排构成，其中宏观层次的土地出让收入分配制度安排是指土地出让总收入分配制度安排，即对土地出让总收入如何分配所做的具体规定。中观层次的土地出让收入分配制度安排则主要包括土地征收收益分配制度、前期开发投资收益分配制度、城市维护建设投资收益分配制度以及土地出让纯收益分配制度。土地税收收益分配制度则由三个层次的收益分配制度安排组成：一是宏观层次的土地税收总量收益分配制度，即从土地税收总量的角度来考察其分配基础、分配对象、分配关系和分配结构；二是中观层次的按环节划分的土地税收收益分配制度安排，即获取环节税收收益分配制度安排、保有环节税收收益分配制度安排以及交易流转环节税收收益分配制度安排；三是微观层次的以具体税种划分的土地税收收益分配制度安排，主要包括耕地占用税、城镇土地使用税、房产税、契税和土地增值税税收收益分配制度安排五项。

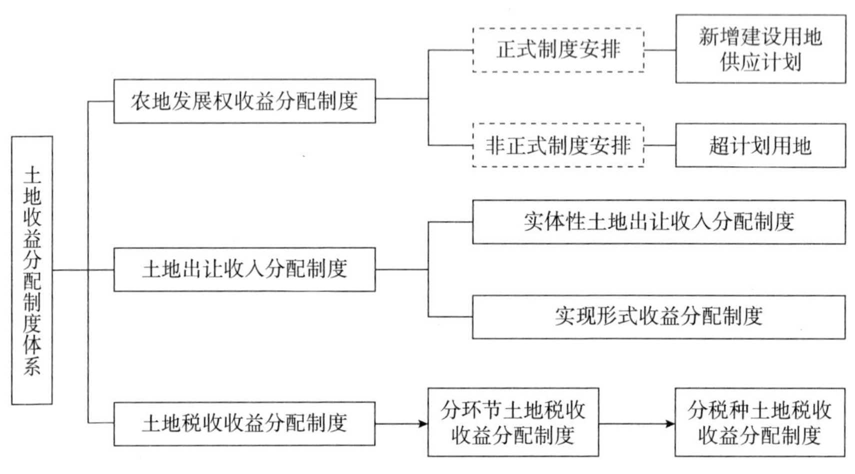

图 3-1　土地收益分配制度体系总览

一、农地发展权收益分配制度

农地发展权是将农地转为其他用途之用的权利，是一种基于土地所有权，却可与土地所有权相分离而单独行使的财产权利（毕宝德，2001；何芳，2009；汪晗，2015）。"土地用途转换的困难性"是土地的基本经济特性之一（王霞等，2004），农地转为城市建设用地后就很难转回，这将会对城乡土地的持续利用产生深远的影响①，因此如无特殊说明，本书所提及的农地发展权仅指农地乡城转换的权利。

（一）农地发展权的归属

农地发展权的产生过程也就是农地发展权的界定过程，由于各国的"土情"和发展水平不一，这就使各国的农地发展权界定进程存在一定的差别，对农地发

① 理论而言，农地转为城市建设用地后仍可转回，但在现有技术条件下，这是得不偿失的，因此从经济的角度而言，农地的乡城用途转换几乎是不可逆的，农地可以轻易地转为城市建设用地，但城市建设用地却很难再转回农业用地。

展权的归属也存在激烈的争论，目前对农地发展权到底归谁所有存在三种不同的观点：

一是土地发展权归国家所有。根据权源的不同，又可将其分为两派：一派认为，农地发展权的权源是国家主权，农地发展权只是一种与土地所有权相并列的财产权利，中央政府作为一国主权的代表，理应是农地发展权的所有者（沈守愚，1998）。另一派认为，农地发展权源于国家公权力（警察权），土地用途管制是农地发展权产生的基础（黄祖辉等，2002；臧俊梅等，2008；张占录等，2015），农地发展权是国家出于公共目的，基于公权力而对土地利用所施加的额外限制（梁慧星，1998），因此国家作为土地用途管制产权的所有者，理应享有农地发展权。

二是土地发展权应归私人所有，持该观点的学者认为土地发展权的权源是土地所有权，土地所有权是一束权利，农地发展权只是土地所有权权利束中的一根“权杖”，因此土地所有者理应享有农地发展权（徐莉萍，2016）。

三是农地发展权应由农民和国家共享。持这种观点的人则认为，应该从土地利用效率最大化的角度来界定农地发展权，土地产权的垄断配置结构并不符合帕累托最优原则，分散配置才能使得土地利用效率最大化。张鹏等（2013）的研究就认为，农地发展权的配置存在一个最优结构，只有按照某一适当的比例在土地利益相关者之间进行合理配置才能实现配置效率的更大化，因此从提高土地利用绩效的角度而言，农地发展权应由国家与土地使用者共享。王永慧（2015）的研究也进一步指出，农地发展权包括基本发展权、实体发展权和虚拟发展权三种形式，但对不同的个体而言，其对权利的使用效率存在显著的差别，因此应将不同形式的农地发展权分散配置给最善于使用它的主体。具体而言，为有效解决农地非农化过程中的外部性补偿问题，基本农地发展权应界定给国家，而为了提高农民保护生态环境的积极性，应将虚拟农地发展权界定给承担生态保护责任的农地产权人，而为了提高农民的农地转用收益，应将实体农地发展权由政府与农民共享。

由于我国改革开放才40多年，城镇化发展历程较短，相关法律法规建设严重滞后，无论是《中华人民共和国宪法》《中华人民共和国物权法》还是《中华人民共和国土地管理法》，均未对农地发展权的归属做出明确的规定，因此我国农地发展权的归属在法律上属于模糊地带。虽然如此，我们仍可从现有的法律条文中推导出农地发展权的归属：现行《中华人民共和国土地管理法》第四条规定“国家实行土地用途管制制度，国家编制土地利用总体规划，规定土地用途，将土地分为农用地、建设用地和未利用地。严格限制农用地转为建设用地，控制建设用地总量，对耕地实行特殊保护”，这直接意味着农地用途转换的权利归国家所有。与此同时，现行《中华人民共和国土地管理法》第八条规定“城市市区的土地属于国家所有。农村和城市郊区的土地，除由法律规定属于国家所有的以外，属于农民集体所有”，第四十三条规定“任何单位和个人进行建设，需要使用土地的，必须依法申请使用国有土地”，这意味着产权变更是农地乡城用途转换的前提，城市非农建设需征占农村土地，首先要将农村土地转为城市国有土地。但《中华人民共和国土地管理法》第二条又规定“国家为了公共利益的需要，可以依法对土地实行征收或者征用并给予补偿”，这意味农地征收的权力归国家所有。

综合而言，一方面，国家直接控制着土地的乡城转换；另一方面，产权变更是农地乡城转换的前提，而土地征收是土地产权变更的唯一途径，在现行土地产权制度框架体系下，我国的土地征收权为政府所垄断，因此农地乡城转换的权力也就在事实上为政府所垄断，故可以推定，我国的农地发展权在事实上归政府所有（Deng，2013）。

（二）农地发展权分配与农地发展权收益分配

按照制度经济学的观点，产权是一束权利，收益权是产权最基本的权能之一，对产权的分配也就是对产权收益权的分配，因此对农地发展权的分配也就是对农地发展权收益权的分配（Pizor，1978），对农地发展权的各种分配制度安排也就是对附着在农地发展权背后的收益权及其收益的分配制度安排，故农地发展权分配与农地发展权收益分配、农地发展权收益分配制度与农地发展权收益分配制度就具有同一性。

（三）农地发展权收益分配制度的具体规定

农地发展权收益是地方政府凭借公共管理权向中央政府索要的土地利益，体现的是中央政府与地方政府之间的土地收益分配关系。但这种权利转移和利益分配并不是一蹴而就的，而是经历了两次周转：先是中央政府作为社会公共利益的代表，将农地发展权从农民（农村集体经济组织）手中收归国有，然后中央政府出于提高土地资源管理和利用效率的目的，通过授权的方式再将汇集的农地发展权分配给各地方政府。

从分配对象上来看，农地发展权收益分配制度的分配对象带有一定的特殊性，与其他土地收益分配制度安排不同，农地发展权收益分配制度的分配对象不是实物或实物对应的价值量，而是看不见摸不着的虚拟权利（将农地转为非农建设用地，并捕获农地转用后的增值收益的权利）。地方政府之所以热衷于攫取农地发展权，主要是为了捕获附着在农地发展权背后的其他各项土地利益。更特别的是，农地发展权具有动态性（张良悦，2007），当这种权利没有被行使时，农地发展权并不会消失，土地利用现状也不会发生改变，农地发展权所有者也无法变现附着在农地发展权背后的潜在土地利益，只有当农地发展权所有者将其付诸实施，虚拟的农地发展权才会转化为现实的城市建设用地使用权，彼时农地发展权的潜在利益才会显化，土地利用现状也就随之发生变迁。

从分配次序上来看，农地发展权收益分配并不属于传统意义上的初次分配或二次分配，而是一个收益权的界定过程，因此农地发展权收益分配制度是其他收益分配制度的基础，只有获得了农地发展权，才能将农地转为城市建设用地，并及时捕获随后的各项土地收益，故从分配次序来看，农地发展权收益分配属于源头性或前置性分配。

根据配置机制的不同，可将我国的农地发展权收益分配制度分为如下两种：

一是新增建设用地供应计划。新增建设用地供应计划是由国土资源管理部门主导的正统的农地发展权收益分配制度安排。由于我国是社会主义国家，实行的是土地的社会主义公有制，对农地发展权的分配也就直接采用了计划管理体制，虽然随着市场经济体制改革的深入实施，土地出让的市场化改革已获得长足的发展，但农地发展权的计划配置体制却没有发生太大的变迁。目前我国的新增建设用地供应计划并未单独制定，而是包含在年度土地利用计划当中，新增建设用地供应计划实行的是严格的指令性管理体制，任何地区都不得突破，没有新增建设用地供应计划指标而擅自扩大城市建设用地面积的行为属于违法用地，应追究相关人员的法律责任。与此同时，各地新增建设用地供应计划的执行情况也是制订以后各年新增建设用地供应计划的重要依据。

二是超计划用地。超计划用地是指在没有经过合法审批的情况下，擅自突破新增建设用地供应计划指标，违规将农地转为城市非农建设之用的用地行为。与新增建设用地供应计划不同，超计划用地的配置过程带有强烈的偶发性和不可预测性，超计划用地的主动权掌握在地方政府和非法用地者手中，配置过程遵循的是“先占先得”的原则（谁实施了超计划用地，谁就可以攫取与之相对应的额外农地发展权利益）。本质而言，超计划用地是一种非正式和非法的农地发展权收益分配制度安排，“先占先得”的配置机制决定了农地发展权配置方式的野蛮性和无序性，这不仅严重损害了新增建设用地供应计划的权威，而且还严重扰乱了农地发展权配置秩序，致使新增建设用地供应计划的各项调控目标几近落空。最关键的是，超计划用地严重扭曲了地方政府、超计划用地实施者与中央政府之间的土地收益分配关系，将部分本应由中央政府享有的土地收益通过超计划用地的形式流入至非法用地者和地方政府手中，这为地方政府和超计划用地者提供了错误的激励，诱使地方政府盲目加大超计划用地力度，加剧了城市建设用地的无序性。

二、土地出让收入分配制度

土地出让收入是指政府以出让方式配置国有土地使用权所获得的全部价款，主要包括招拍挂出让收入、划拨土地转用补缴的土地价款、房改房、经济适用房转让补缴的土地价款，存量土地改变规划条件补缴的土地价款等。

从收益性质来看，土地出让收入属于地租，是一定期限内土地使用权价格的现值之和，是国家土地所有权的经济表现形式，体现的是土地所有者与使用者之间的土地收益分配关系。

（一）土地出让收入分配制度体系的基本框架

不同的土地出让收入组成部分，其所涉及的收益分配主体和所体现的收益分配关系均存在很大的差异。与此同时，不同的出让收入实现形式，其配置机制和价格决定机制也不尽相同。鉴于此，本书主要从土地出让收入的基本构成和实现形式两个角度来构建我国土地出让收入分配制度的分析框架（见图 3-2）。

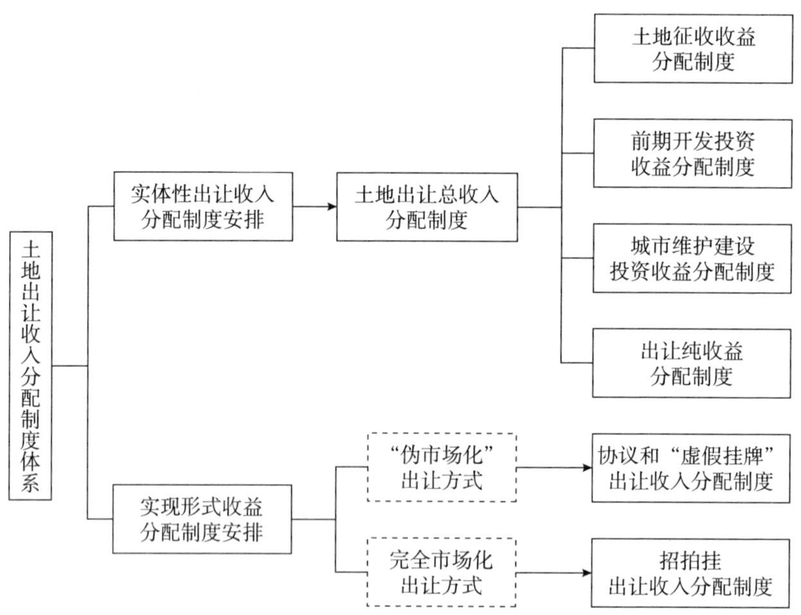

图 3-2　土地出让收入分配制度总览

1. 土地出让收入的基本构成

按照形成过程来分，土地出让收入主要由以下四部分构成：

一是土地征收成本。土地征收的对象不仅包括农用地，而且还包括城市存量国有土地，因此，土地征收成本不仅包括支付给农民和农村集体经济组织的各种补偿，而且还包括支付给城市存量土地所有者的各种土地权益损失补偿。

二是土地前期开发投资支出。土地被征收时还是生地，不符合进一步开发利用的基本条件，而由土地受让人自行开发又会降低开发效率，甚至引发土地投机，因此地方政府在征收土地后会委托专业的开发公司进行统一开发，以使储备土地符合特定的利用需求。故本着“谁投资，谁受益”的原则，在土地出让时，就要对这部分投资支出进行补偿，补偿标准不仅包括投资成本，还包括社会平均投资收益。

三是城市维护建设支出。城市土地是一个整体，具有不可分性，出让地块不能独立使用，而是需要与其他地块联合使用才能发挥应有的价值。因此，出让地块实际上接收了来自其他地块的辐射性投资，正是这部分辐射性投资才引发了出让地块的辐射性增值，故本着“谁投资，谁受益”的原则，在土地出让时，应对这部分辐射性投资支出进行补偿。

四是土地出让纯收益。从土地出让收入中扣减土地征收成本和前期开发费用后的余额就是土地出让纯收益，土地出让纯收益体现的是位差地租和垄断地租，这种位差地租既包括城市内部不同区位土地的微观位差地租，也包括不同城市甚至不同区域之间的宏观位差地租。

因此，土地出让收入的构成可用公式表示为：

土地出让收入=土地征收成本+土地前期开发成本+城市维护建设投资收益（级差地租）+土地出让纯收益（扣掉城市维护建设支出部分）

与土地出让收入的形成过程相对应，我国中观层面的土地出让收入分配制度也主要由四项子制度安排构成，分别为：土地征收收益分配制度、土地前期开发投资收益分配制度、城市维护建设投资收益分配制度以及土地出让纯收益分配制度。

2. 土地出让收入实现形式制度

出让是实现土地出让收入的重要渠道，而出让方式是实现土地出让收入的具体手段，不同的土地出让方式，其配置机制和价格决定机制均存在显著的差别，分配结构也就存在很大的差异，因此有必要从土地出让方式的角度来揭示我国土地出让收入分配制度的内部特征。

从土地出让实践来看，我国现存的土地出让方式主要包括协议和招拍挂两类，对应的土地出让方式制度也就包括协议出让收入分配制度和招拍挂出让收入分配制度。其中协议出让收入分配制度是市场化程度较低的土地出让收入实现形式制度安排，协议出让并不公开进行，而只在政府确定的少数几个或一个潜在受让者与地方政府之间展开，协议出让价格由交易双方协商确定。由于协议出让过程并不公开透明，这为寻租设租提供了“温床”，致使土地贪腐问题层出不穷，屡禁不止。与此同时，由于参与者人数极少，缺乏充分竞争，这就使得最终的协议出让价格经常大幅低于招拍挂出让价格。但值得一提的是，由于享受了低廉的土地出让价格所带来的额外恩惠，这使得以协议方式配置的土地，其产权流转将受到一定的限制，这集中表现为协议土地受让者不能随意转让土地使用权。

招拍挂出让收入分配制度安排则属于完全市场化的土地出让收入实现形式制度安排。招拍挂出让通过公开竞争方式出让土地，以“价高者得”的原则确定最终受让者。由于招拍挂出让活动参与者人数众多，市场竞争激烈，这使得招拍挂出让价格往往较高，土地所有权经济价值的实现程度较为充分。通常而言，以招拍挂出让方式配置的土地，其产权结构较为完整，土地使用者在受让土地后，可根据自己的意愿将持有的招拍挂土地使用权依法自由交易流转。

（二）土地出让收入分配制度的演进及发展现状

为了对土地出让收入分配制度的发展现状和演化趋势有更全面的认识，有必要从多角度进行分析，根据土地出让收入分配制度的发展时间，本书选取了实体土地出让收入分配制度和实现形式两个维度。

1. 实体土地出让收入分配制度的演进及发展现状

从层次上来看，我国的土地出让收入分配制度可分为宏观土地出让收入分配制度和中观土地出让收入分配制度，其中宏观层次的土地出让收入分配制度主要是指土地出让总收入分配制度，而中观层次的土地出让收入分配制度主要包括土地出让纯收益分配制度、城市维护建设投资收益分配制度、土地征收收益分配制度和前期开发投资收益分配制度。

不同层次的土地出让收入，其所涉及的分配主体、体现的分配关系和分配机制均存在较大的差异，因此有必要对不同层级的土地出让收入区别对待。

（1）土地出让总收入分配制度的演进及发展现状。土地出让收入是国家凭借土地所有者身份参与土地收益分配的经济表现形式。本质而言，土地出让收入就是地租，是一定时期内土地使用权价格的折现值之和，体现的是土地所有者与使用者之间的土地收益分配关系。从分配次序来看，土地出让收入属于初次分配。土地出让收入总量的分配状况在很大程度上决定了土地资源的利用效率。

考虑到土地收益分配结构才是土地收益分配制度的核心，因此本书主要用土地出让收入占城市非农产业产值的比重来分析土地出让总收入分配制度的发展现状及演化历程。土地出让收入占比越高，表示地方政府凭借土地所有者身份所分享的土地收益份额越大，国家土地所有权经济价值的实现程度也就越高。合理的土地出让收入总量占比有利于适度抬高土地出让价格，抑制土地需求的非理性增长，防止土地的粗放利用和低效配置，促进城市建设用地利用效率的持续快速增长。而土地出让收入占比过低将严重侵蚀国家土地所有者权益，扭曲国家与土地使用者之间的土地收益分配关系，将部分本应由国家享有的土地出让收入通过低价出让的形式转移到土地使用者手中，这直接导致了土地出让价格的大幅下滑，并刺激了土地需求的非理性增长，诱发了土地的粗放利用和低效配置，抑制了城市建设用地配置和利用效率的持续快速增长。

如图 3-3 所示，2004~2014 年全国土地出让收入占城市非农产业产值的均值为 9.072%，这意味着在城市每年创造的财富当中，有 9.072%的收入通过绝对地租和级差地租的形式流入到了地方政府手中。

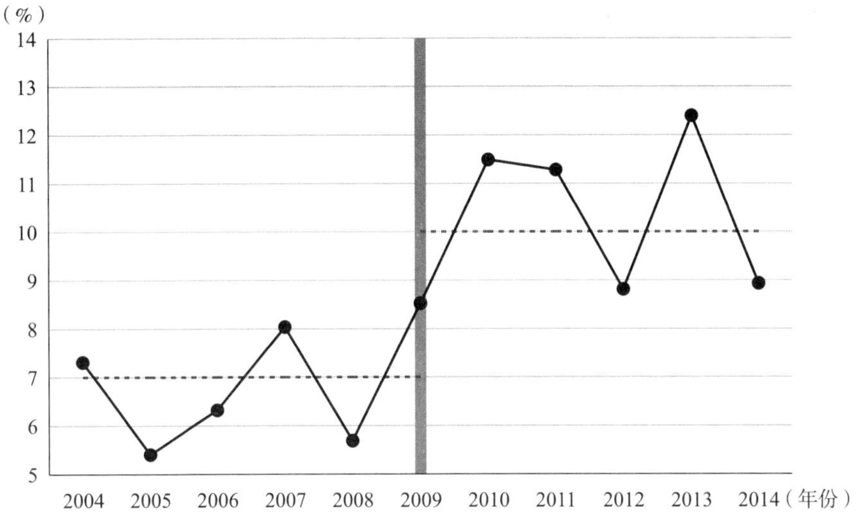

图 3-3　2004~2014 年全国土地出让收入占城市非农产业产值的比重

资料来源：全国土地出让收入数据来源于《国土资源统计年鉴》（2004~2015）和《2015 年全国土地出让收支情况》，城市非农产业产值数据来源于《中国城市统计年鉴》（2005~2015）。

从变化趋势来看，土地出让收入占城市非农产业产值的比重并没有表现出持续增长或下降的趋势，而是呈波动性上涨之势。根据波动中枢的不同，可将我国土地出让收入分配制度的演化历程分为如下两个发展阶段：第一阶段为 2004~2008 年，这一时期的土地出让收入占比较低，土地出让收入占城市非农产业产值的比重围绕着 7%的中枢上下波动；第二阶段为 2009~2014 年，与前一阶段的土地出让收入占比相比，其土地出让收入占比表现出了明显的不同，其波动中枢已由前一阶段的 7%提高至 10%，提高了 3 个百分点，变化幅度较大，随机因素很难解释土地出让收入分配结构如此剧烈的波动，而土地出让收入分配制度本身的变革更可能是诱发土地出让收入占比发生系统性变迁的根源。从我国土地出让收入分配制度的发展历程来看，我国自2006年开始就对工业用地出让收入分配制度做了重大调整，到2008年底，工业用地招拍挂出让制度改革才基本完成，这极大地推动了土地出让市场特别是工业用地出让市场的发育进程，提高了工业用地的出让价格，促进了土地出让收入占比的系统性增长。在2006年之前，我国工业用地出让收入分配制度管理较为松散，“以地招商引资”现象较为普遍，为了增强对工业资本的吸引能力，各地竞相降低工业用地出让价格，大量采用协议等“伪市场化”方式低价供应工业用地，零地价甚至是负地价的情形也屡见不鲜。这严重弱化了国家土地所有者权益，损害了国家土地所有者权益，降低了土地出让价格，挤占了土地要素的正常收益份额，扭曲了国家与工业企业之间的土地收益分配关系，将部分本应由国家享有的土地出让收入通过低价协议出让的方式转移到工业企业和地方政府手中。但自2006年开始，国务院、自然资源部和监察部联合发力，出重拳对工业用地低价协议出让问题进行整顿，要求工业用地必须与经营性用地一样全部采用招拍挂方式出让，这有效扭转了过往工业用地低价“协议”出让的不良局面，经过两年的调整，工业用地协议出让有了较大的改观。截至2008年底，70%的工业用地都已采用招拍挂方式出让，这有效地推动了工业用地出让市场的发育进程，提高了工业用地出让市场的市场化程度，刺激了工业用地出让价格的上涨，强化了土地要素在城市国民经济收入分配体系中的地位和作用，推动了土地出让收入占比的系统性提升。

（2）土地出让纯收入分配制度的演进及发展现状。土地出让纯收益是从土地出让收入总量扣减成本性开支之后的余额，从收入性质来看，土地出让纯收入是绝对地租和级差地租的混合物，体现的是土地所有者与使用者之间的土地收益分配关系。考虑到土地收益分配结构才是土地收益分配制度的核心，本书主要从土地出让纯收益率（土地出让纯收益与土地出让收入总量之比）的角度来考察土地出让纯收益分配制度的发展现状及演化进程。

从绝对量来看（见图3-4），我国土地出让纯收益先上升后下降，从变化形态来看，大体类似于一个倒“U”形，其中2010年为倒“U”形曲线的顶点，当年的土地出让收入高达12665亿元，约为2004年的5.4倍，此后土地出让纯收入变开始下滑，到2015年，全国土地出让纯收益总量仅为6253亿元，仅相当于高峰时期的50%，但仍为2004年的2.67倍，年均增长9.3%，仅相当于同期土地出让收入总量增长速度的一半。

从分配结构来看，2004~2015年，土地出让纯收益率的均值为20.9%，这意味着在获取的每100元土地出让收入中，就有20.9元的土地出让收入以绝对地租或级差地租的名义重新回流到地方政府手中。

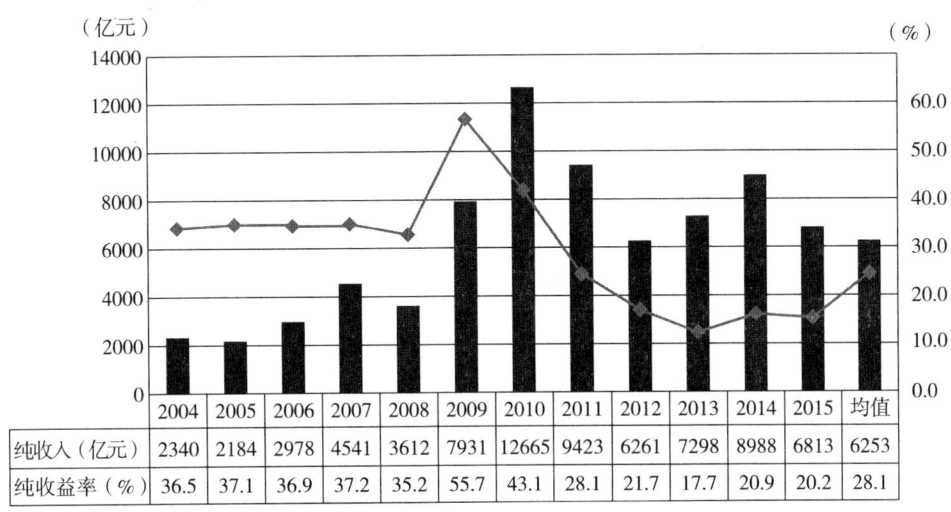

	2004	2005	2006	2007	2008	2009	2010	2011	2012	2013	2014	2015	均值
纯收入（亿元）	2340	2184	2978	4541	3612	7931	12665	9423	6261	7298	8988	6813	6253
纯收益率（%）	36.5	37.1	36.9	37.2	35.2	55.7	43.1	28.1	21.7	17.7	20.9	20.2	28.1

图 3-4　2004~2015 年土地出让纯收入和纯收益率①

从变化趋势来看，2004~2008 年土地出让纯收益率变化较为平缓，纯收益率大致维持在 35%~37%，但自 2009 年之后，土地出让纯收益路就开始一路下滑，由 2009 年的 43.1% 下降至 2015 年的 28.1%，降幅高达 34.8%，几近腰斩。2008~2009 年的突变可能是由统计口径变更引发，但 2009 年后土地出让纯收益率的统计口径完全一致，因此其土地出让纯收率的系统性变化就无法用统计口径变更来解释，分配系统内部分配结构的系统性变迁更可能是导致土地出让纯收益率持续下滑的制度根源。土地出让纯收益率不断下滑说明土地出让纯收益在土地收益分配系统中的地位日益下降，国家土地所有权的经济价值实现程度逐渐降低。

（3）城市维护建设投资收益分配制度的发展现状。城市维护建设投资收益是指地方政府凭借投资者的身份参与土地收益分配的具体表现形式。本质而言，从土地出让收入中提取的城市维护建设资金就是级差地租，体现的是地方政府（土地投资者）与土地使用者之间的土地收益分配关系。考虑到分配结构才是土地收益分配制度的核心，因此本书直接用从土地出让收入中提取的城市维护建设

① 2004~2008 年土地出让纯收入数据来源于《国土资源统计年鉴》，2009~2015 年土地出让纯收益数据为根据财政部《全国土地出让收支情况》（2009~2015）相关数据计算得出，计算公式为：土地出让纯收入=实际收缴入库土地出让收入-成本性支出。需要特别说明的是，财政部土地出让收入的统计口径为实际收缴入库资金，而国土资源部的统计口径为土地出让成交价款，即财政部采用的是收付实现制，而国土资源部采用的是权责发生制。

资金占土地出让收入总量的比重来表示城市维护建设投资收益分配制度，并通过考察该比重的变化和区际差异来揭示城市维护建设投资收益分配制度的演化历程和空间分布特征。

如图 3-5 所示，从绝对量来看，总体而言，从土地出让收入总量中提取的城市维护建设资金在不断上涨，2004 年，从土地出让收入中提取的城市维护建设资金仅为 1099 亿元，但到了 2014 年从土地出让收入中提取的城市维护建设资金却高达 8728 亿元，约为 2004 年的 7.94 倍，年均增长 23%，而同期土地出让收入总量的增长速度仅为 18.3%，从土地出让收入中提取的城市维护建设资金增长速度快于土地出让收入总量的增长速度 4.7 个百分点。

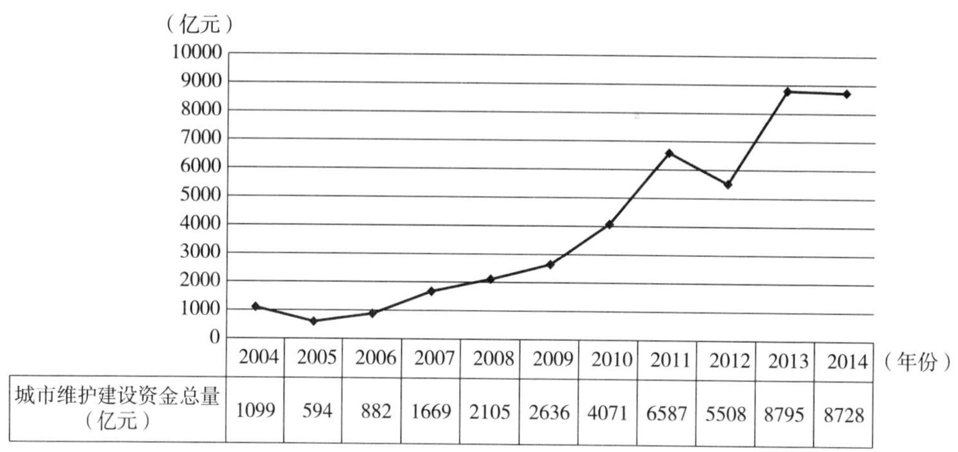

	2004	2005	2006	2007	2008	2009	2010	2011	2012	2013	2014
城市维护建设资金总量（亿元）	1099	594	882	1669	2105	2636	4071	6587	5508	8795	8728

图 3-5　从土地出让收入中提取的城市维护建设资金总量

资料来源：《中国城市建设统计年鉴》（2005~2015）。

如图 3-6 所示，从相对量来看，2004~2014 年，从土地出让收入中提取的城市维护建设资金占土地出让收入总量的比重均值为 17.1%，这说明，在收取的 100 元的土地出让价款当中，就有 17.1 元通过资金提取的方式用于城市维护建设，补偿地方政府的前期城市投资建设支出。

与此同时，从变化趋势来看，从土地出让收入中提取的城市维护建设资金占土地出让收入总量的比重总体上呈波动性上升之势。从具体变化过程来看，大体可分为三个阶段：第一阶段为 2004~2008 年，该阶段从土地出让收入中提取的城市维护建设资金占比的最低点为 10.1%；第二阶段为 2008~2011 年，该阶段从土地出让收入中提取的城市维护建设资金占比的最低点为 14.8%；第三阶段为 2011~2014 年，该阶段的最低点为 19.6%。从三个阶段的对比可以看出，后一阶段的最低点都要比前一阶段高近 5 个百分点。虽然在同一发展阶段内，从土地出

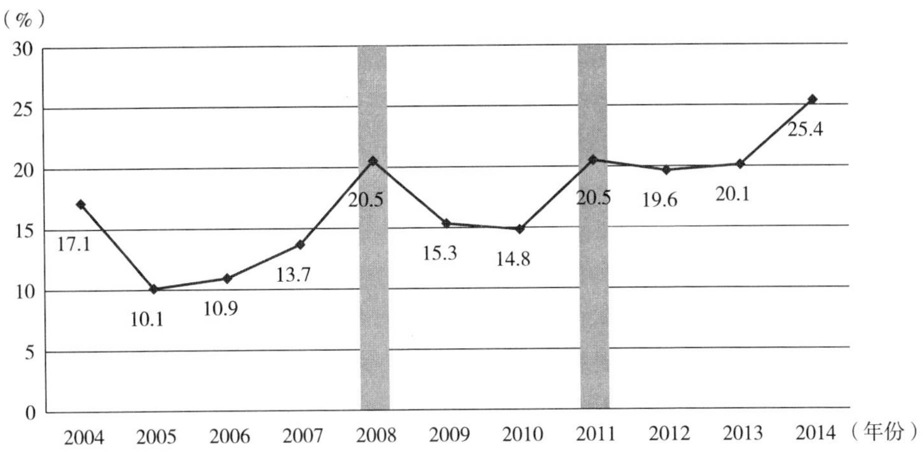

图 3-6　从土地出让收入中提取的城市维护建设资金占比变化趋势

资料来源：《国土资源统计年鉴》(2005~2015) 和《中国城市建设统计年鉴》(2005~2015)。

让收入中提取的城市维护建设资金占比均表现了一定程度的波动，但其波动幅度相对较小，远不如不同周期间的波动幅度那么大，增长动力没有不同周期间的那么强劲，这说明，以城市维护建设支出为代表的级差地租在土地出让收入总量中的地位日益增强。

如图 3-7 所示，从分区的情况来看，城市维护建设投资收益分配制度的发展现状存在一定的差异，但这主要表现在东部地区与中西部地区之间，中部地区与西部地区的差异并不明显。具体而言，东部地区从土地出让收入中提取的城市维护建设资金占比最高，均值为 16.21%；西部地区次之，为 15.20%；中部地区最低，为 15.16%。这说明，在东部地区的土地出让收入总量中，以城市维护建设投资收益为代表的级差收益占比相对较大，城市维护建设投资支出的保障程度较高，城市维护建设投资的持续能力较强，国有土地使用功能也就能得到不断的完善和更新，这有利于提高城市经济系统的整体运行效率，促进城市建设用地利用效率的持续快速增长。与此相反，中部地区从土地出让收入中提取的城市维护建设资金占比相对偏低，这将严重损害存量建设用地投资建设的持续健康发展，弱化了存量建设用地的使用功能，致使大量存量建设用地的基础设施无法得到及时有效的更新，抑制了城市经济系统整体运行效率和土地利用效率的持续快速增长。与此同时，大量城市投资引发的自然增值外溢至土地使用者手中，引发了严重的土地收益分配扭曲，土地使用者无须通过自身努力就可以攫取大量额外收益，这将会为土地使用者提供错误的激励，降低土地使用者的投资水平和努力程度，抑制产出的增长，直接降低城市建设用地利用效率。

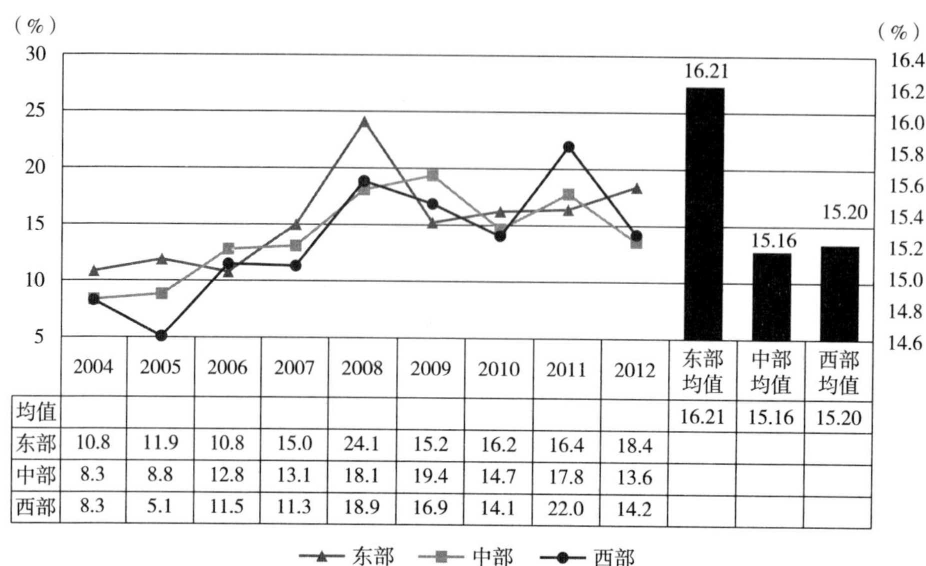

	2004	2005	2006	2007	2008	2009	2010	2011	2012	东部均值	中部均值	西部均值
均值										16.21	15.16	15.20
东部	10.8	11.9	10.8	15.0	24.1	15.2	16.2	16.4	18.4			
中部	8.3	8.8	12.8	13.1	18.1	19.4	14.7	17.8	13.6			
西部	8.3	5.1	11.5	11.3	18.9	16.9	14.1	22.0	14.2			

图 3-7　东中西部从土地出让收入中提取的城市维护建设资金占比

资料来源：《国土资源统计年鉴》（2005~2013）和《中国城市建设统计年鉴》（2005~2013）。

（4）土地征收收益分配制度的演进及发展现状。土地征收收益是地方政府凭借土地征收权和公共管理者的身份参与土地收益分配的经济表现形式，体现的是地方政府与被征地城乡居民之间的土地收益分配关系。考虑到收益分配结构才是收益分配制度的核心，因此本书直接从支付给被征地城乡居民的土地征收补偿款占土地出让收入的比重来考察土地征收收益分配制度的演化和发展现状，支付给被征地城乡居民的土地征收收益占比越大，表示地方政府凭借土地征收权和公共管理者的身份所分享的土地征收收益越小。

从表 3-1 可以看出，土地征收拆迁补偿在土地出让收入中的占比较大，2009~2015 年，土地征收拆迁补偿占比均值高达 51.6%，是土地出让收入的第一大支出项目，这说明，我国的征地拆迁补偿水平整体较高，土地出让收入的一半左右支付给了被征地城乡居民，这也进一步说明，被征地拆迁居民的土地利益得到了较为充分的保障，但这绝不意味着农民和农村集体经济组织的土地利益也得到了有力的补偿。之所以会出现土地征收补偿标准如此之高的情况，主要是因为城市土地的征收拆补偿标准过高，高昂的城市土地拆迁补偿标准显著地推动了城乡整体土地征收拆迁补偿水平的上涨。Du 等（2014）对北京市的研究表明，平均而言，农民获得的土地征收补偿仅相当于土地出让价格的 15%，而地方政府在土地出让收入中所获得的份额高达 85%。但2009~2014 年，农村土地征收面积约为城市土地征收面积的3倍，据此推算，城市土地的征收补偿标准约为农村土地征收补偿标准的10.76倍，农村土地征收拆迁补偿和城市土地征收拆迁补偿标准之间存在巨大的差别，这严重扭曲了城乡之间的土地收益分配关系，农民和农村集体经济组织所得到的土地征收拆迁补偿标准过低，而城市居民得到的拆迁补偿标准偏高。城市居民过高的土地征收拆迁补偿标准较高这一华丽的外衣掩盖了农村土地征收补偿标准较低的严峻现实，模糊了城乡土地征收拆迁补偿的本来面目。

分年份来看，除2009年的土地征收拆迁补偿占比较低之外，其他年份的占比都超过了40%，2010年甚至高达62%。从绝对值来看，土地征收补偿最低的年份出现在2009年，当年的土地征收补偿支出仅为4985.7亿元，最高的年份为2014年，其土地征收拆迁补偿支出一度突破2万亿元大关，达到了21216亿元之巨。

表3-1　2009~2015年全国土地征收收益分配状况

分配明细	2009	2010	2011	2012	2013	2014	2015	平均
收缴入库土地出让收入（亿元）	14239.7	26977.0	33477.0	28886.3	25597.9	42940.3	33657.7	29396.6
土地开发支出（亿元）	1322.5	7531.0	5510.0	5223.3	4885.1	9206.4	6533.9	5744.6
土地征收拆迁补偿支出（亿元）	4985.7	16732.0	15040.4	17401.6	12964.0	21216.0	17935.8	15182.2
土地征收拆迁补偿占比（%）	35.0	62.0	44.9	60.2	50.6	49.4	53.3	51.6

资料来源：《全国土地出让收支情况》（2009~2015）。

2. 实现形式收益分配制度的演进及其发展现状

产权是收益分配基础的观点早已成为新制度经济学的共识，但在产权制度相同或相似的情况下，各地却演化出了形式各异的土地收益分配制度，这似乎与上述论点相悖，其实不然，在土地收益分配制度的演变过程中，交易费用发挥了重要作用。在市场经济条件下，不同土地收益分配制度的交易成本存在显著的差别，其中招拍挂的交易成本相对最低，协议出让次之，而划拨的交易成本最高。根据科斯的观点，制度有利于降低交易成本，而按照威廉姆森的观点，制度总是朝着有利于降低交易成本的方向演进，因此可以推断，招拍挂出让方式和与之对应的收益分配制度将率先出现，并在现实生活总占主导地位，但我们经常看到的情况是，协议、划拨以及招拍挂出让并驾齐驱，直至今日，我国仍有一半的土地采用划拨和协议方式供应。这主要是由于这三种收益分配制度均有各自的适用类型，并在各自的领域拥有绝对优势。

不同的土地出让方式，其配置机制和价格决定机制迥异，因此不同的土地出让方式实际上就代表着不同的土地出让收入分配制度。与此同时，为了使得土地出让收入最大化，地方政府总是表现得像一个歧视性的垄断者那样，为不同的用地类型制定差异化的土地出让方式，这就使得不同的用地类型总是与特定的土地出让收入分配制度相联系。

本小节主要从出让方式和用地类型的角度出发，对土地出让实现形式收益分配制度的发展现状和演化趋势做了系统介绍。

（1）协议和招拍挂出让收入分配制度的总体发展状况。招拍挂出让收入分配制度是我国土地出让收入实现形式收益分配制度体系的主体，协议出让收入分配制度是我国土地出让收入实现形式收益分配制度的有益补充。

2004~2013 年我国招拍挂出让收入总量为 17.5 万亿元，约占同期土地出让收入总额的 91.3%，是我国土地出让收入的主体，协议出让收入总量为 1.6 万亿元，约占同期土地出让收入总量的 8.3%，是我国土地出让收入的重要组成部分，而土地租金和其他土地出让收入总量分别为 203 亿元和 430 亿元，占土地出让收入总量的比重分别仅为 0.1%和 0.2%，两者合计占比尚且不足 1%，与招拍挂和协议出让收入相比简直可以忽略不计。

与此同时，从土地供应面积来看，招拍挂出让也是我国土地供应的主体，划拨出让也占据了较大的比重，协议出让位居第三，而采用其他方式供应的土地面积几乎可以忽略不计。

从不同出让方式的土地供应面积份额来看，招拍挂出让面积份额依然是最大的，2004~2013 年采用招拍挂方式供应的城市建设用地面积总量为 233 万公顷，约占同时期土地出让面积供应总量的 43.4%。协议出让面积总量为 73.8 万公顷，约占同时期城市建设用地供应面积总量的 16.6%。

假定以收入份额与面积份额相称的土地价格为基准价格，则招拍挂出让单价约为基准地价的 2.21 倍，而协议出让价格仅为基准地价的 50%，这意味着，只有当土地经营的平均利润率达到 100%以上时，协议出让工业用地才能实现盈利，低于 100%的正常经营利润都会导致协议出让的亏损。但若正常经营利润达到 100%，招拍挂出让的经营利润率将高到 342.1%，这简直是暴利。从土地出让实践来看，2004~2008 年我国地方政府土地经营的平均利润率仅为 36.5%，据此推算，协议出让价格约为成本价格的 68.5%，亏损率为 31.5%，与此同时，招拍挂出让价格约为土地成本价格的 3.017 倍，招拍挂出让的利润率高达 201.7%，不仅远高于土地经营的平均利润水平，也高于同时期社会的平均利润率水平。

综上所述，招拍挂出让分配制度凭借 43.4%的土地出让面积却贡献了 91.3%的土地出让收入，招拍挂出让收入除了确保赚取行业平均利润之外，还承担着弥补协议出让亏损和划拨用地无偿使用的重任。

（2）协议和招拍挂出让收入分配制度的动态变化趋势。总体而言，招拍挂出让收入总量在不断地增加，份额在不断扩大，而协议出让收入总量在不断减小，份额也不断缩小，自 2008 年开始，招拍挂出让收入分配制度就彻底替代协议出让收入分配制度成为我国主流的土地出让收入分配制度。

其一，协议和招拍挂出让收入总量的变化趋势。自 2004 年以来，招拍挂出让收入持续增长，而协议出让收入总量却持续下滑。如图 3-8 所示，招拍挂出让收入总体呈稳步增长之势，但在部分年份存在一定的波动。2004 年招拍挂出让收入仅为 3549 亿元，但到了 2013 年招拍挂出让收入一度高达 42110 亿元，约为 2004 年的 11.9 倍，年均增长 31.9%，此后受经济发展方式调整的影响，招拍挂出让收入开始下滑，至 2015 年，招拍挂出让收入已大幅减少至 2.86 万亿元，仅相当于 2013 年顶峰时期的 67.9%，但与 2004 年相比仍表现出了强劲的增长态势，2015 年的招拍挂出让收入约为 2004 年的 8.1 倍，年均增长 20.9%，约为同时期 GDP 增长速度的 2 倍。

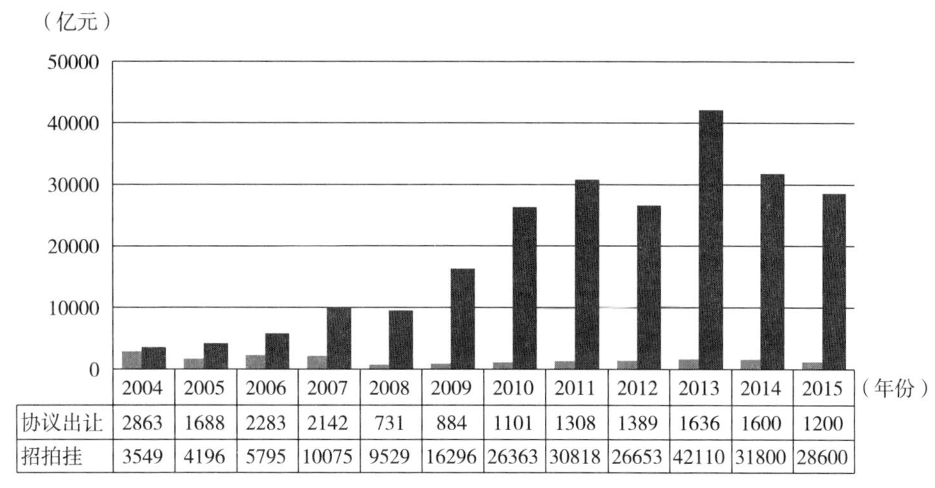

	2004	2005	2006	2007	2008	2009	2010	2011	2012	2013	2014	2015
协议出让	2863	1688	2283	2142	731	884	1101	1308	1389	1636	1600	1200
招拍挂	3549	4196	5795	10075	9529	16296	26363	30818	26653	42110	31800	28600

图 3-8 2004~2015 年全国协议和招拍挂出让收入总量演化趋势

资料来源：《国土资源统计年鉴》（2005~2015）和《2015 年全国土地出让收支情况》。

这主要得益于国家招拍挂出让收入分配制度改革，自 2002 年开始国家就要求经营性用地必须采用招拍挂方式出让，并于 2004 年再次发文要求各地在当年 8

月 31 日以后不得再以历史遗留问题为由，违规协议出让经营性用地。到了 2006 年，国家又开始对工业用地协议出让做出严格的限制，要求工业用地也必须与其他经营性用地一样，采用招拍挂方式出让，并于 2007 年 1 月 1 日开始实施工业用地最低出让价格制度，要求无论是工业用地出让底价还是最终的出让价格都不得低于该最低出让价格标准，这不仅有效避免了商住用地违规采用协议方式出让，防止商住用地招拍挂出让收入分配制度出现缺口，与此同时，还将工业用地全部纳入招拍挂出让体系，这极大地拓展了招拍挂出让方式和出让收入分配制度的适用范围，促进了招拍挂出让面积和出让价格的持续快速增长。

与此同时，协议出让收入总量总体上表现为不断下滑之势，但受协议出让收入分配制度深入调整的影响，协议出让收入总量在局部年份表现出了一定的波动，根据协议出让收入总量的局部变化趋势，可将其分为三个发展阶段：

第一阶段为 2004~2006 年，在此时期，协议出让收入分配制度大体稳定，协议出让收入稳中有升。2005 年出现下降主要是受“8·31”大限的影响，部分原本采用协议方式出让的经营性用地转而只能采用招拍挂出让，这在一定程度上缩小了协议出让范围，抑制了协议出让收入的增长，经过一年的调整和整顿之后，协议出让收入有所回升，至 2006 年已达到 2283 亿元。

第二阶段为 2007~2008 年，该阶段的协议出让收入总量大幅下滑，份额也急剧下跌。2006 年协议出让收入总量高达 2283 亿元，约占当年土地出让收入总量的 28.3%，但到了 2008 年，协议出让收入总量就骤降至 731 亿元，仅占当年土地出让收入总量的 7.2%。这主要是由于我国自 2006 年开始对工业用地协议出让收入分配制度作了重大调整，不仅对工业用地协议出让收入，而且对协议出让收入总量产生了直接而深远的影响。2006 年国务院、原国土资源部和原监察部联合发文，要求工业用地也必须与其他经营性用地一样，采用招拍挂出让制度，这极大地压缩了地方政府工业用地低价协议出让的空间，抑制了工业用地协议出让面积的增长，并导致 2007~2008 年协议出让收入的大幅下滑①。

第三阶段为 2009~2015 年，该阶段的协议出让收入总量稳步上升。经 2006~2008 年工业用地招拍挂出让制度改革之后，工业用地低价协议出让有了极大的改观，大量工业用地都开始采用招拍挂等市场化方式出让，而只有少数不宜采用招拍挂方式出让的土地才延续了协议出让的传统。这虽然降低了协议出让面积，但却有效避免了工业用地出让价格的“逐底竞争”，抑制了协议出让收入的持续

① 2006~2008 年协议出让收入总量减少了 1550 亿元，而同期工业用地协议出让收入就减少了 1403.4 亿元，工业用地协议出让收入减少量对协议出让收入总量减少量的贡献份额高达 90.5%，因此可以认为工业用地协议出让收入减少是引发协议出让收入总量急剧下滑的根源，而工业用地协议出让收益分配制度的深度调整是引发工业用地协议出让收入骤降的关键。

下滑。

其二，协议和招拍挂出让收入份额的变化趋势。从土地出让收入份额及其变化趋势来看，招拍挂出让收入的份额不断增加，而协议出让收入的份额却持续下滑，这种下滑趋势在2006~2008年表现得尤为明显，至2008年底，招拍挂出让收入全面替代协议出让收入，并开始在土地出让收入总量中占绝对统治地位。

如图3-9所示，2004年招拍挂出让收入为3549亿元，占土地出让收入总量的55.0%，但到了2013年，这一比例已蹿升至96.0%。与此相反，协议出让收入占比却持续下滑，2004年，协议出让收入占当年土地出让收入总量的比重高达44.3%，但随着土地产权制度和土地出让收入分配制度的深入调整，协议出让面积大幅减少，出让收入也大幅下滑，而招拍挂出让面积却持续上升，这就使得协议出让收入的比重不断下跌，到2015年，协议出让面积占比仅为4.0%。

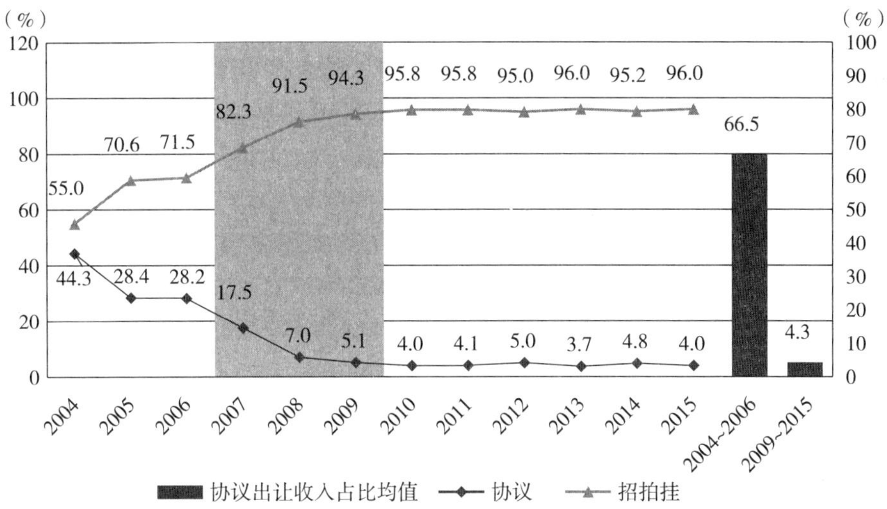

图3-9　2004~2015年全国协议和招拍挂出让收入份额演化趋势

资料来源：《国土资源统计年鉴》（2005~2015）和《2015年全国土地出让收支情况》。

协议出让收入占比的发展趋势有点出乎预料，在此之前，大量学者提及工业用地协议出让模式，并着重强调了其对城市建设用地配置和利用效率的不良影响，但从现实的出让情况来看，协议出让对城市建设用地配置效率和利用效率的影响可能远没有那么严重。因此，需要从新的土地收益分配制度结构出发，分析在新时期条件下，各土地出让收入分配制度对城市建设用地利用效率的影响。随着城市经济体制改革的深入实施以及信息技术的不断发展，土地出让的市场化和公开化程度将会不断提高，招拍挂出让方式将会越来越普及，招拍挂土地出让收入占比也会越来越高。但需要特别说明的是，诚如土地出让面积部分所分析的那样，当前我国工业用地大量采用“虚假挂牌”方式出让，这虽然有利于提高土地出让的名义市场化程度，但并未有效促进工业用地配置效率的增长。从配置过程来看，“虚假挂牌出让”只是采用了挂牌出让的外壳，却并未承袭挂牌出让的内核，从配置机制和价格决定机制来看，“虚假挂牌出让”与传统的协议出让并无二致，工业用地“虚假挂牌出让”的范围仍局限在少数单位①，出让价格仍主要由地方政府与工业企业协商，土地出让的市场化程度并不高，竞争并不充分。因此，工业用地“虚假挂牌出让”问题应当引起我们的重视，如果数据支持，应该将工业用地挂牌出让从招拍挂出让收入当中专门提取出来，详细分析“虚假挂牌出让”的土地资源配置效率。

其三，招拍挂和协议出让面积份额的变化趋势。从土地供应面积来看，协议出让面积份额持续下滑，而招拍挂出让面积份额却不断上升，至 2015 年，招拍挂出让面积占比高达 92.9%，而协议出让面积份额却仅为 7.1%。

如图 3-10 所示，招拍挂土地出让面积不断增加，即使是在 2008 年国际金融危机时刻，仍保持了强劲的增长态势。与此相反，协议出让面积却经历了较大的波动，特别是自 2006 年以来，协议出让面积就开始大幅下滑，直到 2008 年，协议出让面积才企稳回升，但恢复速度较慢，反弹动力不足，到 2015 年协议出让面积为 1.7 万公顷，仅相当于 2006 年协议出让面积的 1/10。与此同时，土地出让结构也经历了相似的变化，在经历了 2005 年的小幅波动之后便开始出现系统性的下降。经统计发现，2004~2006 年协议出让面积占比高达 68.9%，而 2009~2015 年协议出让面积占比却仅为 9.6%。

之所以会出现系统性下降，主要是由于自 2006 年开始国务院、原国土资源部和原监察部开始对工业用地协议出让进行联合整治，这就使得协议出让收入分配制度在 2006 年后发生了显著的变化。2006 年 8 月 31 日，国务院下发了《关于加强土地调控有关问题的通知》，通知首次强调了工业用地也要与其他经营性用地一样实行招拍挂出让制度，并建立工业用地最低出让价格标准定期发布制度，要求自 2007 年 1 月 1 日起，开始执行工业用地最低出让价格标准，所有工业用地出让底价和最终成交价格都不得低于工业用地最低出让价格标准。2007 年 4 月

① 虽然现行挂牌出让已与互联网技术深度融合，普遍采取了网上挂牌的方式，但从各地的挂牌出让发展实践来看，依然存在诸多弊端，互联网技术并没有成为推动土地出让收入分配制度改革、提高土地资源配置效率的有力抓手，反而沦为地方政府规避上级监管、谋取个人政绩的有力工具。这集中表现在地方政府总是通过各种手段来排除有真实购买意向的竞买者，如为了让特定对象中标，地方政府将会对竞买人资质设定特殊条件，致使大量有真实购买意图的土地使用者往往会因不符合购买资质而无法参与竞买活动。再如，为了排除潜在受让者，地方政府会制定一个较短的公告时间，致使潜在需求者无法对待出让地块做全面细致的考察，进而也就无法在规定时间内做出购买决策。更关键的是，在挂牌出让公告发布之前，地方政府早已与意向受让单位私下磋商，网上挂牌纯粹只为规避政策监管，这极大地损害了挂牌出让的配置机制，限制了挂牌出让的配置范围。

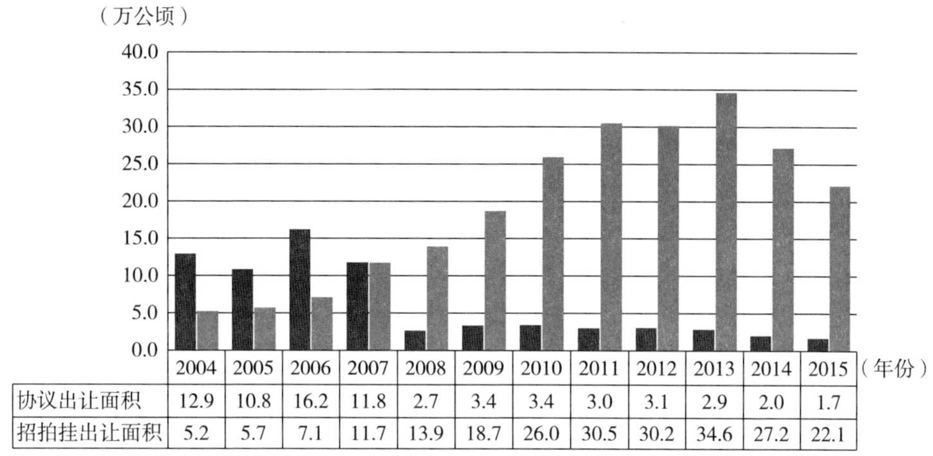

	2004	2005	2006	2007	2008	2009	2010	2011	2012	2013	2014	2015
协议出让面积	12.9	10.8	16.2	11.8	2.7	3.4	3.4	3.0	3.1	2.9	2.0	1.7
招拍挂出让面积	5.2	5.7	7.1	11.7	13.9	18.7	26.0	30.5	30.2	34.6	27.2	22.1

图 3-10　2004~2015 年全国协议出让和招拍挂出让面积

资料来源：《国土资源统计年鉴》（2005~2015）和《2015 年全国土地出让收支情况》。

4 日，原国土资源部和原监察部联合下发了《关于落实工业用地招拍挂出让制度有关问题的通知》，通知进一步强调了工业用地招拍挂出让原则。经过两年的整顿，工业用地协议出让得到了有效的遏制，工业用地招拍挂出让制度得到了有效的贯彻落实，与 2006 年相比，工业用地协议出让面积大幅下滑，由 2006 年的 13.976 万公顷减少至 2008 年的 1.496 万公顷，降幅高达 89.3%，与此同时，协议出让面积也不断下探，与 2006 年相比，2008 年的土地出让面积减少了 13.052 万公顷，工业用地协议出让面积减少对协议出让面积减少的贡献份额为 92.3%，因此，工业用地协议出让的减少是导致 2006 年之后我国协议出让面积大幅下滑的重要原因，而国家对工业用地协议出让的强力干预则是引致工业用地出让方式变革的直接推动力量。

与此同时，从出让结构来看，工业用地协议出让的减少量大多为挂牌出让所承袭，2006 年挂牌出让工业用地面积占比仅为 3.0%，但到了 2008 年，挂牌出让工业用地让面积占比却已高达 76.4%，增长了 73.4 个百分点。与此相对，协议出让面积占比却从 93%骤降至 2008 年的 16.7%，下降了 76.3 个百分点。在深化经济体制改革的大背景下，工业用地挂牌出让方式只会增多，而协议出让占比将日益萎缩，因此，可以认为，自 2006 年后，工业用地主要采用的是挂牌出让方式，而不是此前很多文献所分析的协议出让方式。

鉴于此，本书把协议出让制度的发展历程分为三个阶段：第一阶段为 2004~2006 年，该阶段为旧协议出让制度的稳定发展阶段，此时工业用地是协议出让的主体，公共建筑、城市基础设施用地、水利交通用地等是协议出让的重要组成部分；第二阶段为 2007~2008 年，该阶段为协议出让收入分配制度的深度调整阶段，工业用地开始逐渐从协议出让收入分配制度中剥离；第三阶段为 2009~2015 年，该阶段为新型协议出让收入分配制度的稳定发展阶段，工业用地协议出让剥离工作基本完成，采用协议出让的大多是一些公益性设施用地和不宜采用招拍挂出让的用地类型。如图 3-11 所示，2004~2006 年协议出让面积占比平均高达 51.8%，2009~2015 年协议出让面积占比均值却仅为 4.9%，2007~2008 年为新旧制度交替之际，新的协议出让制度尚未完全建立，而旧的协议出让制度已经遭到了破坏，协议出让制度处于深度调整的过渡阶段，故未对其做进一步的统计。

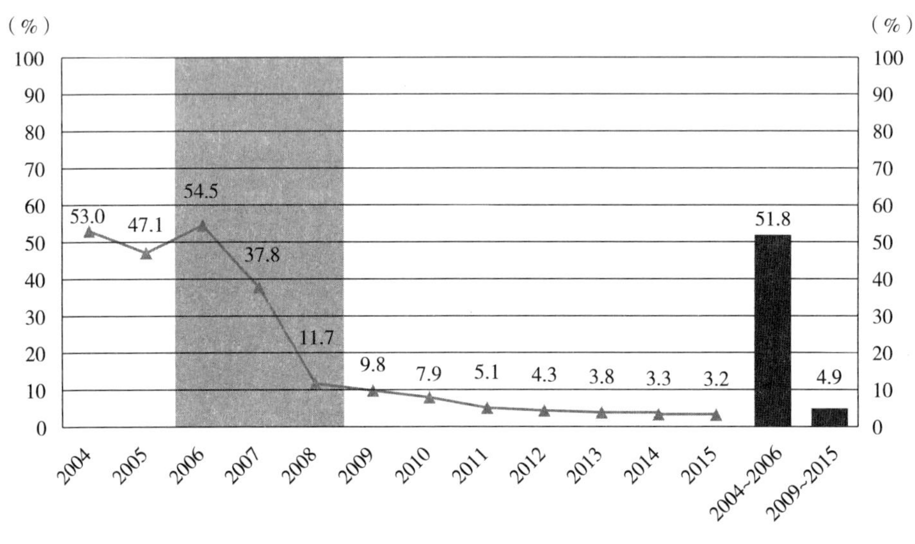

图 3-11　2004~2015 年协议出让面积份额演化趋势

资料来源：《国土资源统计年鉴》（2005~2015）和《2015 年全国土地出让收支情况》。

其四，招拍挂和协议出让价格变化趋势。如图 3-12 所示，协议出让价格的增长趋势较为明显，2004 年协议出让单价仅为 221 元/m²，但到了 2014 年，协议出让单价就蹿升至 571 元/m²，约为 2004 年的 2.58 倍，年均增长 11.1%，与同期 GDP 增长速度旗鼓相当。但在不同的年份，协议出让单价也表现出了一定的波动，这与我国土地出让收入分配制度改革密切相关。根据协议出让价格的变化特点，可将协议出让价格分为两个发展阶段：第一阶段为 2004~2006 年，在此期间，协议出让价格出现了微弱的下降，由 2004 年的 221 元/m²下降至 2006 年

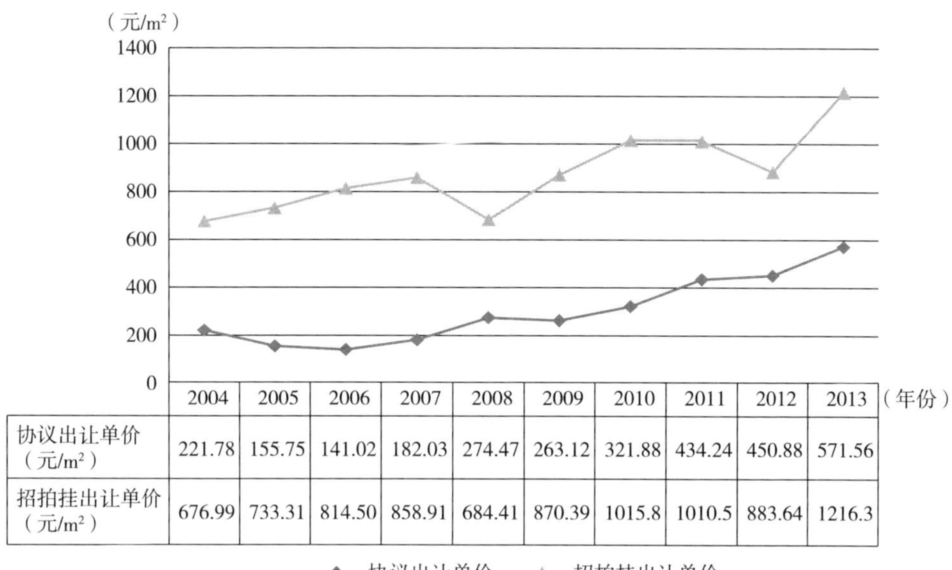

	2004	2005	2006	2007	2008	2009	2010	2011	2012	2013
协议出让单价（元/m²）	221.78	155.75	141.02	182.03	274.47	263.12	321.88	434.24	450.88	571.56
招拍挂出让单价（元/m²）	676.99	733.31	814.50	858.91	684.41	870.39	1015.8	1010.5	883.64	1216.3

图 3-12　2004~2013 年协议出让单价和招拍挂出让单价变化趋势

资料来源：《国土资源统计年鉴》（2005~2014）。协议或招拍挂出让单价 = 协议或招拍挂出让收入/协议或招拍挂出让面积。

的 141 元/m²，这意味着，地方政府在协议出让收入分配制度体系中的地位有所下降，而土地使用者在协议出让收入分配制度中的地位开始上升，协议出让收入分配制度更有利于土地使用者而不利于地方政府。第二阶段为 2008~2014 年，在该阶段，协议出让单价稳步提升，这意味着土地出让收入分配制度做出了有利于地方政府的调整，与此同时也蚕食了土地使用者原本可获取的经营利润。之所以会发生这种变化主要是国家对协议出让产权制度和协议出让收入分配制度做出了重大调整。从前面的分析可知，工业用地是协议出让的主体，工业用地协议出让价格在很大程度上决定了协议出让的单价，但自 2006 年开始，我国就对工业用地协议出让收入分配制度进行了严肃的整顿，要求工业用地也必须与其他经营性用地一样，采取招拍挂出让方式供应，并制定了工业用地最低出让价格标准制度，无论是工业用地的最终出让价格还是出让底价都不得低于该最低标准，这在一定程度上压缩了各地“以地招商引资”的政策空间，并在一定程度上推动了工业用地协议出让价格的持续增长。

与此同时，招拍挂出让单价也表现出了稳定的增长态势，只是分别在 2008 年和 2012 年出现了两个凹陷。这说明，招拍挂出让收入分配制度总体上对国家越来越有利，而对土地使用者越来越不利。抛开通货膨胀因素，国家在土地出让收入分配制度中获得的土地租金越来越多，而招拍挂土地使用者的用地成本也在不断增加，这在很大程度上可归结于国家对土地产权制度的强势调整。自 2002 年开始，国家就要求所有的商住用地必须实施招拍挂出让制度，并要求在 2004 年 8 月 31 日之后，不得再以历史遗留问题为借口，采用协议出让方式供应商住用地，此后国家于 2006 年实施了工业用地招拍挂出让制度改革，这极大地触动了协议和招拍挂出让收入分配制度的根基，改变了招拍挂和协议出让收入分配制度的分配格局。之所以会出现两个凹陷点，这与当时的经济环境和政治环境有关，受 2008 年国际金融危机的影响，外需开始急剧下降，土地需求也开始减少，这极大地压制了招拍挂出让价格的上涨。而 2012 年主要受中共十八大召开在即的影响，彼时城市经济社会发展和土地利用政策尚不明确，大量经济主体持观望态度，这就使得彼时的土地需求出现了一定程度的下滑，土地出让单价也有所下降。

三、土地税收收益分配制度

土地税收是地方政府凭借公共管理者的身份参与土地收益分配的经济表现形式，体现的是地方政府与土地获取者、持有者和交易者之间的土地收益分配关系。与土地出让收入的分配次序不同，土地税收属于二次分配。

目前，我国与土地直接相关的税收主要有五项，分别为耕地占用税、城镇土地使用税、房产税、契税和增值税。其中，耕地占用税属于获取环节的税种，城镇土地使用税和房产税属于保有环节的税种，而土地增值税和契税则属于交易流转环节的税种。与欧美发达资本主义国家类似，我国的土地税收全部为地方税，2014 年五项土地税收占地方政府公共预算收入的 18.2%，占地方政府税收收入的 21.8%。各税种的具体分配规则如下：

首先，与美国不同，我国主要采用耕地占用税来保护耕地，耕地占用税由地方政府在申办农用地转用手续时先行代缴，然后在土地出让时将其纳入出让底价，并由出让地块的首次受让者实际承担。耕地占用税为单次税收，在后续使用和流转过程中无须再缴。与大多数税种不同，耕地占用税实行的是从量计征，适用的是有差别的定额浮动税率，具体征收标准如下：（一）人均耕地不超过 1 亩的地区（以县级行政区域为单位），每平方米为 10~50 元；（二）人均耕地超过 1 亩但不超过 2 亩的地区，每平方米为 8~40 元；（三）人均耕地超过 2 亩但不超过 3 亩的地区，每平方米为 6~30 元；（四）人均耕地超过 3 亩的地区，每平方米为 5~25 元。

与此同时，房产税也是我国土地税收体系的重要组成部分，但与国外不同的是，我国的房产税只对经营性房地产征收，且房产税采用的是从价计征与从租计征的混合税制，从租计征的课税对象是土地房屋出租收入，税率为12%，而从价计征的课税对象为房产余值，税率为1.2%，房产余值为历史购置成本一次性扣减10%~30%后的余额，具体扣减比例由各地根据本地实际综合确定。

此外，城镇土地使用税也是保有环节的主体税种，城镇土地使用税采用的是从量计征，由土地使用者按年缴纳，城镇土地使用税税率实行的是有差别的定额幅度税率，不同的区县以及同一区县的不同区位，其城镇土地使用税的税率均存在一定的差别。目前，我国城镇土地使用税的宏观税率标准为：大城市1.5~30元；中等城市1.2~24元；小城市0.9~18元；县城、建制镇、工矿区0.6~12元。

与西方发达国家类似，我国也积极采用契税对土地房产交易流转进行宏观调控，契税由买受人承担，但与英国和中国香港等地不同的是，我国契税的课税对象是全额土地交易价格，税率为3%~5%。为了刺激房地产需求，国家频繁使用契税优惠政策工具，有条件、有限度地降低契税税率，这在一定程度上降低了土地交易成本，促进了土地房产的交易流转，提高了土地资源的配置效率。

除此之外，土地增值税也是交易流转环节的主体税种，但与英国等西方发达国家不同，我国并未将土地增值税纳入个人或法人所得税范畴，而是设立了独立的土地增值税。土地增值税由卖方承担，课税对象为土地增值额，土地增值税实行的是四级超额累进税率，具体征收标准为：增值额超过扣除项目金额50%的部分，税率为30%；增值额超过扣除项目金额50%、未超过扣除项目金额100%的部分，税率为40%；增值额超过扣除项目金额100%、未超过扣除项目金额200%的部分，税率为50%；增值额超过扣除项目金额200%的部分，税率为60%。

（一）土地税收总量收益分配状况

如图3-13所示，2004~2014年，我国土地税收占城市非农产业产值比重的平均值为2.1%，而同时期土地出让收入占城市非农产业产值的比重却高达9.072%，土地税收收入占城市非农产业产值的比重仅相当于土地出让收入的1/4，这说明我国土地税收在土地收益分配体系中的份额相对较小，地方政府通过土地税收收益分配制度干预土地开发利用行为的能力较弱。但值得注意的是，从变化趋势来看，土地税收占城市非农产业产值的比重却保持了强劲的增长态势，2004年土地出让收入占城市非农产业产值的比重仅为1.376%，但到2014年这一比重已跃升至3.592%，约为2004年的2.6倍，年均增长10%，这不仅高于同期土地出让收入占城市非农产业产值比重的增长速度，也高于城市非农产业产值的增长速度，这充分说明，土地税收收入在城市国民收入分配体系中的作用日益增强，为了支撑同样的经济增长，需要承担更重的土地税负。

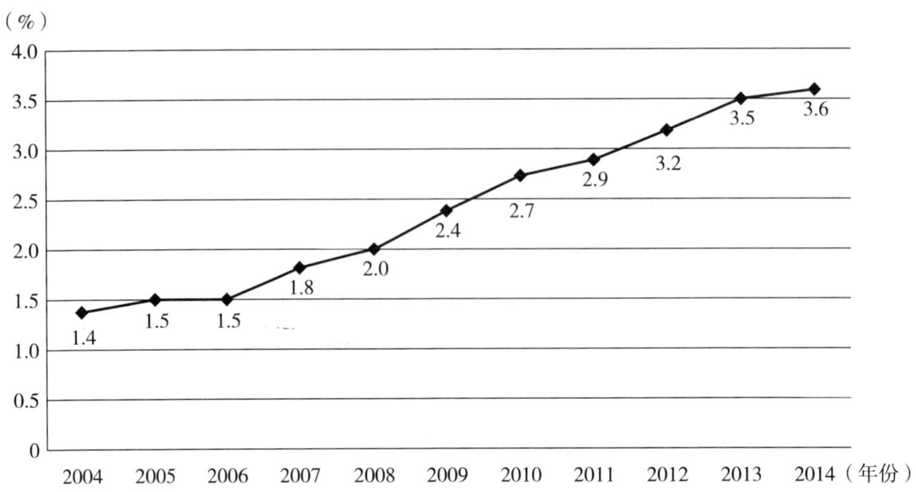

图 3-13 2004~2014 年全国土地五项税收总额占城市非农产业产值之比

资料来源:《中国财政统计年鉴》(2005~2015) 和《中国城市统计年鉴》(2005~2015)。

(二)分税种土地税收收益分配状况

如图 3-14 所示,从纵向来看,无论是耕地占用税、城镇土地使用税、房产税、契税还是增值税都表现出了明显的增长趋势,其中契税在所有年份中都是最高的,这有点出乎预料。与此同时,增值税的体量也相对较大,自 2009 年以后,土地增值税的增长速度就明显加快,并迅速成长为我国土地税收体系中的第二大税源。之所以会在 2009 年前后发生显著性的变化,主要是由于 2009 年我国出台了《房地产开发企业土地增值税清算规程》(以下简称《规程》),《规程》对土地增值税的清算方式做了更加严格的规定,束紧了土地增值税的清算条件,其中对土地增值税收入增长影响最大的是,《规程》首次要求土地增值税实行按项目清算制度。与此同时,《规程》还大幅拓宽了土地增值税的清算条件,如对于未竣工但房屋销售面积已经达到 85%的房地产开发项目也要实施土地增值税清算。

除此之外,城镇土地使用税在 2007~2008 年有一个比较大的增长,这主要是由于 2006 年我国对城镇土地使用税进行了修订,统一上调了城镇土地使用税税率标准,自 2007 年 1 月 1 日起,新的城镇土地使用税税率标准开始实施,这使得 2007 年城镇土地使用税比 2006 年增长了 118%。

令人大感意外的是,房产税在我国土地税收体系中的地位非常弱小,房产税并没有随着我国房价的飞涨而蹿升,而只保持了较为平稳的增长态势,特别是 2010 年以后,房产税在五项土地直接税收收入中排名垫底,这主要是由于我国房产税的税基较窄,只适用于经营性用房。更关键的是,房产税的计税依据是房

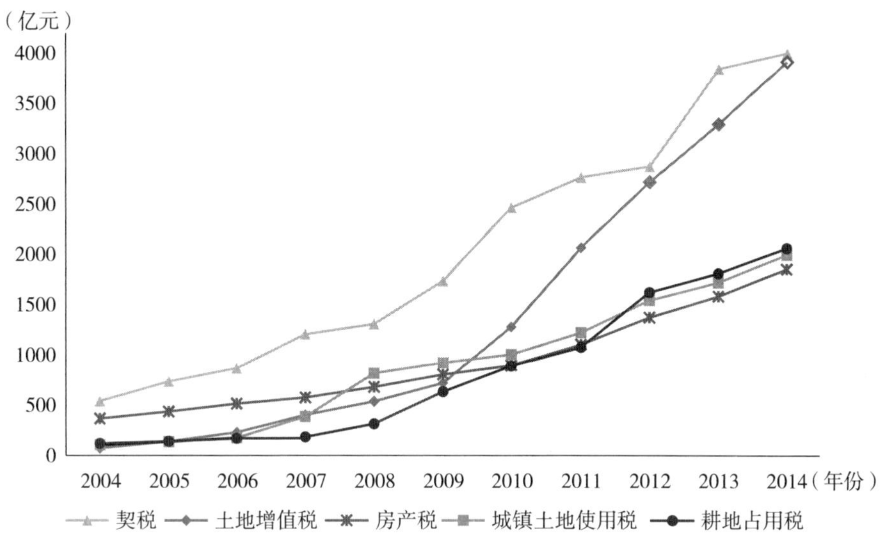

图 3-14 土地五项税收绝对量变化趋势

资料来源：《中国财政统计年鉴》（2005~2015）。

产余值，这与持续飙升的房价严重脱节，极大地抑制了房产税的增长。

（三）分环节土地税收收益分配状况

1. 分环节土地税收结构

从三大环节的相对税负大小来看（见图 3-15），土地获取环节的税负是最重的，这与美国、日本等国家土地税负主要集中在土地持有环节截然不同，2004~2014 年土地交易流转环节的土地税收占比高达 56.3%，超过了保有环节和交易流转环节的税收份额之和。保有环节的土地税收次之，2004~2014 年其税收贡献份额为 30.2%，土地获取环节的税收负担最轻，仅占 13.5%。从我国土地税收发展现状可以看出，我国的土地税收带有明显的“重交易流转，轻保有和获取”的特征。

土地获取环节，特别是原始取得环节的税负过轻无法起到加重土地获取成本、抑制城市建设用地规模扩张、倒逼土地开发利用方式转变的作用。更糟糕的是，耕地占用税很可能会沦为地方政府肆意扩大城市建设用地面积的安慰剂，在耕地占用税缺位的年代，地方政府盲目扩大城市建设用地规模将面临巨大的社会压力，但在建立耕地占用税制度之后，地方政府盲目扩大城市建设用地规模，大肆征占耕地的罪恶感就会有所降低，在缴纳了耕地占用税之后，地方政府就可以堂而皇之地扩大城市建设用地面积，这不仅不会抑制，反而可能会刺激耕地征占和城市建设用地规模扩张。

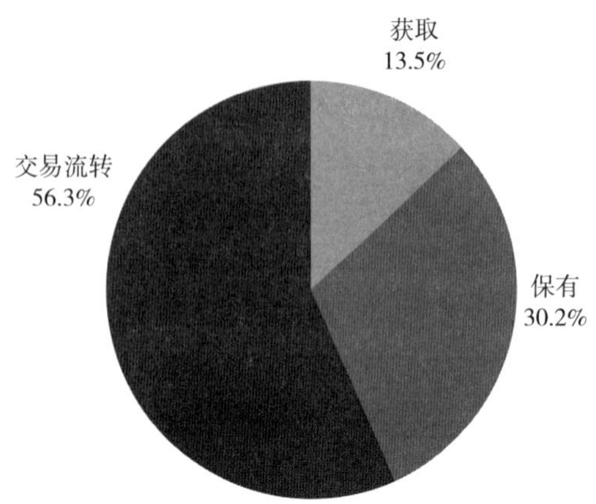

图 3-15 2004~2014 年按环节划分的土地税收平均结构

资料来源：《中国财政统计年鉴》（2005~2015）。

2. 分环节土地税收收入占城市非农产业产值的比重

分环节来看（见图 3-16），土地交易流转环节的税收份额最高，2004~2014 年的均值高达 1.49%，保有环节次之，为 0.81%，而土地获取环节的土地税收份额最小，仅占城市非农产业产值总量的 0.35%。从土地税收收益分配结构来看，我国的土地税收收益分配结构具有明显的“重交易流转，轻保有和获取”的特征（张志宏等，2013）。

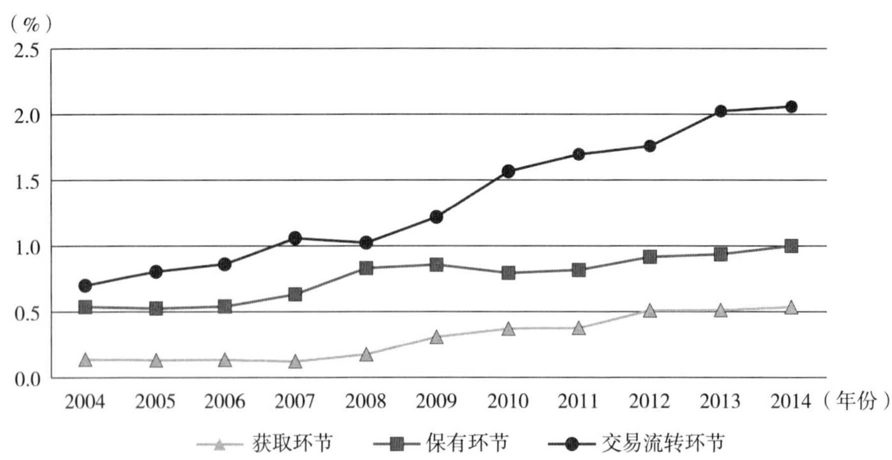

图 3-16 2004~2014 年三大环节土地税收占城市非农产业产值之比

资料来源：《中国财政统计年鉴》（2005~2015）。

这样的土地税收收益分配结构不仅会刺激耕地征占，加剧城市建设用地规模扩张，而且还会阻碍土地资源的正常交易流转，固化存量建设用地的扭曲配置现状，降低存量建设用地的配置效率，抑制城市建设用地利用效率的增长。这与地方政府追求土地出让收入最大化的目标不谋而合，因此这很可能是地方政府有意为之。虽然土地税收的立法权在全国人大，但土地税收的执行权在地方，地方政府很容易根据自身的需要调节土地税收征管力度。与此同时，弹性土地税率制度也为地方政府根据自己的意图来调整土地税收收益分配制度留下了很大的操作空间。

从各环节土地税收占比的变化趋势来看，无论是土地获取环节、保有环节还是交易流转环节，其土地税收收入占比都表现出了明显的递增趋势。

土地获取环节税收收入占比增长是耕地占用数量增多、耕地征占速度加快、耕地占用税税基扩大所致，这说明耕地占用税不仅没有抑制，反而在一定程度上刺激了城市建设用地规模扩张，耕地占用税俨然已经沦为地方政府大用快用新增建设用地指标的遮羞布和挡箭牌，在缴纳完耕地占用税后，地方政府就可以堂而皇之地实施城市建设用地规模扩张，大肆征占耕地，这导致城市建设用地供应面积过多，城市建设用地规模扩张速度过快，诱发了土地的粗放利用，助长了用地单位技术创新的惰性，抑制了城市建设用地利用效率的增长。

与此相反，土地保有环节税收占比的增加主要是受 2007 年城镇土地使用税税率加倍的影响，但税率加倍的收益分配效果只在短期有效，2008 年之后城镇土地使用税收入占比就已趋于稳定。城镇土地使用税税率的提高有利于调节城市内部不同区位以及不同地区之间的级差收益，优化土地利用的空间配置结构，提高城市建设用地的空间配置效率，促进城市建设用地利用效率的增长。

土地交易流转环节税收收入占比的快速提高主要是受土地增值税税收征管力度加强的影响，这有利于矫正地方政府与土地使用者之间扭曲的土地收益分配关系，将长期滞留在土地使用者手中的自然增值通过土地增值税税收征管力度加强的方式及时收归国有，这有利于降低土地自然增值对土地使用者提供的错误激励，降低土地使用者的投机热情，抑制土地投资投机，减少土地囤积，优化土地资源配置，促进城市建设用地利用效率增长。

第二节　国际土地收益分配制度发展现状

美国是当今世界市场经济发展程度最高的国家，在土地管理领域，他们大多采用市场手段，这使得其土地收益分配制度带有强烈的市场化导向，从美国土地收益分配制度的发展现状来看，其调节效果较为显著，这为我国未来土地收益分配制度市场化改革提供了宝贵的经验。

更重要的是，相似土地收益分配制度在不同国家和地区的实践相当于一个自然实验，这可为有效识别我国现行土地收益分配制度的弊端提供一面镜子。部分私有制国家也实行了土地的公有制，如新加坡、瑞典和芬兰等，其土地收益分配制度也是建立在土地公有制的基础之上，这与我国的土地所有制结构极为类似，但与此同时，这些国家的主体生产资料所有制结构仍为私有制，故他们的土地收益分配制度可能会带有一定的私有制特征和市场化特性，这对正处于转型转轨时期的中国而言具有重要的借鉴意义。

有鉴于此，本书有意识地选取了美国、新加坡、英国、日本、瑞典和芬兰等典型国家和地区的优秀土地收益分配制度做了重点介绍。通过国际比较，有效识别我国土地收益分配制度的漏洞和不足，与此同时，充分挖掘不同土地收益分配制度的闪光点，以期能够取长补短，西为中用，为我国土地收益分配体制改革提供蓝本、指明方向。

一、美国可转让土地发展权制度

美国是私有制国家，在土地领域实行的是私有制。与我国不同，美国的土地所有者较为多元，政府和私人都可成为土地的所有者，在美国的土地所有制结构中，地方政府所有的土地占10%，联邦和州政府所有的土地占32%，而私人所有的土地份额却高达52%①。

土地发展权收益分配制度是美国土地收益分配制度体系的一大亮点。土地发展权收益分配制度主要表现为两个土地发展权交易计划，即可转让土地发展权计划（Transferable of Develop Right，TDR）和可购买土地发展权计划（Purchase of Development Right，PDR）。

可转让土地发展权交易计划是指通过转让土地发展权来实现农地发展权价值的制度安排，农地发展权交易价格是农地发展权的经济表现形式，体现的是农地发展权所有者与需求者之间的土地利益分配关系。为了保护耕地、有历史意义的界标和生态脆弱地等特殊用地，政府对其土地开发进行了规划限制，原土地所有者不得改变土地用途或原貌，而作为补偿，政府为这些开发受限的土地所有者分配了农地发展权，农地发展权可转移到其他地块上使用。为了捕获农地发展权收益，弥补发展受限遭受的损失，土地所有者可将其分得的农地发展权拿到农地发

---

① 李茂：《美国土地审批制度》，《国土资源导刊》2006年第6期。

展权交易市场上交易。与此相对，农地发展权购买者在购买了农地发展权后，可将其叠加在现有土地发展权之上进行额外开发，并捕获由此带来的额外土地开发利益。但值得注意的是，可转让土地发展权转让后并没有消失，而是发生了空间转移，这不仅有利于保护开发受限的地块，实现预期的土地管制目标，而且还可提高权利接收区的土地开发利用强度，真可谓“一箭双雕”。

而可购买土地发展权计划（PDR）是指政府和一些公益组织出于保护农地，特别是城市周边优质耕地的目的，动用公共资金，向农地所有者购买农地发展权的制度安排。通过 PDR 售出的农地发展权，原农地所有者仍可继续耕种，但不得改变用途，只能保持农用。与 TDR 不同，通过 PDR 购买的农地发展权并不会被行使，因此 PDR 的实施将导致农地发展权数量的减少，在保护农用地的同时并不会对其他地块的开发利用状况产生额外影响。

二、新加坡的“二次出让”制度

虽然新加坡是资本主义国家，但在土地领域实行的却是以公有制为主体的公私混合所有制。新加坡国土面积狭小，因此必须由政府部门对土地开发利用做出合理的规划，正是基于这样的理念，新加坡的土地所有制和土地收益分配制度带有强烈的公共利益导向。

与我国类似，租赁制度也是土地收益分配制度的重要表现形式，但与我国不同的是，新加坡的土地出让实行的是“一次出让”与“二次出让”相结合的混合管理体制，这是新加坡土地出让收入分配制度的一大亮点。“一次出让”是指由土地管理局直接将土地使用权出让给私人、企业和社团，而“二次出让”是指土地管理局根据公共利益的需要，将部分可独立开发的大块土地直接出让给法定机构，经专门规划和前期开发后再由法定机构代表政府零售给具体的私人、企业和社团。负责“二次出让”的法定机构主要有：建屋发展局、裕廊镇工业管理局、陆路交通局和公共事业管理局等，其中，建屋发展局负责住宅用地出让，裕廊镇工业管理局负责工业用地的前期开发和工业用地出让，陆路交通局负责道路交通设施用地出让，而公共事业管理局负责污水处理、通信、水电线路等基础设施用地的出让。

通常而言，法定机构受让国家土地管理局的土地只需支付较低的价格，而法定机构将土地零售给具体使用单位的土地出让价格则会因土地用途和供地方式的不同而存在显著的差异。具体而言，对于一些零星破碎土地，新加坡则采用闭门招标的方式[①]，通过邀请毗邻土地使用者参与投标的方式来确定最终的土地受让者和出让价格。对公共部门用地，如政府部门用地、公共基础设施用地以及一些纯公益性的建设项目用地，新加坡土地管理局则采用无偿划拨的方式（高国力，2015），但与我国不同的是，对政府机关无偿获得的划拨用地也要计算价格备案，对一些社团和慈善组织获取的划拨土地甚至要确定年租金和使用年限（刘军，2015）。除此之外，对使用期限较短的土地需求，新加坡实行了土地租赁制度，其中临时使用证和租赁协议是土地租赁的主要形式，土地租赁的最长期限为三年，有时可以延长三年，但最多不超过十年。与我国土地出让制度类似，新加坡的土地出让金也是一次性缴纳，但与我国不同的是，土地使用者每年还需缴纳土地使用费。从土地出让年限来看，出让土地的最高使用年限为 99 年，工业、教育、宗教、社会福利等用途为 30 年，住宅用地和基础设施用地的出让年限可高达 99 年。土地使用年限届满，土地使用者可以申请续期，经批准后可继续使用，但要由估价师重新估价，并按新的估价计收土地租金。土地到期后不申请续期的，地上建筑物原则上归土地管理局无偿所有，由土地管理局负责管理，根据经济社会发展实际状况，经重新规划后投放市场（吕海峰等，2009）。

三、英国的土地收益分配制度

英国是一个典型的土地私有制国家，虽然从法律上来看，英国的土地全部归英王或国家所有，但从实际的利用过程来看并非如此，在英国的土地使用结构当中，有 90%的土地由私人直接控制[②]，只要不违反国家的相关法律规定，土地使用者就可永久保有该土地的使用权，这种由私人永久保有的土地权利也被称为永业权。私人拥有的永业权可依法自由交易流转，并获取与之相对应的土地交易流转收益，但总体而言，土地税收才是英国土地收益分配制度体系的核心。具体而言，英国的土地税收主要由地方议会税、营业用房税、印花税、所得税、资本利得税、遗产税和赠予税等构成，其中地方议会税也被称为家庭财产税，是英国唯一的地方税。家庭财产税由地方政府征收，主要用于社区建设。家庭财产税收为从价税，以房地产的评估价计征，家庭财产税税率并不固定，在不同的地区之间也会存在一定的差别，家庭财产税税率根据地方政府财政缺口和地区房地产的总价值综合测算得出。与此同时，家庭财产税还有等级差别，地方政府首先确定的

---

① 闭门招标有点类似于我国的协议出让，但二者的适用对象存在一定差别，我国的协议出让几乎是普适性的（对工业用地尤其如此），而新加坡的闭门招标则主要适用于零星破碎土地。由于新加坡的闭门招标和我国的协议出让收益分配制度的适用对象存在显著差别，这就使得二者的配置绩效也存在很大的差异。

② 王晓颖：《英国土地制度变迁史及对我国的启示》，《经济体制改革》2013 年第 1 期。

是基准等级的家庭财产税税率，其他价值的房地产则在此基础上乘以一定的修正系数。房产价值越高，修正系数越大，房产税税率也就越高。

与我国类似，英国还对营业用房单独设计了营业用房税，这大体相当于我国现阶段的房产税，营业用房税属于中央税，但由地方政府代征，中央政府每年也会返还部分营业用房税给地方政府。营业用房税也为从价税，按照营业用房的评估价值计征。与我国不同的是，英国对租金收入征收的是所得税。

此外，英国也对土地房产交易课税，但与我国不同的是，英国对土地房产交易流转开征的是印花税。在英国，印花税为从价税，根据房地产交易价格的一定比例计征，印花税经常被英国政府用于调控房地产市场，但与我国不同的是，英国的印花税有较高的免征额，只有超过免征额的部分才需缴纳印花税。

与西方发达国家类似，英国也有征收遗产税和赠予税的传统，对继承的资产和死亡之前七年以内赠予的财产，要征收遗产税和赠予税，遗产税有一定的免征额，且免征额可以在配偶之间转移使用。由于受到社会的强烈抵制，遗产税的免征额一再提高，这使得大量以继承方式获取的土地房产都无须缴纳遗产税。

四、日本的土地税收收益分配制度

日本实行的是土地私有制，在日本的土地所有制结构中，私人所有的土地占57%，法人所有的土地占8%，而国家和地方公共团体所有的土地只占35%①。虽然国有和共有土地的份额并不低，但国家和地方公共团体所有的土地大多为森林、水域和绿地等不可开发利用的土地，工商业用地和住宅用地等经营性用地大多为私人所有。这样的土地结构决定了地方政府的卖地收入甚少，在土地收益分配制度体系中式微，而土地税收收入相对较多，是日本土地收益分配制度体系的中流砥柱，因此对日本土地收益分配制度的介绍主要集中在土地税收上。

日本的土地税种极为丰富，多如牛毛。从土地税收的分布来看，主要集中在土地获取和保有环节。具体而言，保有阶段的土地税收主要有地价税、固定资产税、特别地价税和城市规划税，其中地价税和固定资产税为国税，由中央政府征收，特别地价税为地方税，由市町村政府征收。城市规划税为受益税，由享受特定公共服务的土地所有者缴纳，城市规划税专项用于特定区域城市基础设施建设和提供公共服务。特别地价税按年计征，但持有期限超过 10 年的土地和房产则可免征，这有利于打击土地投机需求，抑制日益猖狂的土地炒卖行为（邹伟，2013）。取得环节的土地税收有不动产取得税、登记许可税费、印花税、继承税和遗产税，其中，印花税按土地交易合同的数量计征。而流转环节的税收却只有

① 韦加庆：《国外土地制度变革对我国的启示》，《河北农业科学》2010 年第 6 期。

个人所得税和法人所得税两个税种，最具特色的是，日本根据土地持有期限的长短实行差别化税率，对短期持有的土地课以较轻的税率，却对持有期限较长的土地课以较重的税率，这样的土地税收激励结构有利于刺激土地的交易流转，优化土地资源配置，提高土地配置和利用效率。

五、芬兰和瑞典的公有土地出让收入分配制度

芬兰政府部门也集中了大量的公有土地，因此租赁制度就成为了芬兰土地收益分配制度体系的重要组成部分。与我国不同的是，芬兰土地租赁制度的主要实现形式是年租制，土地使用者按年向政府交纳土地租金，这既降低了土地使用者筹集首付款的财务压力，也为国家回收土地增值提供了有力的渠道和途径，有效地弥补了土地批租制度租金测算误差导致的不良后果。为了回收土地增值，芬兰政府会定期根据消费价格指数或土地价格指数调整土地租金水平。

虽然芬兰实行的是土地年租制，但这只是土地租金的交纳方式，并不涉及租金水平的决定问题，在土地收益分配制度体系中，租金水平的决定问题才是土地收益分配制度的关键，因此深入分析芬兰公有土地使用权的价格决定机制对理解芬兰公有土地收益分配制度就具有决定性的意义。与我国类似，芬兰也采用招拍挂、协议出让甚至是划拨等方式来供应公共土地，体现土地要素在国民收入分配中的地位和作用，只是对不同的土地用途，芬兰政府采取了差异化的土地供应方式和土地收益分配制度。具体而言，对黄金地段的土地，一般会采用拍卖方式出让，并按照市场价值的4%收取地租，而一般地段则以低于市场价格5%~10%的价格为基准按年收取4%的地租，用于建设福利房的土地租金则按照协议地价的4%征收，协议地价通常比市场地价低20%①。如果地块是用于为社会提供公共服务的公益组织或慈善机构等非营利性部门，则只征收象征性地租。此外，芬兰还创造性地在政府部门实施内部地价，政府部门每年都需要根据自己的土地使用数量和区位，向城市房产管理部门缴纳土地租金②。从土地使用期限来看，住宅用地的最长租期为50~60年，商业用地为50年，工业用地为20~30年。住宅用地到期后可自动续期，若不续期，政府需要对地上建筑物进行补偿。由于工业用地都有特殊的用途，工业用地被收回后很难再转让给其他人使用，故芬兰并不对工业用地上的建筑物进行补偿。由于芬兰政府出租土地并不是为了筹集财政收入，而是为了实现土地的最优利用，故芬兰的土地租金收入在其财政收入中的占比极小。

---

① 张立彦：《中国政府土地收益制度研究》，北京：中国财政出版社，2010年，第82-83页。
② 张立彦、李银生：《芬兰公有土地租赁的特点与启示》，《改革与战略》2009年第11期。

与芬兰类似，瑞典也在一定程度上实行了土地公有制，瑞典的土地收益分配制度主要包括如下四项：土地征收收益分配制度、土地出租收益分配制度、土地到期收益分配制度和土地税收收益分配制度。当为了公共利益须征收私人所有的土地时，国家需要支付相应的补偿，土地征收补偿严格遵循公平市场价格的原则，征收标准以土地征收日前 10 年的土地价格为准。与此同时，与中国不同，瑞典实行的也是年租制度，土地租金每 10 年或 20 年调整一次，其中居住用地的使用年限为 60 年，其他用途的土地最低为 20 年，住宅用地可自动续期 40 年，其他用途土地最高可续期 20 年，如果政府取消合同，政府必须支付建筑物补偿，但非居住用地合同取消政府可不补偿。土地到期后，政府可收回土地并无须对地上建筑物进行补偿。

第三节　中外土地收益分配制度的主要差异

总体而言，中外土地收益分配制度的差别主要体现在如下三个方面：

第一，以美国为代表的发达市场经济国家的农地发展权收益分配制度主要采用市场机制进行分配，不仅农地发展权的归属清晰，而且可自由交易流转，这不仅符合市场交易的基本前提，而且还符合人类追求自身利益最大化的天性。与此相反，我国的农地发展权收益分配制度不仅产权界定不清、归属不明，而且残缺不全。在现有的制度条件下，政府在农地发展权收益分配过程中的优势明显，这经常诱使政府利用自身的政治力量来干扰具体的农地发展权收益分配过程，并在一定程度上侵害了农民和农村集体经济组织的农地发展权利益，严重违背了制度效率“一致同意”的基本原则。与此同时，即使认为农地发展权归国家所有是一种优良的制度安排，但分配给各省的农地发展权并不能自由交易流转，导致农地发展权并不能按照市场经济机制配置给最善于使用它的单位和个人，因此我国农地发展权收益分配制度的效率低下也就不足为怪。

第二，以芬兰和新加坡为代表的公私混合所有制国家，它们都极力强调土地出让收入分配制度的公共利益属性，土地出让收入分配制度制定的出发点都是为了实现公共利益最大化的目标，如芬兰政府为了改善居民的居住条件，对住宅用地实行优惠地价，新加坡为了实现居者有其屋计划，兴建了大量的组屋供市民租住。我国土地出让收入分配制度的功能恰好相反，在财政分权体制条件下，土地出让收入分配制度已在很大程度上沦为地方政府筹集财政收入、实现政绩的政策工具，而按照公共选择学派的观点，政府也有自己的私利，也追求自身利益最大化，因此地方政府的利益最大化并不意味着公共利益的最大化，这也是我国土地出让收入分配制度不能有效促进，而是严重抑制城市建设用地利用效率增长的重要根源。

第三，以英国和日本为代表的土地私有制国家，其土地税收收益分配制度相对完善，各环节的土地税负相对均衡，从土地获取、使用到土地的交易流转，都有相应的土地收益分配制度来对私人的土地利用行为进行规制和引导。与此相反，我国的土地税收体系并不健全，房产税还未普遍开征，各环节税负苦乐不均，“重获取和交易流转，轻保有”的特点极为突出，这与提高土地利用效率所要求的土地税收收益分配制度结构严重背离。土地税收收益分配制度内部结构的差异在很大程度上应该对中外土地税收收益分配制度效率的差异负责。

第四章　城市建设用地利用效率的内涵及测定

为了分析土地收益分配制度对城市建设用地利用效率的影响，首先需要对城市建设用地利用效率的外延和内涵进行清晰合理的界定，有鉴于此，本章第一节对城市建设用地利用效率的内涵进行了界定，在此基础上综合采用超效率 DEA 模型和 Malmquist 指数模型，从静态和动态两个角度对我国 29 个省份和 284 个地级市 2004~2014 年的城市建设用地利用效率进行了综合测定。

第一节　城市建设用地利用效率的内涵

阿瑟·奥肯（1999）认为“效率意味着从一个给定的量中获得最大的产出”①，从这一定义可以看出，效率衡量的是既定投入与产出之间的对比关系，表征的是生产系统技术水平的高低，效率用公式可表示为：

$$\theta=\frac{f(X)}{f(X)'}\ (0<\theta\leqslant 1) \tag{4-1}$$

式中，θ 表示以潜在最大化产出为参照所衡量的生产效率；X 为投入向量；f(X)和 f(X)′分别表示实际产出和潜在的最大化产出，实际产出对潜在最大化产出的偏离程度越小，效率损失越少，生产效率越高。

由于在现实的生产过程中，潜在产出的确定较为困难，因此我们直接用实际产出与投入之比来作为生产效率的一个量度指标，即

$$\theta'=\frac{f(X)}{x} \tag{4-2}$$

式中，θ′表示从投入产出视角衡量的生产效率；x 表示某种特定的投入要素；f(X) 表示实际产出，在特定投入要素 x 的投入数量一定的情况下，实际产出 f(X)越多，生产效率越高，与此相对，当产出 f(X) 一定时，特定投入 x 越少，生产效率也越高。

① 阿瑟·奥肯：《平等与效率》，北京：华夏出版社，1999 年，第 232 页。

由于生产过程具有联合性，所有要素必须联合起来共同投入到生产过程才能有产出，只有一种或只有部分要素都无法进行生产。与此同时，部分生产要素的投入也具有不可分性，固定资产投入就属于此种情形。生产要素的这种特性不仅会对自身的利用效率产生显著的影响，而且还会对其他要素的利用效率构成严重的制约。以土地要素为例，若仅考虑土地的单要素生产率，则在土地要素的利用程度达到最大负荷之前，随着其他要素投入数量的不断增多，土地要素和其他要素的利用效率都在不断提升，一旦土地要素的利用程度达到最大负荷，再增加其他要素的投入数量虽然也能带来产出的增长，但产出增加的速度将不断降低。在此条件下，虽然土地要素的利用效率在不断提升，但其他要素的边际效率却在不断下滑，因此片面追求土地等单要素利用效率增长的效率观将严重阻碍其他要素边际效率的增长，这与可持续发展的内在要求背道而驰。

综上所述，无论是从生产过程的不可分性还是从要素投入的不可分性而言，都要求在评价一个经济系统的资源利用效率时不能只关注单一要素的利用效率，而是必须采用系统思维，将全部投入要素均纳入效率分析框架，综合考虑全部投入要素的作用对生产效率的系统性影响。为了做到这一点，我们首先需要寻找一个适当的转换函数，将各种不同的投入要素折算为统一的标准化投入，此处暂且用 $\phi(X)$ 来表示这种转换过程，则式（4-2）可转换为：

$$\theta''=\frac{f(X)}{\phi(X)} \tag{4-3}$$

式中，θ''表示从综合性投入视角衡量的生产效率；X 为投入向量，包括了全部投入要素；ϕ 为将投入要素组合转换为统一的标准化投入的转换函数；$f(X)$为实际产出。

依次类推，城市建设用地利用效率是指城市建设用地产出与城市建设用地投入之比，即

$$\theta'''=\frac{f(X_{land})}{\phi(X_{land})} \tag{4-4}$$

式中，θ'''表示城市建设用地利用效率；$\phi(X_{land})$ 和 $f(X_{land})$ 分别表示城市生产系统的投入和产出；X_{land}表示城市建设用地投入向量，在该投入向量中，不仅包括土地这一核心要素，而且还包括劳动和资本等其他要素。在城市建设用地投入既定的情况下，城市建设用地产出越多，城市建设用地利用效率就越高，而在城市建设用地产出既定的情况下，城市建设用地投入越少，城市建设用地利用效率就越高。

第二节　城市建设用地利用效率的测定

一、城市建设用地静态利用效率

（一）静态效率测定方法的比选

与传统效率测定方法相比，普通 DEA 法具有无须人为事先假定生产函数、对各变量的量纲不敏感以及投入产出的权重由模型内生决定等优点，这使得普通 DEA 法在效率测定和评价领域独树一帜。但与此同时，普通 DEA 模型测定结果的最大值为 1，这一方面会使得我们无法进一步区分同为 DEA 有效的相似决策单元相对效率的大小，另一方面也会限制我们对计量模型的选择，如果要对城市建设用地利用效率的影响因素进行实证分析，我们只能采用 Tobit 等受限因变量模型，但这势必会影响模型的估计精度，进而引发一定的估计偏误，并为土地开发利用实践提供错误的信号，因此传统 DEA 模型仍不是城市建设用地利用效率测定的理想方法和工具。

值得庆幸的是，超效率模型的横空出世让我们看到了一丝曙光，超效率 DEA 模型除了兼具传统 DEA 模型的全部优点之外，还有效克服了传统 DEA 模型效率测定结果最大值为 1 的内在缺陷，这极大地提升了效率测定结果的精度，方便了生产效率的测定与评价。更关键的是，超效率 DEA 模型极大地拓展了城市建设用地利用效率影响因素计量模型的选择范围，提高了参数的估计精度。有鉴于此，本章采用超效率 DEA 模型对我国 29 个省份和 284 个地级市的城市建设用地利用效率进行了综合测定。

（二）超效率 DEA 模型简介

超效率 DEA 模型最早由 Anderson（1993）提出，其核心思想是，在计算相似决策单元（Decision Making Unit，DMU_i）的超效率值时，直接将其从现有的评估系统中删除，并用其他 DMU 投入产出的线性组合来表示，求解在此条件下能使得 DMU_i 仍为 DEA 有效地投入径向扩张量，该径向扩张量就是超效率值。

对于一个拥有 r 种投入 $X(x_1, x_2, x_3, \cdots, x_r)'$、s 种产出 $Y(y_1, y_2, y_3, \cdots, y_k)'$ 和 n 个 DMU 的生产系统而言，用于评价 DMU_i 超效率值的线性规划模型为：

$$\mathrm{Min}\theta - \varepsilon(s_r^- + s_k^+)$$

$$
\text{s. t.} \begin{cases} \sum\limits_{j=1,\ j\neq i}^{n} \lambda_j X_j + s_r^- = \theta X_i \\ \sum\limits_{j=1,\ j\neq i}^{n} \lambda_j Y_j + s_k^+ = Y_i \\ \sum\limits_{j=1,\ j\neq i}^{n} \lambda_j = 1 \\ \lambda_j \geqslant 0,\ s^- \geqslant 0,\ s^+ \geqslant 0 \end{cases}
$$

式中，ε 为非阿基米德无穷小量；s^-和 s^+分别表示投入冗余量和产出不足量；$\sum\limits_{j=1,\ j\neq i}^{n} \lambda_j = 1$ 表示规模报酬可变；（$\sum\limits_{j=1,\ j\neq i}^{n} \lambda_j X_j$，$\sum\limits_{j=1,\ j\neq i}^{n} \lambda_j Y_j$）表示 DMU_i在新生产前沿面上的投影点，θ 即为所要求解的超效率值。

对于非 DEA 有效点而言，其超效率值 θ 与传统 DEA 模型的测定结果完全相同，但对 DEA 有效点而言，则可能会与传统 DEA 模型的测定结果稍有不同。具体而言，可分为两种情况：一是若 DMU_i仍位于新的生产前沿面上，则 DMU_i的超效率值仍为 1；二是若 DMU_i落到了新生产前沿面之外，这意味着存在投入的径向扩张量，则 DMU_i的超效率值将大于 1。

如图 4-1 所示，传统 BCC 模型的生产前沿面为 ABCDE，其中 A、B、C、D 和 E 均位于生产前沿面上，其 DEA 值等于 1，F 点没有落在生产前沿面上，其 DEA 值小于 1。遵循超效率 DEA 模型的思想，在计算 C 点的超效率值时，首先将 C 从现有的生产系统中剔除，此时新的生产前沿面将退化为 ABDE，以新的生产前沿面 ABDE 为参照，C 的相对效率 $\theta = OC'/OC > 1$。但对于 D 点而言，虽然在传统 BCC 模型条件下它为 DEA 有效点，但将其剔除之后，D 点仍位于新的生产前沿面上，其超效率值与传统 DEA 模型的效率值等结果完全一致，仍为 1。此外，对于 F 点而言，由于它并没有落到原有的生产前沿面上，因此无论是否将 F 点剔除，其生产前

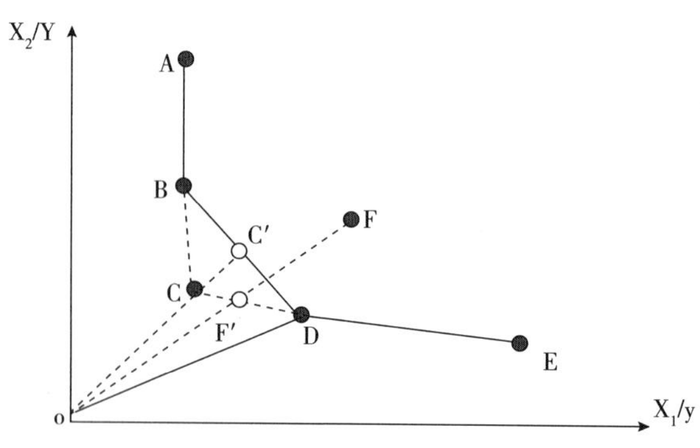

图 4-1　超效率 DEA 模型示意图

沿面均为 ABCDE，故在剔除 F 点之后，并不存在投入的径向扩张量，F 点的超效率值也就与原有的 DEA 效率测定结果完全一致，均小于 1。

（三）数据处理

超效率 DEA 模型运用的前提条件是要对投入与产出进行清晰合理的界定。遵循新古典经济学的传统，本书将劳动力、资本和土地作为城市生产系统的投入，将 GDP 作为城市生产系统的产出。考虑到市辖区以非农产业为主，因此本书直接采用城市非农产业 GDP 作为产出的一个量度，用城市二三产业从业人员数量作为劳动力投入的一个量度，用城市建成区面积作为土地要素投入数量的一个量度。

由于《中国城市统计年鉴》给出的仅为历年新增固定资本投资数据，不是固定资本存量数据，但在实际生产过程中使用的却是存量固定资本，因此有必要采用适当的方法对各省份市辖区的固定资本存量进行估计，本书采用了如下估计方法：

首先，假定固定资本服从如下永续迭代模式：

$$K_t = (1-\delta) K_{t-1} + I_t \tag{4-5}$$

其次，假定在较长的时期内，固定资本存量与新增固定资产投资的增长速度相等，即：

$$\frac{K_t}{K_{t-1}} = \sqrt[t-1]{\frac{I_t}{I_1}} = g \tag{4-6}$$

再次，将 I_t 与 I_1 代入式（4-6），求出 g，经整理后可得：

$$K_t = (1+g) K_{t-1} \tag{4-7}$$

复次，将式（4-7）代入式（4-5），并令 t=1，经整理后可得：

$$K_0 = \frac{I_1}{\delta+g}$$

最后，取 δ=10%，并将初始固定资本存量 K_0 代入式（4-5）进行累计迭代即可得到历年的固定资本存量（张军，2004；单豪杰，2008）。

（四）数据来源及处理

城市市辖区二三产业从业人员数量、二三产业产值和全社会固定资产投资数据均来源于《中国城市统计年鉴》（2004～2014），市辖区建成区面积数据来源于《中国城乡建设统计年鉴》（2004～2014）。所有新增固定资产投资均已采用固定资产投资价格指数进行平减处理，并已统一调整至以 2000 为基准的可比水平，非农产业 GDP 均已采用 GDP 平减指数进行平减处理，并已统一调整至以 2000 年为基准的可比水平。为让读者对各变量的分布状况有一个直观的认识，分别对各投入和产出变量做了描述性统计，具体结果如表 4-1 所示：

表 4-1　各投入产出变量描述性统计

地区	指标方向	具体指标	最大值	最小值	均值	方差	样本量
29 个省份[①]	产出	非农产业 GDP（亿元）	36016.0	98.8	4807.2	5223.6	319
	投入	资本存量（亿元）	70224.9	309.1	11958.3	11607.9	319
		非农产业劳动力投入（万人）	1676.1	14.8	264.2	219.0	319
		城市建成区面积（平方公里）	5398.1	103.3	1333.1	986.4	319
284 个地级市	产出	非农产业 GDP（亿元）	11356.8	5.7	494.9	996.4	3124
	投入	资本存量（亿元）	31269.6	7.0	1431.8	2699.6	3124
		非农产业劳动力投入（万人）	735.5	0.8	27.0	51.5	3124
		城市建成区面积（平方公里）	1385.6	5.9	110.2	159.0	3124

（五）城市建设用地静态利用效率测定结果

利用我国 29 个省份 2004~2014 年相关数据，运用 maxdea 1.0 软件，采用超效率 DEA 模型对其城市建设用地利用效率进行了综合测定，具体测算结果如表 4-2和图 4-2、图 4-3 所示。

表 4-2　2004~2014 年 29 省城市建设用地超效率值

地区＼年份	2004	2005	2006	2007	2008	2009	2010	2011	2012	2013	2014
北京	0.534	0.798	0.810	0.834	0.827	0.893	0.941	0.970	0.995	1.042	0.925
福建	0.684	0.641	0.603	0.607	0.591	0.634	0.612	0.628	0.630	0.618	0.605
广东	0.879	0.998	1.021	1.008	1.020	0.988	1.030	1.005	1.092	1.049	1.000
海南	0.723	0.658	0.679	0.664	0.663	0.654	0.662	0.638	0.634	0.551	0.571
河北	0.591	0.552	0.522	0.483	0.532	0.521	0.535	0.562	0.547	0.497	0.541
江苏	0.751	0.767	0.802	0.819	0.829	0.883	0.908	0.917	1.159	0.820	0.844
辽宁	0.844	0.689	0.633	0.647	0.667	0.669	0.694	0.661	0.677	0.644	0.558
山东	0.706	0.657	0.657	0.672	0.723	0.730	0.743	0.710	0.741	0.703	0.716
天津	0.768	0.856	0.909	0.897	0.904	0.964	0.977	0.978	1.014	1.004	1.130
浙江	0.699	0.656	0.633	0.634	0.619	0.619	0.639	0.647	0.658	0.708	0.701

① 从《中国城乡建设统计年鉴》和《中国城市统计年鉴》来看，上海市的城市建成区面积数据自2010 年后就一直未变，这与事实不符。与此同时，西藏自治区数据缺失严重，故直接将上海市和西藏自治区略去（后续分析亦是如此，不再赘述）。

续表

年份 地区	2004	2005	2006	2007	2008	2009	2010	2011	2012	2013	2014
安徽	0. 545	0. 515	0. 459	0. 467	0. 502	0. 528	0. 553	0. 531	0. 545	0. 518	0. 540
河南	0. 521	0. 472	0. 454	0. 424	0. 425	0. 398	0. 410	0. 410	0. 420	0. 429	0. 428
黑龙江	0. 661	0. 606	0. 629	0. 616	0. 582	0. 538	0. 611	0. 660	0. 646	0. 612	0. 587
湖北	0. 503	0. 486	0. 468	0. 506	0. 515	0. 559	0. 558	0. 617	0. 656	0. 636	0. 644
湖南	0. 568	0. 515	0. 484	0. 497	0. 556	0. 599	0. 623	0. 661	0. 712	0. 724	0. 738
吉林	0. 461	0. 407	0. 472	0. 517	0. 569	0. 591	0. 606	0. 617	0. 640	0. 592	0. 591
江西	0. 725	0. 609	0. 518	0. 453	0. 483	0. 564	0. 589	0. 544	0. 574	0. 528	0. 542
山西	0. 587	0. 607	0. 537	0. 506	0. 497	0. 484	0. 507	0. 495	0. 503	0. 479	0. 436
甘肃	0. 564	0. 547	0. 521	0. 489	0. 460	0. 482	0. 486	0. 514	0. 549	0. 485	0. 481
广西	0. 748	0. 614	0. 575	0. 507	0. 503	0. 535	0. 560	0. 576	0. 577	0. 536	0. 571
贵州	0. 556	0. 499	0. 468	0. 464	0. 469	1. 361	0. 444	0. 472	0. 460	0. 442	0. 446
内蒙古	0. 657	0. 587	0. 622	0. 700	0. 774	0. 926	0. 950	0. 956	1. 092	0. 931	0. 955
宁夏	0. 617	0. 605	0. 565	0. 597	0. 654	0. 697	0. 691	0. 707	0. 696	0. 687	0. 450
青海	1. 098	1. 029	1. 008	0. 991	0. 998	1. 004	1. 017	0. 956	0. 979	0. 804	0. 828
陕西	0. 533	0. 568	0. 540	0. 496	0. 555	0. 592	0. 565	0. 567	0. 568	0. 553	0. 528
四川	0. 523	0. 474	0. 490	0. 462	0. 503	0. 520	0. 575	0. 584	0. 633	0. 543	0. 582
新疆	0. 562	0. 607	0. 653	0. 655	0. 728	0. 690	0. 788	0. 715	0. 726	0. 708	0. 707
云南	0. 847	0. 716	0. 661	0. 592	0. 547	0. 584	0. 571	0. 575	0. 557	0. 534	0. 564
重庆	0. 500	0. 493	0. 551	0. 540	0. 550	0. 625	0. 624	0. 636	0. 667	0. 669	0. 706
全国	0. 640	0. 614	0. 602	0. 594	0. 612	0. 658	0. 651	0. 654	0. 677	0. 637	0. 631
东部	0. 711	0. 717	0. 713	0. 711	0. 724	0. 740	0. 756	0. 755	0. 788	0. 739	0. 735
中部	0. 566	0. 522	0. 500	0. 496	0. 514	0. 529	0. 553	0. 561	0. 580	0. 558	0. 555
西部	0. 636	0. 598	0. 592	0. 575	0. 596	0. 693	0. 640	0. 643	0. 661	0. 612	0. 602

首先，从全国层面来看，2004~2014 年全国城市建设用地利用效率均值仅为 0. 633，而前沿面单位的城市建设用地利用效率均值却高达 1. 055，全国城市建设用地利用效率均值仅相当于前沿面单位的 60%，这说明，在考察期内我国的城市建设用地利用效率水平整体较低，提升潜力依然较大。

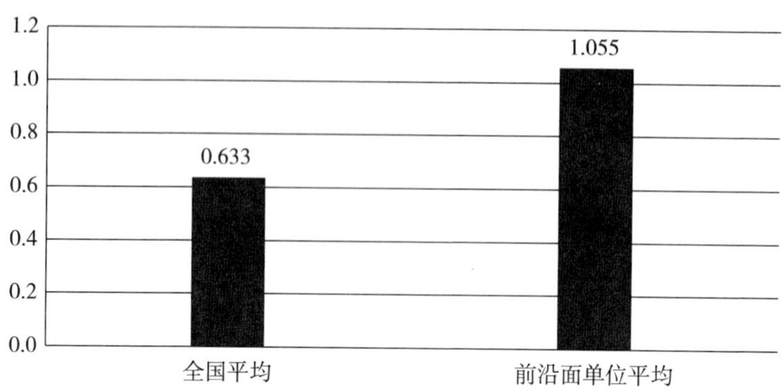

图 4-2　2004~2014 年全国与前沿面单位城市建设用地超效率均值

资料来源：根据本书的效率测算结果计算得出。

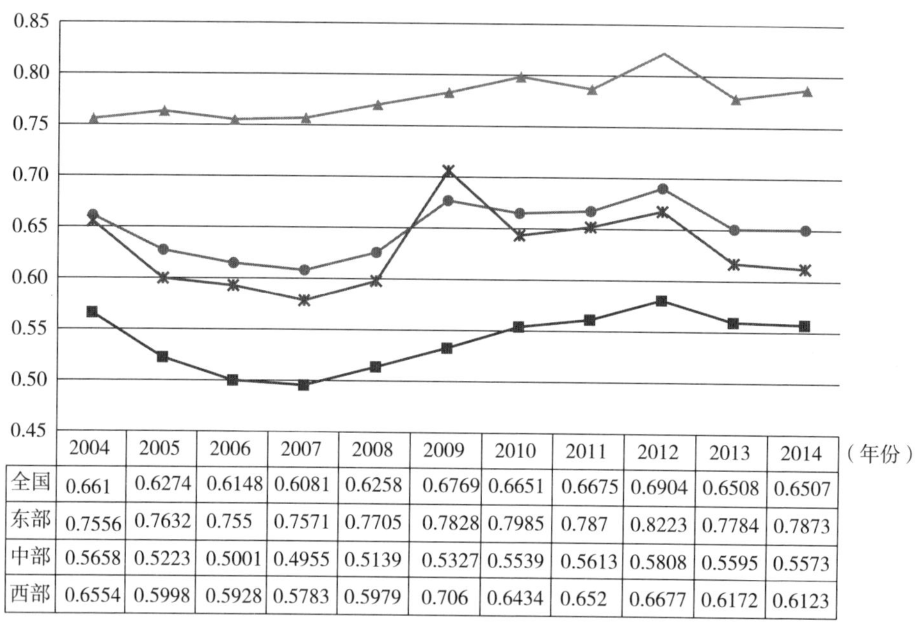

	2004	2005	2006	2007	2008	2009	2010	2011	2012	2013	2014
全国	0.661	0.6274	0.6148	0.6081	0.6258	0.6769	0.6651	0.6675	0.6904	0.6508	0.6507
东部	0.7556	0.7632	0.755	0.7571	0.7705	0.7828	0.7985	0.787	0.8223	0.7784	0.7873
中部	0.5658	0.5223	0.5001	0.4955	0.5139	0.5327	0.5539	0.5613	0.5808	0.5595	0.5573
西部	0.6554	0.5998	0.5928	0.5783	0.5979	0.706	0.6434	0.652	0.6677	0.6172	0.6123

图 4-3　2004~2014 年全国和东中西部城市建设用地利用效率变化趋势

其次，从变化趋势来看，我国城市建设用地利用效率大体呈波动性上升之势。根据引发建设用地利用效率波动内在驱动力的不同，可将我国城市建设用地利用效率的变化过程分为如下三个阶段：

第一阶段为 2004~2008 年，该时期的土地建设用地利用效率波动主要是由土地收益分配制度的变迁引发，通过对我国 2002~2007 年土地收益分配制度的变化趋势进行分析可以发现，该时期的工业用地出让收益分配制度发生了重大变迁，在2006年之前，我国工业用地主要采用协议方式出让，按出让面积计算，2004~2006年采用协议方式出让的工业用地占比高达95%，而采用招拍挂方式出让的工业用地几乎可以忽略不计，但到了2008年，工业用地出让结构发生了根本性的逆转，按出让面积计算，协议出让方式供应的工业用地只占工业用地出让总量的17%，而招拍挂出让方式却一度跃升至83%。之所以会出现这种突变，主要是因为国家对工业用地产权制度和收益分配制度做了重大调整，不断凸显招拍挂出让收入分配制度在工业用地出让收益分配制度体系中的地位和作用。

第二阶段为2009~2011年，该阶段城市建设用地利用效率波动主要由一些外生事件主导，2008年5月12日发生了中华人民共和国成立以来最大的地震——汶川大地震，承办了首届奥运盛会，灾后重建和“奥运经济”在短时间内推动了我国的城市建设，刺激了投资消费需求的增加，有效促进了当年城市建设用地集约利用水平的提升和城市建设用地效率的暂时性增长。但与此同时，2008也爆发了破坏性极大的全球金融危机，并在全球贸易链条的传动下迅速演化为全球经济危机。我国作为WTO成员国之一，深度参与国际贸易，在全球金融危机的背景下自然也就难以独善其身，为了对冲外部环境恶化所带来的不良影响，我国适时出台了4万亿刺激计划。不可否认，这有效地支撑了2009年的经济增长，促进了城市建设用地利用效率的暂时性增加，但却严重扰乱了市场的自我净化机制，加剧了城市经济结构的扭曲。在政府刺激政策退出之后，政策的不良后果立马开始显现，使2010年我国的城市建设用地利用效率不升反降。此后，随着适应能力的增强和产业结构转型升级步伐的加快，我国城市建设用地利用效率也开始回归正常的增长轨道，与2010年的阶段性低谷相比，2011年的城市建设用地利用效率增幅高达3.6%，远高于同期0.2%的年均增速。

第三阶段为2012~2014年，该时期的城市建设用地利用效率波动主要是由经济发展方式的转变引发的，2012年后，以习近平总书记为核心的新一届领导集体开始上台执政，本届政府的执政理念较之此前更加强调市场的作用，自施政以来频频对经济结构进行精准调控，努力转变经济发展方式，激发要素活力，提高要素利用效率。经此一役，我国经济发展也开始步入新常态，经济增长速度由原来的高速转为中高速，经济发展方式的转变和产业结构的调整引发了强烈的阵痛，各地的经济增长速度普遍下滑，在新的增长动力尚未完全形成，传统增长动力乏力的当下，我国城市建设用地利用效率急转直下也就完全在预料之中。

最后，从东中西部地区城市建设用地全要素利用效率的情况来看，我国的城市建设用地全要素利用效率存在显著的区际差异，且这种差异在考察期内一直未变。

具体而言，东部地区的建设用地利用效率最高，西部地区次之，而中部地区最低，这与各地区的经济技术发展水平存在一定的差异，主要体现在中西部地区城市建设用地利用效率的相对位次上。按照正常思维，中部地区的经济发展水平和技术水平都比西部地区高，其建设用地利用效率也理应比西部地区更高，但实际测算结果却表明，西部地区的城市建设用地利用效率比中部地区更高，这说明，除了经济因素之外，还有其他更关键的外生力量在干扰城市建设用地利用效率的发展，严重扭曲了内生经济发展规律对城市建设用地利用效率的决定作用。

二、城市建设用地动态效率及其测定

虽然超效率 DEA 模型较好地解决了传统 DEA 模型无法进一步区分同为 DEA 有效的相似决策单元相对效率大小的问题，但与此同时也沿袭了传统 DEA 模型的一些内在缺陷，这集中表现在超效率模型测定的仅仅是静态效率，不是动态效率，其测定结果只能用于横向比较，却无法用于纵向分析。但本书除了想要考察城市建设用地利用效率的静态特征和空间分布特性之外，还想分析城市建设用地利用效率的时间特征。Malmquist 指数法不仅可以用于考察城市建设用地利用效率的动态发展状况，还可对城市建设用地全要素利用效率做进一步解构，从更加微观的角度来分析引发城市建设用地利用效率发生波动的根源，这使得对城市建设用地利用效率的分析更加精准和更具目的性，并可为城市建设用地利用效率的后续改进指明方向。有鉴于此，本书采用了 Malmquist 指数法对我国 29 个省份城市建设用地全要素利用效率的动态变化状况进行了综合测定。

（一）Malmquist 指数法简介

Malmquist 指数最早由瑞典经济学家 Sten Malmquist 于 1953 年提出，但 Malmquist 起初只是用于消费分析，并未涉及生产效率（章祥荪等，2008），直到 1982 年 Caves 等受 Malmquist 指数的启发将其应用于生产领域，并用于测算生产效率，Malmquist 指数才开始成为生产效率的专门测度方法。但遗憾的是，当时并没有发明有效的距离测算方法，这就使得这一时期的 Malmquist 生产率指数研究只处于理论探讨阶段，还无法用于实践。直至 1978 年 Charnes 等发明了 DEA 法，采用线性规划技术来测算生产率，距离函数才从理论走向实践，并迅速风靡全球。此后，Fare 等基于 DEA 法，将其用于 Malmquist 生产率指数的测定，Mamlqusit 生产率指数法才开启了新篇章，首次从理论走上实践，并迅速得到了广泛的普及和运用。

Malmquist 生产率指数是一种建立在基准技术基础之上的生产率分析方法，在计算 Malmquist 生产率指数之前，需要对参照技术进行清晰合理的界定，考虑到生产率纵向比较的意义，Fare 等选择了以时间为参照。

以第 t 期的技术前沿面为参照的 Malmquist 生产率指数 $M_{i,I}^{t}=\frac{D_{I}^{t}(x_{i}^{t+1},y_{i}^{t+1})}{D_{I}^{t}(x_{i}^{t},y_{i}^{t})}$；以第 t+1 期的前沿面为参照的 Malmquist 生产率指数 $M_{i,I}^{t+1}=\frac{D_{I}^{t+1}(x_{i}^{t+1},y_{i}^{t+1})}{D_{I}^{t+1}(x_{i}^{t},y_{i}^{t})}$。其中，$(x_i^t,\ y_i^t)$ 和 $(x_i^{t+1},\ y_i^{t+1})$ 分别表示第 t 期和第 t+1 期的投入产出组合；I 表示以投入为导向；D_t 和 D_{t+1} 分别表示以第 t 期和第 t+1 期的生产技术前沿面为参照的距离函数。根据 Fish 理想指数的思想，M_t 和 M_{t+1} 的几何均值即为 Malmquist 生产率综合指数，即：

$$M(x^{t},y^{t};x^{t+1},y^{t+1})=\left[\frac{D_{v}^{t}(x_{i}^{t+1},y_{i}^{t+1})}{D_{v}^{t}(x_{i}^{t},y_{i}^{t})}*\frac{D_{v}^{t+1}(x_{i}^{t+1},y_{i}^{t+1})}{D_{v}^{t+1}(x_{i}^{t},y_{i}^{t})}\right]^{\frac{1}{2}}$$

与此同时，Ray 等还对 Malmquist 指数做了进一步的分解，将全要素生产率改进指数分解为效率改进指数和技术改进指数，而技术改进指数又可进一步分解为纯技术效率改进指数和规模效率改进指数，即：

$$=\frac{D_{v}^{t+1}(x_{i}^{t+1},y_{i}^{t+1})}{D_{v}^{t}(x_{i}^{t},y_{i}^{t})}*\left[\frac{D_{v}^{t}(x_{i}^{t},y_{i}^{t})}{D_{v}^{t+1}(x_{i}^{t},y_{i}^{t})}*\frac{D_{v}^{t}(x_{i}^{t+1},y_{i}^{t+1})}{D_{v}^{t+1}(x_{i}^{t+1},y_{i}^{t+1})}\right]^{\frac{1}{2}}*$$

$$\left[\frac{D_{c}^{t}(x_{i}^{t+1},y_{i}^{t+1})/D_{v}^{t}(x_{i}^{t+1},y_{i}^{t+1})}{D_{c}^{t}(x_{i}^{t},y_{i}^{t})/D_{v}^{t}(x_{i}^{t},y_{i}^{t})}*\frac{D_{c}^{t+1}(x_{i}^{t+1},y_{i}^{t+1})/D_{v}^{t+1}(x_{i}^{t+1},y_{i}^{t+1})}{D_{c}^{t+1}(x_{i}^{t},y_{i}^{t})/D_{v}^{t+1}(x_{i}^{t},y_{i}^{t})}\right]$$

$$=PTECH*TCH*SECH$$

$$=ECH*TCH$$

Mamlquist 指数大于 1 表示与第 t 期的全要素生产率相比，第 t+1 期的全要素生产率进步了；小于 1 表示全要素生产率发生了退步；等于 1 则表示全要素生产率保持不变。

TECH 表示技术改进，衡量的是生产前沿面的移动状况，TECH 大于 1 表示与第 t 期间的前沿技术相比，第 t+1 期的技术前沿面发生了前向推移；与此相反，TECH 小于 1 则表示与第 t 期的前沿面相比，第 t+1 期的前沿面发生了后向移动；等于 1 表示前沿面没有发生移动，前沿技术既没有退步也没有进步。

PTECH 为纯技术效率，衡量的是现实生产技术与原有前沿面之间相对距离的变化情况，即对原有前沿技术的学习深度。PTECH 指数大于 1 表示与第 t 期相比，第 t+1 期的生产技术与原有前沿面之间的相对距离在不断缩小，待评价城市对原有前沿技术使用潜力的挖掘程度不断加深，原有前沿技术对本地城市建设用地利用效率的促进作用不断提升。与此相反，PTECH 指数小于 1 表示现实的生产技术与原有前沿面之间的相对距离在不断扩大，待评价城市对原有前沿技术使用潜力的挖掘程度有所降低，原有前沿技术对本地城市建设用地利用效率的促进作用有所减小。PTECH 指数等于 1 表示现实的生产技术与原有生产前沿面的距离保持不变，这意味着对原有前沿技术使用潜力的挖掘程度既没有加深也没有变浅，而是维持现状，原有前沿技术对城市建设用地利用效率的促进作用也就不会发生任何变化。

SECH 为规模效率改进，衡量的是对最佳生产规模的逼近程度，与最佳生产规模越近，规模效率越高；反之则越低。SECH 大于 1 表示与最优规模的距离缩小了；与此相反，SECH 小于 1 则表示规模效率有所下降。实际生产规模与最优生产规模的距离扩大了，这可能是由两方面的原因引发的：一是原先处于规模报酬递减阶段的城市持续扩张，使得城市的生产规模不仅没有向最优生产规模收敛，反而加速了对最优生产规模的偏离，这就使得整个城市的生产过程不仅没能捕获规模报酬递增收益，反而加剧了规模报酬递减效率损失，这就使得随着城市生产规模的不断扩大，城市建设用地利用效率反而在不断降低。二是原先处于规模报酬递增阶段的城市，不仅没有通过进一步扩大生产规模来穷尽规模报酬递增的好处，反而缩减生产规模，白白浪费了规模报酬递增的潜力。抑或是虽然这些城市的生产规模在不断扩张，但最优生产规模也在不断变大，当城市规模的扩张速度不及最优生产规模的前向移动速度时，实际的生产规模与最优的生产规模之间的差距就会不断扩大，城市也就无法及时捕获规模报酬递增所带来的好处，这将引发严重的规模报酬递增效率损失。

（二）城市建设用地全要素动态利用效率测定结果

利用我国 29 个省份 2004~2014 年市辖区相关数据，采用 Malmquist 指数法对其城市建设用地利用效率的动态变化状况进行了综合测定。限于篇幅，此处仅列出了各省份 2004~2014 年的平均值①，具体结果如表 4-3 所示。

首先，从全国层面来看，2004~2014 年，我国城市建设用地全要素利用效率改进指数均值为 1.057，大于 1，这表示在考察期内我国城市建设用地全要素利用效率有所进步，年均进步速度为 5.7%。

通过对全要素利用效率改进指数做进一步分解可以发现，全要素利用效率的快速提升主要是由技术改进引发，技术效率改进不仅没有促进，反而严重拖累了全要素利用效率的持续快速增长。具体而言，2004~2014 年我国城市生产系统技术改进指数高达 1.095，这表明在考察期内我国城市生产系统前沿面单位的生产技术水平是在不断进步的，年均进步速度高达 9.5%，与此相反，效率改进指数却仅为 0.975，这说明这一时期我国城市生产系统的技术效率不仅没有提升，反而节节败退，年均退化速度高达 2.5%。

---

① 此处的效率均值是几何均值，计算公式为 $\overline{tfp}=\sqrt[11]{tfp_{2004} * tfp_{2005} \Lambda * tfp_{2014}}$。

表 4-3　2004~2014 年全国各省份城市建设用地全要素生产率变化情况

省份	效率改进	技术改进	纯技术效率改进	规模效率改进	全要素利用效率改进	省份	效率改进	技术改进	纯技术效率改进	规模效率改进	全要素利用效率改进
广东	1.000	1.501	1.000	1.000	1.501	四川	0.987	1.050	0.972	1.016	1.036
内蒙古	0.971	1.163	1.018	0.953	1.129	辽宁	0.913	1.120	0.923	0.990	1.023
天津	0.914	1.219	1.001	0.913	1.114	海南	0.987	1.034	0.976	1.011	1.021
重庆	0.969	1.148	0.962	1.007	1.113	河北	0.949	1.065	1.009	0.940	1.010
北京	0.953	1.162	1.032	0.923	1.107	贵州	0.985	1.025	0.980	1.005	1.010
陕西	0.933	1.168	0.932	1.001	1.089	甘肃	0.990	1.020	0.994	0.995	1.009
吉林	0.960	1.123	0.967	0.992	1.078	江西	0.952	1.055	0.955	0.997	1.005
山东	0.957	1.115	0.957	1.000	1.067	黑龙江	0.966	1.036	0.978	0.988	1.001
江苏	0.938	1.135	0.937	1.002	1.065	山西	0.977	1.019	1.004	0.974	0.996
湖北	0.978	1.081	0.979	1.000	1.058	广西	0.951	1.043	0.955	0.996	0.992
新疆	1.004	1.054	1.000	1.004	1.058	河南	0.979	1.014	0.970	1.009	0.992
宁夏	1.019	1.036	1.009	1.010	1.056	云南	0.957	1.024	0.963	0.994	0.981
浙江	0.943	1.118	0.942	1.001	1.054	全国	0.965	1.095	0.975	0.990	1.057
福建	0.935	1.121	0.932	1.004	1.048	东部	0.949	1.153	0.970	0.978	1.094
安徽	0.953	1.098	0.959	0.994	1.046	中部	0.968	1.061	0.974	0.994	1.027
湖南	0.976	1.070	0.978	0.998	1.044	西部	0.979	1.068	0.980	0.999	1.046
青海	1.009	1.032	1.000	1.009	1.041						

通过对效率改进指数做进一步分解可以发现，效率改进指数退化是由纯技术效率和规模效率退步共同引发的，且技术效率退步是导致我国城市生产系统效率改进发生退步的主要原因。其中纯技术效率改进指数仅为0.975，这表示我国的纯技术效率在不断地退步，年均退化2.5个百分点。与此同时也说明，我国各地对原有前沿生产技术使用潜力的挖掘还存在较大的欠缺，各地的实际生产技术与原有前沿生产技术之间的差距在不断扩大，原有的尖端前沿生产技术并没有顺利地转化为其他各地普遍采用的通用技术，即技术进步所带来的不是普遍的繁荣，而是前沿面单位的独家盛宴。在通信技术如此发达、信息传播和技术扩散如此之快，共享理念如此普及的当下，很难想象技术封锁会是导致前沿生产技术不能顺利转化为各地普遍采用的通用技术的根源，技术落后地区不愿意学习前沿面单位的前沿生产技术恐怕才是引发技术扩散障碍的关键。相较于纯技术效率改进指数，规模效率改进指数略高，但也低于1，为0.990，这说明我国各地实际生产规模持续偏离最优生产规模，且这种差距还在不断扩大，这集中表现在两个方面：一是处于规模报酬递减阶段的城市不仅没有适时缩减城市生产规模，反而继续扩大生产规模；二是处于规模报酬递增阶段的城市则由于种种原因不仅没有适时扩大生产规模，反而有不断缩小的倾向，抑或是实际生产规模的扩张速度不及最优生产规模的扩张速度。无论是处于规模报酬递增阶段还是递减阶段的城市，其实际生产规模都与最优的生产规模渐行渐远，规模效率不仅没有得到改善，反而不断恶化。按照市场经济规律，经济主体会根据变化了的市场条件自动调整自身的生产规模以实现利润最大化，但我国城市经济社会发展实践却恰好与之相反，这暗示着可能有非市场的力量在阻碍城市生产规模朝最优化方向调整。从我国城镇化发展实践来看，我国城市生产规模扩张在很大程度上是由政府主导，而土地扩张是城市扩张的基础，土地收益分配制度是引导土地规模扩张的重要指针，因此这初步暗示着，土地收益分配制度不合理很可能是导致我国城市建设用地规模超常规扩张和引发城市生产系统规模效率损失的制度根源。

其次，从分区层面城市建设用地全要素利用效率的动态测定结果来看，无论是东部地区还是中西部地区，其全要素利用效率均有所进步，但区际差异明显，其中，东部地区的城市建设用地全要素利用效率进步速度最快，西部地区次之，而中部地区最慢。

与此同时，从相对水平来看，只有东部地区的进步速度高于全国，中西部地区城市建设用地全要素利用效率的进步速度都低于全国。具体而言，东部地区的城市建设用地全要素利用效率进步速度均值为9.7%，几乎是全国平均水平的2倍，西部地区的进步速度均值为4.6%，约相当于全国平均水平的80%，而中部地区的城市建设用地全要素利用效率的进步速度均值为 2.7%，仅相当于全国平均水平的一半。东部地区全要素利用效率改进指数最高与预期相符，东部地区经济发达，劳动力素质高，研发资金充裕，研发实力雄厚，技术创新能力强劲。但中部地区土地利用效率进步速度最慢有点出乎预料，这或许与近年来中部地区的恶性招商引资竞争有关。随着人力和土地使用成本的不断上涨，东部地区的生产成本也在不断上升，大量劳动密集型企业开始向中西部地区迁移，而与西部地区相比，中部地区的产业配套和基础设施都更加完善，投资环境更加优越，是东部地区转移产业的首选目的地，这就使中部地区近年来承接了大量来自于东部地区的转移产业，这对中部地区而言既是机遇也是挑战。为了增强对转移产业的吸引能力，各地竞相以土地作为优惠政策工具，竞争性降低土地出让价格，零地价甚至是负地价的情形也数见不鲜。在新时期条件下，为了规避政策监管，各地竞相采用变通措施，违规采用先征后返、补贴和投资奖励等方式变相降低土地出让价格，违规减轻企业的土地成本负担，这严重扭曲了地方政府与土地使用者之间的土地收益分配关系，将部分本应由地方政府享有的土地收益通过低价出让的方式流入到土地使用者手中，这将诱发土地的粗放利用和低效配置，抑制城市建设用地利用效率的持续快速增长。与中部地区相反，西部地区无论是劳动力素质、产业配套还是城市基础设施建设都不占优势，这就使得西部地区在本轮产业转移浪潮中所实际承接的转移产业并不如中部地区那么多，区域招商引资竞争也不如中部地区那么激烈，“以地招商引资”的不良后果也就不如中部地区那么严重。因此，产业转移浪潮是导致中西部地区土地收益分配制度朝着不同轨道演进的导火索，而土地收益分配制度演进路径的差异又进一步决定了土地利用方式转换意愿和显示转换效果的差异，并最终引发了土地利用绩效的显著差别。

最后，从三大经济区全要素利用效率的结构来看，无论是东部地区还是中西部地区，其全要素利用效率的改进都是由技术改进单方面驱动，技术效率不仅没有促进，反而拖累了全要素利用效率的提升，而技术效率退步同样是由规模效率和纯技术效率退步双重因素引发的。

虽然规模效率是退步的，但相较而言，西部地区在规模效率方面拥有比较优势。2004~2014 年西部地区的规模效率只退步了 0.1 个百分点，而东部地区和中部地区城市的规模效率则分别退步了 2.2 个和 0.6 个百分点，这说明虽然西部地区的实际生产规模与最优生产规模的差距在持续扩大，但相较而言，西部地区扩大的幅度最小，而东部地区和中部地区各省份城市实际生产规模对最优生产规模的偏离速度相对更快。

与规模效率的情形类似，东中西部地区的技术效率均发生了不同程度的退步，但西部地区在纯技术效率方面拥有比较优势。2004~2014 年，西部地区的技术效率只退步 2%，而中部地区和东部地区的技术效率分别退步了 2.5%和 3%，这说明西部地区更加注重对前沿生产技术的学习，这或许与西部地区的技术创新现状有关。由于历史和地理因素综合作用的原因，西部地区的研发基础薄弱，研发资源极度匮乏，研发能力不足，技术创新能力较弱，为了在激烈的市场竞争中有立锥之地，西部地区只能充分挖掘东部地区和中部地区开发出来的尖端前沿技术。对东部地区而言，其本身就位于生产前沿面，这使得现实的发展环境总是激励东部省份加快前沿技术的研发，而不屑于对原有前沿技术使用潜力的挖掘，这直接导致了东部地区纯技术效率改进指数的大幅下滑。对于中部地区而言，受现行地方政府官员政绩考评体系和区域招商引资竞争的制约，在技术领域，中部地区地方政府之间存在显著的“逐底竞争”，这使得它们大多不愿意采用高端技术，而是主动放低姿态，对所有愿意到中部地区安家落户的项目趋之若鹜，致使大量高污染、高能耗的低效企业在中部地区集聚，这极大地抑制了中部地区生产技术水平的提升和城市建设用地利用效率的持续快速增长。

三、城市建设用地规模效率损失状况

全要素土地利用效率部分的分析表明，规模效率下降是阻碍我国城市生产系统全要素土地利用效率快速提升的重要原因之一，但测定结果并未揭示规模效率损失的类型和结构，因此有必要对各城市的规模报酬情况做更为深入和细致的分析。

规模效率是实际生产规模条件下的生产效率与最优生产规模下的生产效率之比，规模效率用公式可表示为：$SE=\frac{D_I^{VRS}}{D_I^{CRS}}$，其中 D_I^{CRS} 和 D_I^{VRS} 分别为规模报酬不变和规模报酬可变状态下 DMU_i 与最优前沿面的距离，I 表示以投入为导向。如图 4-4 所示，对一个拥有两种投入（土地要素 X_1 和其他要素 X_2）、一个产出（Y）和 n 个 DMU_i 的生产系统，规模报酬可变状态下的生产前沿为 L_1，规模报酬不变状态下的最优前沿为 L_0。对于非 DEA 有效单位 A 而言，以 L_1 为参照的径向距离函数为 $D_I^{VRS}=OA/OA'$，以 L_0 为参照的径向距离函数为 $D_I^{CRS}=OA''/OA$，则 A 的规模效率 $SE=OA''/OA'$，规模效率损失 $SELoss=1-SE=1-OA''/OA'$，因生产规模不当所引发的规模效率损失当量为：

$$X_1*(1-OA''/OA') \tag{4-8}$$

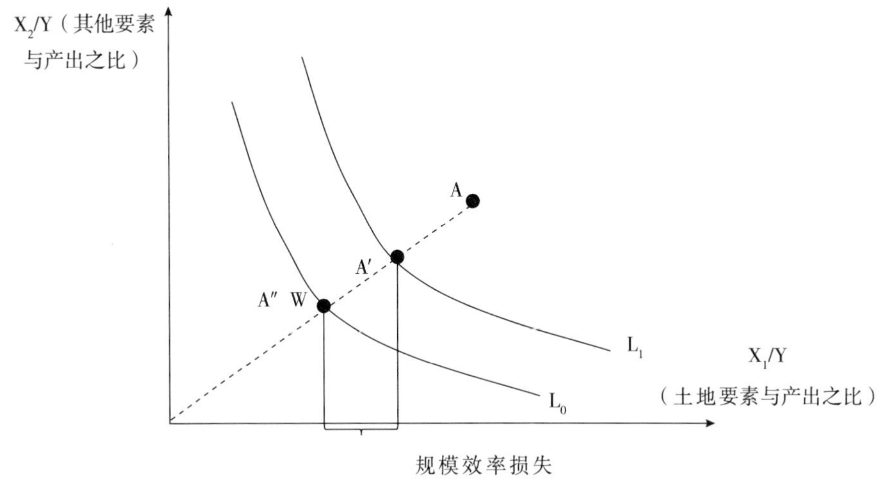

图 4-4　规模效率损失示意

（一）全国城市建设用地规模效率损失情况

由于城市是建设用地的基本组织单位，城市土地一般只在本辖区范围内统筹使用，因此以城市为分析单元能更准确地拟合规模效率的实际发展状况。有鉴于此，本书直接利用我国 284 个地级及以上城市相关数据，采用 DEAP 2.1 软件，运用两阶段规模报酬可变 BCC 模型，对其历年的规模效率进行了综合测定，并结合式（4-1），对我国各地的规模效率损失进行了综合测算，具体结果如图 4-5 所示。

从图 4-5 可以看出，我国各城市因生产规模不当所引发的规模效率损失较为严重，折合成的城市建设用地当量较大。2004~2014 年，全国规模效率损失年度均值约为 2508 平方公里，约相当于同期新增建设用地供应年度均值的 1.57 倍。这意味着，即使不增加新增建设用地投入，单纯通过调整生产规模，使之逼近最佳生产规模，就可节约 2508 平方公里的城市建设用地。这部分节约出来的建设用地除了用于满足正常的新增建设用地需求之外，还有约 900 平方公里的剩余，这一方面说明我国城市建设用地的规模效率损失较为严重，但另外一方面也说明我国城市建设用地利用效率的改进潜力较大。

从规模效率损失结构来看，因规模报酬递减所引起的规模效率损失当量为 1486 平方公里，约占全部规模效率损失的 60%，而因规模报酬递增所引发的规模效率损失当量为 1013 平方公里，约占全部规模效率损失的 40%，故规模报酬递减所引发的效率损失仍然是我国过去 11 年规模效率损失的主要方面。

与此同时，从相对大小来看，在不同的时期，规模效率损失的主要矛盾存在

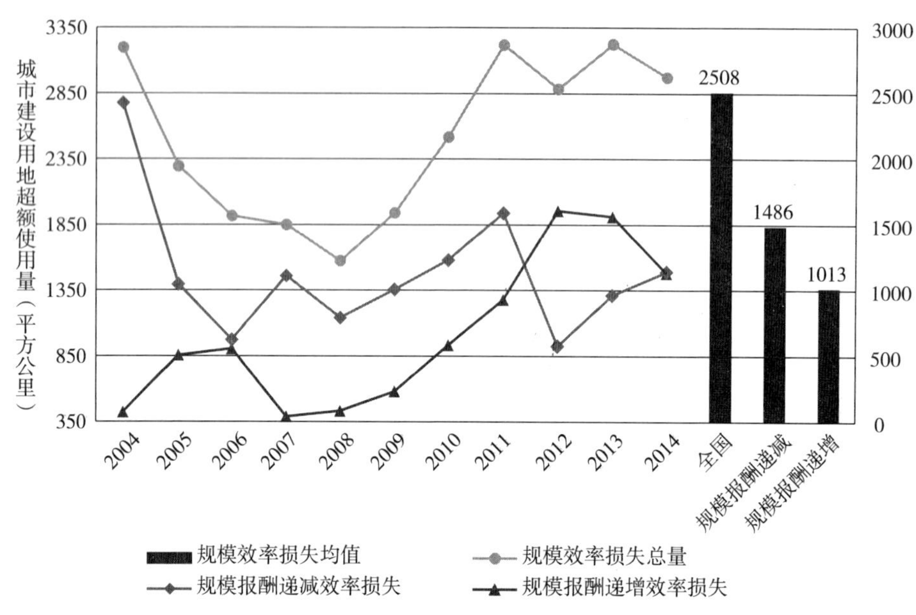

图 4-5　2004~2014 年全国规模报酬递减和递增效率损失当量

资料来源：根据本书的效率测算结果整理得出。

一定的差异。2004~2011 年，因规模报酬递减所引发的效率损失当量都超过了规模报酬递增，这说明在此期间，规模报酬递减效率损失是彼时规模效率损失的主要方面，即城市建设用地规模扩张速度过快，致使实际生产规模持续高于最优生产规模且二者的差距还在不断扩大。

但从 2012 年开始，规模报酬递增所引发的规模效率损失就超过了规模报酬递减所引发的规模效率损失，这说明进入经济发展新常态以来，规模报酬递增开始接替规模报酬递减成为我国城市规模效率损失的主旋律。实际生产规模持续低于最优生产规模，且二者的差距还在不断扩大既可能是由政策因素引发，也可能是由经济增长动力不足、土地需求疲软所致。如在经济增长速度由高速向中高速转换的过渡时期，国家根据国民经济与社会发展的现实状况，适时调整了新增建设用地供应计划，减少了新增建设用地供应计划指标，这就使部分处于规模报酬递增阶段的城市无法获得足额的新增建设用地供应计划指标和城市建设用地来支撑城市经济社会的进一步发展，这严重阻碍了城市对规模报酬递增效率的捕获，引发了严重的规模报酬递增效率损失。与此同时，由于房地产市场不景气，商住用地等经营性用地的出让价格面临着较大的下行压力，在此条件下，为了减少土地出让收入损失，各地方政府有意识地减少了商住用地供应数量，放慢了土地供应节奏，这就导致实际流入到市场上的新增建设用地过少，以土地为载体的各种经济社会活动强度也受到了很大的抑制，进而使得这些城市不能有效捕获规模报酬递增所带来的好处，并最终引发了严重的效率损失。此外，新增建设用地供应计划指标数量的减少有利于避免规模报酬递减效率损失。当前一种力量超过后一种力量时，规模报酬递增效率损失就要超过规模报酬递减效率损失。

（二）不同规模等级城市的建设用地规模效率损失情况

按照 2014 年最新的城市规模等级划分新标准①，以市辖区常住人口规模为依据，将我国 284 个地级市分别归为小城市、中等城市、大城市和特大城市（超大城市数量极少，故将其并入特大城市）。则第 j 类城市的规模报酬递减发生率：

$$P_j = \frac{\sum_{i=1}^{284} drs_{ij}}{\sum_{i=1}^{284} drs_{ij} + \sum_{i=1}^{284} irs_{ij} + \sum_{i=1}^{284} con_{ij}} \tag{4-9}$$

式中，i 表示城市，j 表示城市规模等级，若城市 i 属于第 j 类城市，且处于规模报酬递减阶段，则 $drs_{ij}=1$，$irs_{ij}=0$，$con_{ij}=0$；若城市 i 处于规模报酬递增，则 $irs_{ij}=1$，$drs_{ij}=0$，$con_{ij}=0$；若处于规模报酬不变阶段，则 $con_{ij}=1$，$drs_{ij}=0$，$irs_{ij}=0$。

提取效率测定结果中 2004~2014 年的规模报酬情况数据，利用式（4-9）分别测算了小城市、中等城市、大城市和特大城市的规模报酬递减发生率，具体如图 4-6 和图 4-7 所示。

1. 规模报酬递减发生率和损失份额的分布特征

如图 4-6 和图 4-7 所示，不同规模等级的城市，规模报酬递减发生率存在显著的差别。随着城市规模等级的不断提升，规模报酬递减发生率也在不断增长。具体而言，小城市的规模报酬递减发生率最低，仅为 0.5%；中等城市的次之，为 7.2%；大城市的规模报酬递减发生率紧随其后，为 40.3%，约比中等城市高 33 个百分点；而特大城市的规模报酬递减发生率最高，为 88.7%，这意味着绝大多数特大城市的生产规模都偏大，并引发了严重的规模报酬递减效率损失。这主要是由于目前我国的农地发展权和新增建设用地依然实行计划分配，而大城市和特大城市位于我国行政层级体系的顶端，这为他们攫取更多的新增建设用地供应计划指标提供了极大的便利，致使大城市和特大城市的实际生产规模持续高于最佳生产规模，因此，大城市和特大城市规模报酬递减发生率较高。这一现象严

---

① 根据国发〔2014〕51 号文件《关于调整城市规模划分标准的通知》的规定，以城区常住人口为统计口径，将城市划分为五类，分别为：城区常住人口 50 万以下的城市为小城市；城区常住人口 50 万以上 100 万以下的城市为中等城市；城区常住人口 100 万以上 500 万以下的城市为大城市；城区常住人口 500 万以上 1000 万以下的城市为特大城市；城区常住人口 1000 万以上的城市为超大城市。

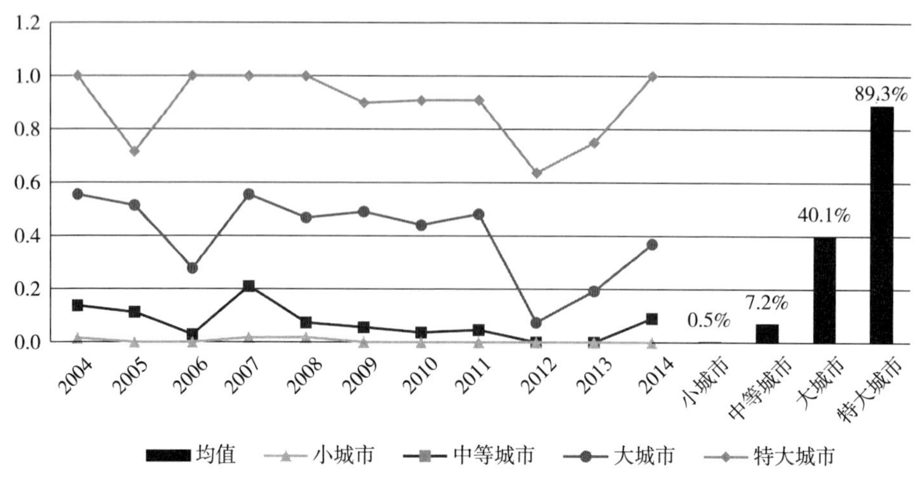

图 4-6　2004~2014 年不同规模等级城市规模报酬递减发生率

资料来源：根据本书的效率测算结果整理得出。

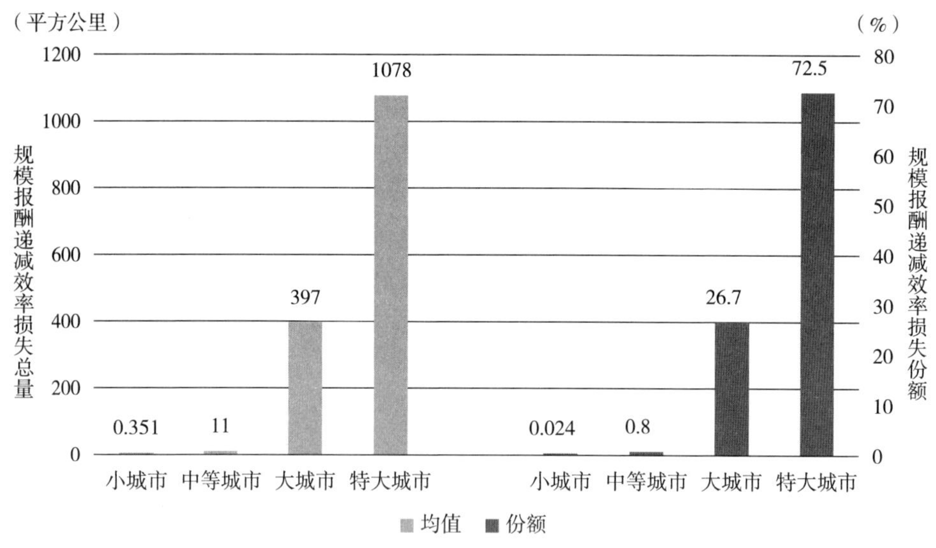

图 4-7　2004~2014 年不同规模等级城市规模报酬递减效率损失均值及份额

资料来源：根据本书的效率测算结果整理得出。

重恶化了农地发展权的配置状况，降低了农地发展权的配置效率，并严重抑制了城市建设用地利用效率的增长。与此相反，广大中小城市位于中国行政层级体系的底端，在新增建设用地供应计划指标分配过程中的话语权极弱，致使他们分得的新增建设用地供应计划指标偏少，与最优生产规模所需土地数量的负向差距在不断扩大，从而导致中小城市出现规模报酬递减的概率极小。

与此同时，不同规模等级的城市，其所引发的规模报酬递减效率损失当量也存在显著的差别，且带有强烈的集聚特征。其中，大城市和特大城市生产规模不当引发的规模效率损失总量分别高达 1078 平方公里和 379 平方公里，占全国规模报酬递减效率损失的比重分别为 26.7%和 72.5%，二者合计占比高达 99.3%。而中等城市和小城市因生产规模不当所引发的规模效率损失总量分别仅为 16 平方公里和 0.5 平方公里，二者合计占比尚且不足 1%。这说明大城市和特大城市是引发规模报酬递减效率损失的绝对主力，控制好大城市和特大城市的规模报酬递减效率损失问题就会使得我国的规模报酬递减效率损失问题迎刃而解。新增建设用地供应计划作为我国农地发展权的主导配置方式，在很大程度上决定了我国新增建设用地的配置结构和配置效率，是引发规模报酬递减效率损失的关键，因此要想改善农地发展权配置状况，避免更大的规模报酬递减效率损失，就要改革新增建设用地供应计划的配置机制，减少地方政府的行政干预，提高市场在农地发展权配置过程中的地位和作用。

2. 不同规模等级城市规模效率损失类型

从图 4-8 可以看出，不同规模等级的城市，其规模效率损失结构存在很大的差别。对中小城市而言，规模报酬递增效率损失是其规模效率损失的主导力量，2004~2014 年，中小城市规模报酬递增所引发的规模效率损失年度均值高 704 平方公里，其中小城市的规模报酬递增效率损失为 342 平方公里，中等城市的规模效率损失为 452 平方公里，而规模报酬递减所引发的规模效率损失仅为 11 平方公里，与庞大的规模报酬递增效率损失相比，规模报酬递减效率损失简直可以忽略不计。这说明，我国中小城市的城市建设用地规模扩张受到了严重的抑制，但在现行地方政府官员绩效考评体系的激励约束作用下，地方政府之间存在着激烈的区域招商引资竞争，为了改善区域投资环境和用地条件，各地不约而同地采用了“筑巢引凤”的招商引资策略，这显著增加了地方政府的新增建设用地需求。与此同时，分税制改革所带来的财政压力也有力地驱动着地方政府盲目扩大城市建设用地面积，因此“地方政府不想扩大城市建设用地面积，进而未能达到最佳生产规模”就不太可能是引发中小城市规模报酬递增效率损失的主要原因，而受现行农地发展权分配制度的限制，中小城市无法获取足额的农地发展权指标才更可能是引发中小城市规模报酬递增效率损失的关键。

与此相反，规模报酬递减是特大城市规模效率损失的主要方面，对特大城市而言，其发生规模报酬递减的概率极高，2004~2014 年，在特大城市中，有 88%的城市发生了规模报酬递减效率损失，但出现过规模报酬递增效率损失的城市却只占 8.5%。与此同时，规模报酬递增和递减的效率损失数额差距极大，其中规

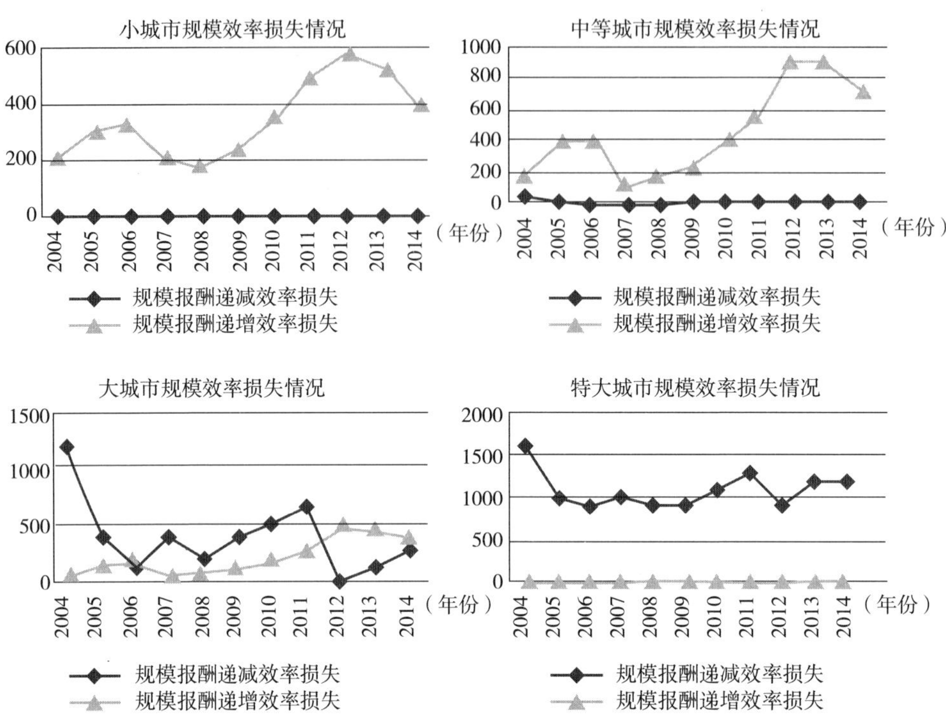

图 4-8　2004~2014 年不同规模等级城市规模报酬递增和递减效率损失变化趋势

资料来源：根据本书的效率测算结果整理得出。

模报酬递减引发的规模效率损失高达 1086 平方公里，而规模报酬递增所引发的规模效率损失却只有 16 平方公里，因此与规模报酬递减引发的规模效率损失量相比，规模报酬递增的效率损失几乎可以忽略不计。

此外，大城市的规模效率损失结构与全国整体的规模效率损失结构较为相似，规模报酬递增和递减所引发的规模效率损失都占据了一定的份额，但在不同的发展时期，规模效率损失的主导类型存在一定的差异。2004~2011 年，规模报酬递减所引发的规模效率损失全面超过了规模报酬递增所引发的规模效率损失，但进入 2012 年之后，规模报酬递增效率损失就开始超过规模报酬递减效率损失。

四、城市建设用地技术效率损失状况

（一）土地冗余总量及其空间分布特征

从图 4-9 和图 4-10 可以看出，2004~2014 年，我国城市建设用地冗余量的年度均值高达 1037 平方公里，约占我国城市存量建设用地面积总量的 3.2%，约相当于我国每年新增建设用地的60%。这意味着若所有城市都按前沿面城市的生产技术和要素投入结构组织生产，将可节约1037平方公里的土地，彼时我国城市建设用地供需矛盾将会大为缓解。

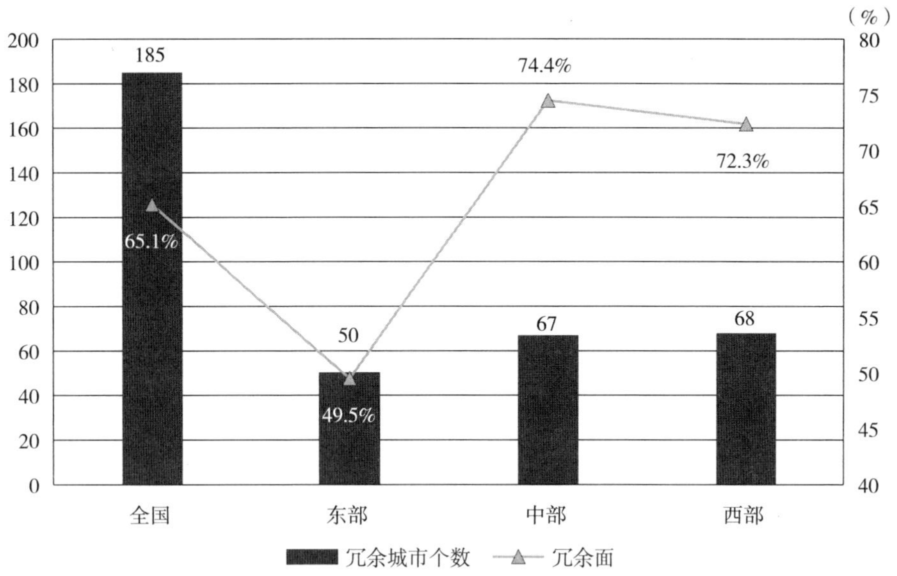

图4-9 2004~2014年全国和东中西部地区土地冗余发生率均值

资料来源：根据本书的效率测算结果整理得出。

从分区的土地冗余情况来看，中部地区是我国土地冗余的重灾区，2004~2014年中部地区土地冗余量年度均值高达741平方公里，约占全国土地冗余总量的64.2%，而同期东部地区和西部地区土地冗余量的年度均值却仅为237平方公里和177平方公里，分别占同期全国土地冗余总量的20.5%和15.3%。这说明我国中部地区的土地利用方式最为粗放，土地要素在要素投入结构中的占比相对最大，东部地区次之，而西部地区最佳。这或许与中部地区近年来的恶性区域招商引资竞争有关，为了吸引域外资本入驻，有效承接东部地区的产业转移，各地加大了“以地招商引资”的力度，竞争性降低工业用地出让价格，大量采用协议或“虚假挂牌”方式供应工业用地，严重扭曲了地方政府与土地使用者之间的土地收益分配关系，将部分本应由地方政府享有的土地收益通过违规低价出让的形式流入到土地使用者手中，这为土地使用者提供了错误的激励，诱使土地使用者粗放利用土地资源，并怠于从事技术创新，严重抑制了企业生产技术水平的有效提升，引发了严重的技术无效。西部地区虽然土地利用的技术水平较低，但由于区位条件不佳，对域外资本的吸引能力不强，这使得西部地区土地资源使用数

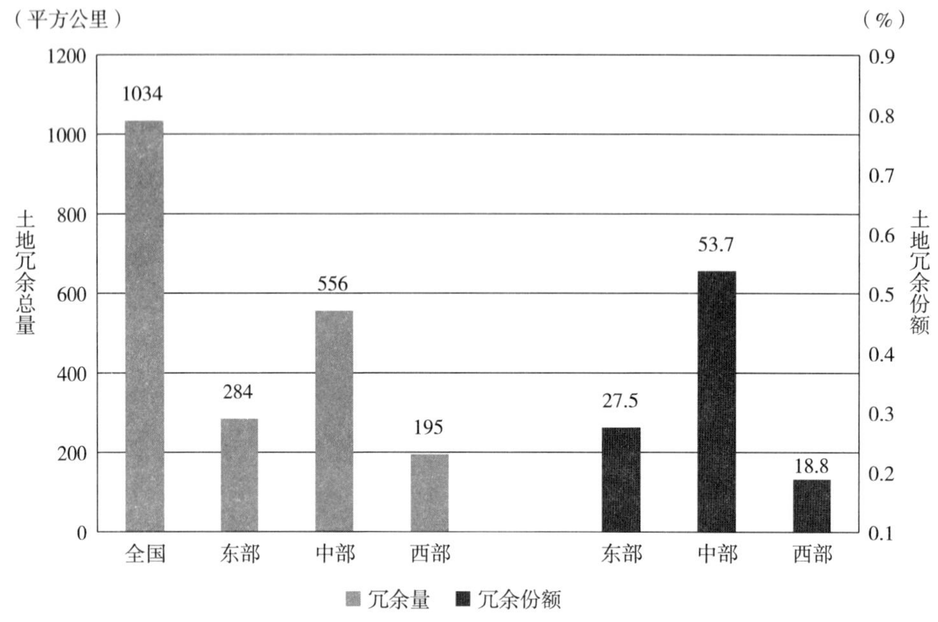

图 4-10　2004~2014 年全国和东中西部地区土地冗余总量和冗余份额

资料来源：根据本书的效率测算结果整理得出。

量较少，冗余量也就最少。与西部地区刚好相反，东部地区虽然经济技术水平较高，但经济总量也较大，投入到生产过程中的土地数量也较多，这就使得其土地冗余数量也较多。

（二）土地冗余率及其空间分布特征

我国城市建设用地的冗余率较高，区际差异大，更关键的是，土地冗余深度还在持续增长。从图 4-11 可以看出，2004~2014 年我国城市建设用地的平均冗余率为 21.2%，这意味着有将近 1/5 的土地投入是无效的，若按照前沿面单位的生产技术和要素配比结构组织生产，将可节约 21%的土地。与此同时，从变化趋势来看，我国城市建设用地的冗余率还在不断增长，2004~2009 年，土地冗余率尚且只围绕 0.2 的中枢上下波动，但到了 2010~2014 年的新周期，城市建设用地冗余率的波动中枢就已跃升至 0.25，短短 5 年时间，土地冗余深度的波动中枢就提高了 5 个百分点，年均增长 1 个百分点。土地冗余深度波动中枢的跃迁意味着自 2009 年后，我国城市建设用地的利用方式发生了显著的变化，与前一阶段相比，2010 年后的土地利用方式更加粗放，土地利用的技术水平更低。这说明前沿面城市的先进技术并没有扩散至其他地区，而是长期阻滞在前沿面城市群内部，这既可能是由于前沿面城市实施了技术封锁，阻碍了技术扩散，但更可能是受土地收益分配制度的掣肘，非前沿面单位不愿学习和引进前沿面单位的先进适用技术。

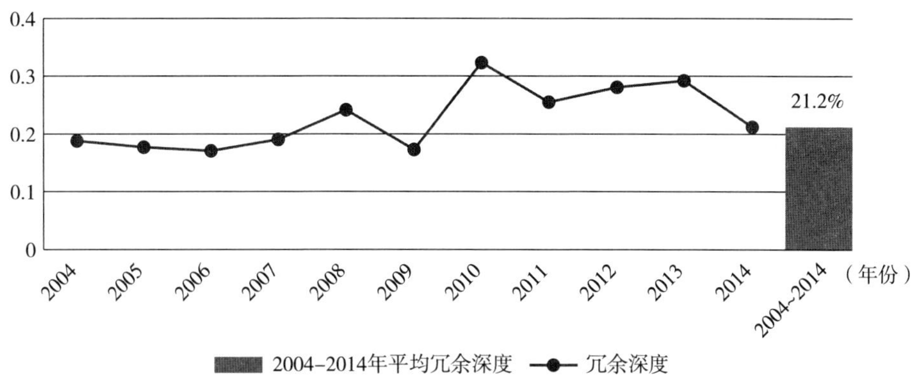

图 4-11 2004~2014 年全国城市建设用地冗余深度变化趋势及均值

资料来源：根据本文的效率测算结果整理得出。

如图 4-12 所示，东中西部地区的土地冗余率不仅存在显著的差别，且表现出了显著的阶段性特征。根据东中西部地区土地冗余率的相对位次的不同，我们将土地冗余率分为两大发展阶段：第一阶段是 2004~2010 年，在此期间，中部地区长期雄踞土地冗余深度的榜首，西部地区次之，而东部地区土地冗余深度最浅。这主要是由于中部地区彼时正处于工业化中期，工业资本稀缺，对工业资本的渴望程度较高，工业的高速发展需要土地出让收入分配制度提供有效的支撑。与此同时，在现行地方政府官员政绩考评体系的激励约束作用下，中部地区地方政府之间存在激烈的区域招商引资竞争，而土地作为地方政府可资利用的为数不多的优质资产，经常沦为地方政府招商引资的筹码，为了增强对工业资本的吸引能力，各地竞相降低土地出让价格，大量采用协议方式出让工业用地，这显著降低了中部地区的工业用地成本，诱使土地使用者只顾享受低廉的土地价格所带来的饕餮盛宴，而不注重技术创新和技术引进。更糟糕的是，低廉的土地出让价格还会诱使土地使用者采用非土地节用型生产技术，这将进一步扩大前沿面城市与非前沿面城市之间的技术差距，进一步加剧土地要素的投入过剩。与此相反，东部地区经济发达，工业化程度较高，工业资本充裕，对工业资本的需求开始下降，与资本数量相比，东部地区更希望在资本质量方面有所突破，若继续采用低价协议或“虚假挂牌”方式出让工业用地，势必无法达到预期的调节目标。在此条件下，东部地区开始大量采用招拍挂方式配置工业用地，这显著地提高了工业用地的出让价格，优化了工业用地的配置结构，促进了工业用地配置效率的增长。此外，西部地区不仅没有东部地区那么发达的经济，也缺乏中部地区那么优越的招商引资环境，这就使得西部地区的土地利用方式受区域招商引资的影响较小，被产业结构和经济结构优化推动的可能性也较低，故其土地冗余率也就介于东部和中部之间。

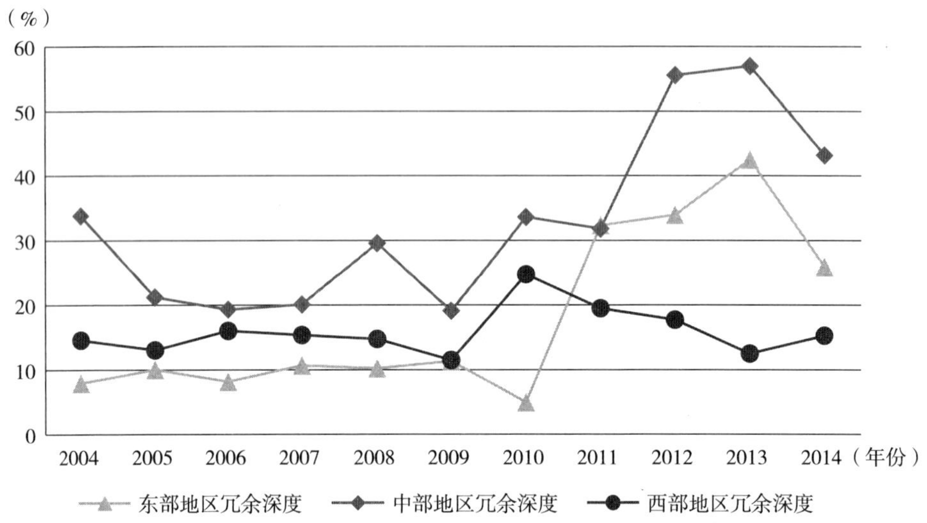

图 4-12　2004~2014 年东中西部地区土地冗余深度变化趋势图

资料来源：根据本书的效率测算结果整理得出。

第二阶段是 2011~2014 年，在此期间，中部地区依然拔得了土地冗余深度的头筹，但自 2011 年开始，东部地区就超过西部地区坐上了三大经济区土地冗余深度的第二把交椅，而西部地区则退居末位。通过对土地冗余的微观数据做进一步检查可以发现，东部地区土地冗余深度的跃升主要是由东莞市引发的。自 2011 年后，随着劳动力成本的持续攀升，东莞市的外资大量出逃，并迁移至生产成本更为低廉的东南亚国家和地区，这使得东莞地区逐渐丧失世界工厂的地位，出现了大量的闲置土地，进而引发了东部地区土地冗余深度的大幅度攀升。东莞地区土地冗余深度的波动恰好暴露出了其生产技术的薄弱，在工业发展高涨时期，东莞地区凭借廉价劳动力和靠近深港澳的优越地理位置，开办了世界工厂，这有效地促进了东莞的城市建设和经济发展。但随着中国人口红利的逐渐消失和改革动力的逐渐减弱，东莞并没有及时调整自己的生产技术、产业结构以及用地结构，而是只顾享受原有的人口红利和制度红利所带来的饕餮盛宴，致使东莞市的生产技术水平依然较低，土地利用方式依然较为粗放，一旦经济结构发生逆转，这一缺陷就会暴露无遗，土地要素冗余也就无法避免。

第三节 本章小结

我国城市建设用地利用效率总体较低，2004~2014 年全国城市建设用地利用效率均值为 0.633，而前沿面城市的建设用地利用效率均值却高达 1.055，全国城市建设用地利用效率均值仅相当于前沿面城市的 60%。

从演化趋势来看，我国城市建设用地利用效率整体上呈波动性上升之势，2004~2014 年我国城市建设用地利用效率先下降后上升，然后再微弱地下降，大体上类似于一个倒正弦函数曲线。2004~2014 年，全国城市建设用地利用效率进步速度年度均值为 5.7%。

从变化结构来看，我国城市建设用地全要素利用效率改进主要是由技术改进驱动，效率改进不仅没有促进，反而严重拖累了城市建设用地利用效率的增长。具体而言，2004~2014 年全国技术改进指数高达 1.095，而效率改进指数却仅为 0.965。通过对技术效率改进指数做进一步分解发现，纯技术效率退步和规模效率下降是导致技术效率下降的关键。但与规模效率下降相比，纯技术效率下降幅度更大，2004~2014 年，我国的纯技术效率改进指数下降了 2.5%，而规模效率改进指数只下降 1%。

从效率损失绝对量来看，规模效率损失相对更大，2004~2014 年全国规模效率损失年度均值约为 2508 平方公里，约相当于同期全国新增建设用地供应总量年度均值的 1.57 倍，而同期技术效率损失引发的城市建设用地冗余量年度均值为 1037 平方公里，仅相当于同期全国新增建设用地供应总量年度均值的 60%。

与此同时，从分区的情况来看，我国城市建设用地利用效率存在着显著的区际差异，其中东部地区最高，西部地区次之，而中部地区最低，城市建设用地利用效率的空间分布形态大体上类似于一个“U”形，这与东高西低的线性经济梯度存在一定的差异。从变化形态来看，也存在较大的区际差异，其中东部地区的城市建设用地利用效率持续上升，而中西部地区的城市建设用地利用效率则表现为波动性上升，与全国的变化趋势基本类似。此外，从效率进步结构来看，无论是东部地区还是中西部地区，其城市建设用地利用效率无一例外的都是由技术改进驱动，效率改进的作用并不明显，但值得注意的是，西部地区的纯技术效率改进相对最高，而东部地区最低。

城市建设用地利用效率的变化态势与土地出让收入占比的变化态势高度耦

合，这初步暗示着，土地收益分配制度特别是土地出让收入分配制度很可能是引发城市建设用地利用效率波动，决定城市建设用地利用效率现状的关键。土地收益分配制度主要通过哪些途径或中介渠道来影响城市建设用地利用效率？其影响过程和机理如何？这些正是下一章所要重点介绍的内容。

第五章　土地收益分配制度影响城市建设用地利用效率的作用机理分析

按照诺斯的观点，制度才是决定长期经济运行绩效的关键，土地收益分配制度作为我国土地制度体系的核心制度安排之一，引导着土地利益相关者的土地利用行为。

本章主要从农地发展权收益分配制度、土地出让收入分配制度和土地税收收益分配制度三项子制度出发，以制度经济学的制度—行为—绩效理论以及西方经济学的成本收益分析理论、博弈理论为指导，沿着土地收益分配制度—土地利益相关者的土地利用行为—城市建设用地利用效率的分析范式，系统分析了下列问题：在这三项子土地收益分配制度的激励约束作用下，各土地利益相关者将采取何种土地利用行为？这些土地利用行为将会对城市建设用地利用效率产生何种影响？各土地收益分配制度影响城市建设用地利用效率行为，决定最终的土地利用效率的作用渠道有哪些？影响过程怎样？作用机理如何？

第一节　农地发展权收益分配制度对城市建设用地利用效率影响的作用机理分析

从分配实践来，我国的农地发展权分配制度主要包括新增建设用地供应计划和超计划用地两种，其中新增建设用地供应计划属于正式的农地发展权分配制度安排，而超计划用地则属于非正式的非法农地发展权收益分配制度安排。由于这两种分配制度的规制结构存在显著的差别，这使得其分配机制也就不尽相同，对城市建设用地利用效率的影响也就存在很大的差异。其中，新增建设用地供应计划主要通过影响城市建设用地规模效率的方式来抑制新增建设用地配置和利用效率的持续快速增长，而超计划用地对城市建设用地利用效率的影响则主要通过扰乱城市土地开发利用秩序和诱发土地供应的阶段性过剩等方式得以发挥（见图 5-1）。更关键的是，超计划用地的“空间示范效应”将诱发城市建设用地利用效率的空间相关，且这种“外溢效应”还表现出了明显的门槛特征，当超计划用地普及率超过一定阈值时，超计划用地的“空间示范效应”以及由此引发的城市建设用地利用效率的“空间外溢效应”将显著增强。

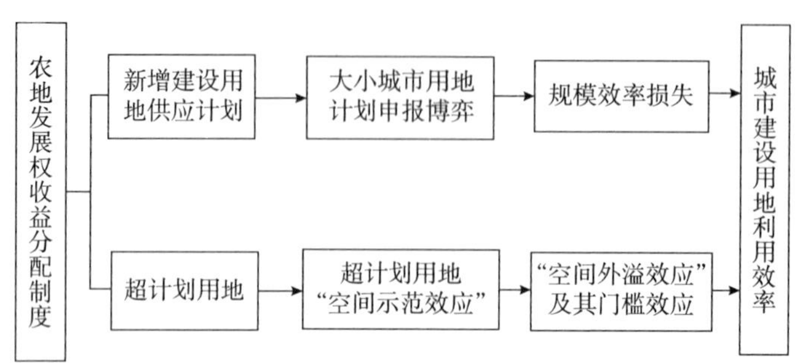

图 5-1　农地发展权收益分配制度影响城市建设用地利用效率的作用机理

一、新增建设用地供应计划影响城市建设用地利用效率的作用机理分析

按照制度学派代表人物康芒斯的观点，理想效率的最高境界就是通过恰到好处地在正确的时间和地点，以正确的形式和数量控制可变的限制因素，从而控制全部的补偿因素（康芒斯，2013）。随着城市经济社会的不断发展，土地资源日益成为限制城市经济社会发展的瓶颈，合理控制农地转用时序和数量就是达到理想效率最高境界的重要途径。新增建设用地供应计划作为农地发展权的主流配置模式，是实现理想效率最高境界的重要途径和手段。但受信息不完全、对社会公平的考虑以及新增建设用地供应计划指标交易市场缺位等因素的制约，我国的农地发展权和新增建设用地供应计划指标配置存在严重的扭曲。更关键的是，在用地计划申报过程中，不同规模等级城市之间还存在激烈的虚假申报博弈，致使指标配置结构与规模效率结构背道而驰，引发了严重的规模效率损失，抑制了农地发展权和新增建设用地配置效率的持续快速增长。

（一）一般作用机理

由于我国的新增建设用地供应计划实行的是计划管理体制，新增建设用地供应计划由上级国土资源管理部门分解和下达，这就要求上级国土资源管理部门在制订新增建设用地供应计划前就搜集到足够的信息，但信息的获取不是免费的，而是需要花费大量的成本。更关键的是，随着信息获取数量的增加，信息的边际成本也在不断增加，但国土资源管理部门的办公经费是有限的，这就决定了上级国土资源管理部门只能收集有限的信息，上级国土资源管理部门的决策过程也是一个有限信息决策过程。决策信息的有限性势必会导致新增建设用地供应计划的无效性，致使上级国土资源管理部门制订出来的新增建设用地供应计划很可能与实际用地需求不符，部分地区可能存在指标节余，而另外一些地方则存在指标缺口，无论是有指标节余还是存在指标缺口，都意味着农地发展权的配置扭曲，在新增建设用地供应计划指标交易市场缺位的条件下，新增建设用地供应计划所代表的农地发展权初次配置即为终极配置，农地发展权的配置扭曲也就意味着新增建设用地的配置扭曲，这严重抑制了城市建设用地利用效率的增长。

与此同时，上级国土资源管理部门在制定和下达新增建设用地供应计划指标时，除了要考虑效率之外，还要兼顾社会公平，这就使得新增建设用地供应计划指标会更多地向中西部地区和“老少边穷”等欠发达地区倾斜，这也将在一定程度上恶化农地发展权的配置状况。更糟糕的是，受耕地“就近动态占补平衡”要求的限制，新增建设用地供应计划指标无法实现跨省区流转，这就使得省际新增建设用地供应计划所决定的农地发展权初次配置即为终极配置，新增建设用地供应计划的配置扭曲也就意味着新增建设用地的配置扭曲，这显著降低了新增建设用地的配置效率，抑制了城市建设用地整体利用效率的持续快速增长（邵挺，2011）。

（二）虚假申报博弈与城市规模效率

在新增建设用地供应计划申报过程中，大城市与小城市之间很可能存在激烈的虚假申报博弈，大城市可以获得额外的新增建设用地供应计划指标，而小城市则只能获得比实际需求更少的新增建设用地供应计划指标，但大城市通常处于规模报酬递减阶段，而小城市通常处于规模报酬递增阶段，虚假申报均衡所决定的指标配置结构与规模效率结构并不匹配，这严重降低了农地发展权和新增建设用地供应计划的配置效率。

具体而言，假定存在两类城市，一类是大城市 B，另外一类是小城市 S，大城市 B 和小城市 S 的实际新增建设用地需求分别为 m 和 n，在进行计划申报时，大城市和小城市均有两个策略 S= {如实申报，虚假申报}（见表 5-1）。

若 B 和 S 均如实申报，则它们提出的新增建设用地供应计划指标在很大程度上就会与上级国土资源管理部门的分配意图相契合，此时上级国土资源管理部门只需按申报数量制订并下达新增建设用地供应计划即可。

与此相反，若大城市 B 和小城市 S 同时虚假申报，这显然会导致申报计划总量超过可供分配的计划总量，此时上级国土资源管理部门不仅能识别出大城市实施了虚假申报，而且还能甄别出小城市也实施了虚假申报。这主要是由于小城市的新增建设用地需求基数较小，其虚假申报策略很容易被上级国土资源管理部门发现，故可以认为，只要小城市实施虚假申报，就会被上级国土资源管理部门发现。与此同时，小城市单独虚假申报又不足以引致这么多的超额申报计划，因此上级国土资源管理部门会认为大城市也采取了虚假申报策略。在此条件下，上级国土资源管理部门不仅会根据虚假申报数量按照相同的比例削减大城市和小城市的申报计划，而且还会做出适当的惩罚，最终，大城市分得的新增建设用地供应计划为 m−F，小城市可分得的新增建设用地供应计划为 n−s，F 和 s 分别表示上级国土资源管理部门对大城市和小城市虚假申报的惩罚，且 F>s。

但若只有小城市虚假申报，上级国土资管理部门除了按照超额申报数量扣减其申报指标之外，还会对小城市实施额外的惩罚。与此同时，由于大城市被认定为未实施虚假申报，因此大城市会被当成遵守申报计划的典范，此时大城市不仅可获得如实申报的全部计划指标，而且还可获得额外的奖励，奖励的数量即为对小城市虚假申报的惩罚，故此时大城市可获得的新增建设用地供应计划数量为 m+f，而小城市可分得的新增建设用地供应数量则为 n−f。

与此相反，若大城市 B 虚假申报，而小城市 S 如实申报，这会让上级国土资源管理部门无所适从，虽然他们知道大城市实施了虚假申报，但他们很难辨别小城市是否未实施虚假申报，为了简单起见，上级国土资源管理部门只能根据超额申报计划的数量，按相同比例削减大城市和小城市的申报计划。与此同时，与大小城市同时实施虚假申报的情形不同，只有大城市虚假申报时的虚假申报情况相对更轻，因此上级国土资源管理部门并不会对大城市实施额外的惩罚，大城市和小城市分得的新增建设用地供应计划指标总量仍为 m+n。具体而言，在按照同一比例削减大城市和小城市的新增建设用地指标的情况下，小城市所分得的新增建设用地供应计划将会小于实际需求 n−r，而大城市所分得的新增建设用地供应计划将会超过实际需求 m+r。

表 5-1 大城市和小城市如实—虚假申报博弈矩阵

		小城市：如实申报	小城市：虚假申报
大城市	如实申报	(m，n)	(m+f，n−f)
	虚假申报	(m+r，n−r)	(m−F，n−s)

从大城市和小城市如实申报—虚假申报博弈矩阵可以看出，只要 s>r，即大城市和小城市同时采取虚假申报策略，上级国土资源管理部门对小城市的惩罚 s，超过大城市单独虚假申报时，大城市对小城市用地计划的攫取量 r，如实申报就是小城市的占优策略，{虚假申报，如实申报} 就是大城市和小城市用地计划申报混合博弈的纳什均衡。

在大城市和小城市用地计划虚假申报博弈均衡下，大城市的建设用地面积将持续扩张，但与最优生产规模所要求的城市建设用地规模扩张速度相比①，

① 最优生产规模是一个动态的概念，随着城市经济社会的不断发展，最优生产规模也将不断变迁，既可能变大，也可能变小，但对处于成长阶段的城市而言，其最优生产规模将不断增大。

大城市的实际生产规模扩张速度依然偏快①，这就使得大城市的实际生产规模与最优生产规模间的差距也在不断加大，规模效率不断下降，并引发了严重的规模报酬递减效率损失②（如图 5-2 虚线右侧部分所示）。与此相反，在博弈均衡下，虽然小城市也可分得一定的新增建设用地供应计划指标，并持续推动小城市的城市建设用地面积和城市生产规模外延式扩张，但与最优生产规模所要求的城市建设用地规模扩张速度相比，小城市的实际城市建设用地面积扩张速度和生产规模扩张速度依然偏低。更关键的是，与大城市实际生产规模对最优生产规模的偏离情况不同，小城市实际生产规模对最优生产规模的偏离是负向偏离，且这种负向偏离还在不断加剧，因此在虚假申报博弈均衡下，小城市存在着严重的规模报酬递增效率损失③（见图 5-3）。

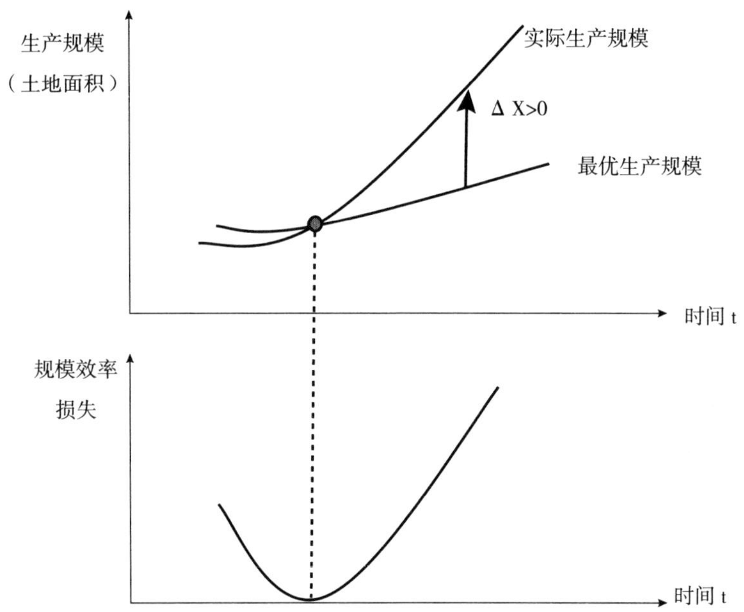

图 5-2 大城市用地计划申报博弈均衡规模效率损失示意图

① 一般而言，建设用地面积越大的城市，其生产规模也越大，因此，此处直接用城市建设用地面积来表示城市生产规模。

② 规模报酬递减效率损失是指城市的实际生产规模大于最优生产规模且这种正向偏离还在不断扩大，致使城市遭受更为严重的规模报酬递减效率损失，这种对实际损失躲避不及所引发的损失就是规模报酬递减效率损失。

③ 规模报酬递减效率损失是指城市的实际生产规模小于最优生产规模且这种负向偏离还在不断扩大，致使城市无法及时捕获规模报酬递增所带来的好处，这种对潜在好处的捕获不及所引发的损失就是规模报酬递增效率损失。

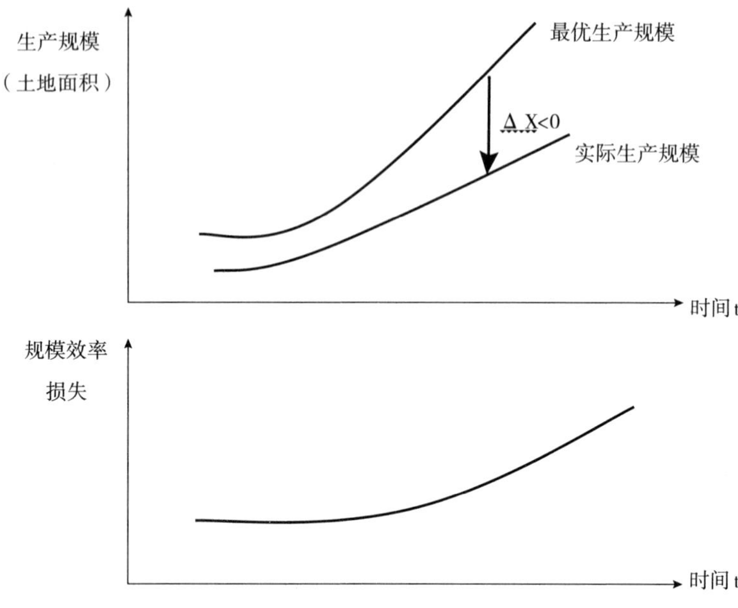

图 5-3 小城市用地计划申报博弈均衡规模效率损失示意图

二、超计划用地空间示范效应及其门槛效应

虽然现行《年度土地利用计划管理办法》赋予了地方政府一定的计划制订自主权，但地方政府的农地发展权利益仍无法在该制度框架范围内得到全面而充分的表达，这集中体现为，与潜在的新增建设用地需求相比，地方政府实际所分得的新增建设用地计划指标仍严重不足，这暗示着地方政府的农地发展权利益在现行制度框架范围内受到了严格的限制，这种受限的土地利益并不会因正式制度的约束而就此消失，而是会在执行过程中通过其他形式加以表达（董洁礼，2009)，从农地发展权收益分配的发展实践来看，这种变换的形式就是超计划用地。

超计划用地不仅会通过一般作用机理影响城市建设用地配置和利用效率的持续快速增长，而且还会引发严重的空间示范效应，加剧城市蔓延，抑制土地利用效率的提升。更关键的是，超计划用地的空间示范效应还可能存在一定的门槛效应，即当超计划用地普及面超过一定临界值时，超计划用地的空间示范效应将会加剧，对城市建设用地利用效率的抑制作用也会显著增强。超计划用地影响城市建设用地利用效率的一般作用机理、空间示范效应以及超计划用地空间示范效应门槛效应的具体作用过程如下：

（一）超计划用地的利益驱动机制分析

虽然我国建立了较为完备的土地督察体系，但各地的超计划现象不仅没有得到有效的遏制，反而大有愈演愈烈之势，在我国土地利用管理领域存在着显著的“国土资源管理部门执法不懈，地方政府超计划用地不止”的悖论。

为分析导致这一悖论的土地收益分配制度根源，此处借鉴了不完全信息博弈分析方法，基本分析框架如下：

首先假定存在地方政府和国土资源管理部门两个博弈参与者，地方政府率先选择自己的超计划用地策略，然后国土资源管理部门在不知道地方政府超计划用地策略的情况下，以一定的概率随机选择自己的执法策略。对地方政府而言，它的策略空间为｛超计划用地，合法用地｝；对国土资源管理部门而言，其策略空间为｛督察，不督察｝。假定地方政府选择超计划用地的概率为 P_0，则合法用地的概率为 $1-P_0$，国土资源管理部门选择督察的概率为 P_1，则不督察的概率为 $1-P_1$，当国土资源管理部门实施土地督察时，对地方政府超计划用地行为的识别概率为 a。假定地方政府合法用地时，它可获得的基准收益为 m_0。

当地方政府实施了超计划用地行为，而国土资源管理部门又选择督察，但却未被发现时，地方政府将可攫取全部的额外土地收益，如额外的土地出让收入、土地税收、就业增加、经济增长以及政绩改善等，假定这部分额外的土地收益为 r，则此时地方政府可获得的预期土地收益为：

$$D_1 = P_0P_1(1-a)(m_0+r) \tag{5-1}$$

但若地方政府实施了超计划用地行为，而国土资源管理部门又选择督察，且被发现时，虽然地方政府可以获取额外的土地收益，但与此同时也会面临国土资源管理部门的惩罚，如扣减下一年度土地利用计划指标、取消当年评优资格等。假定对超计划用地的惩罚为 f，则在考虑地方政府和国土资源管理部门选择概率的情况下，地方政府可获得的预期土地收益为：

$$D_2 = P_0P_1a(m_0+r-f) \tag{5-2}$$

综合而言，地方政府超计划用地的综合收益为：

$$R_1 = D_1+D_2 = P_0P_1(1-a)(m_0+r)+P_0P_1a(m_0+r-f) = a(r-f)P_0P_1+m_0+r \tag{5-3}$$

与超计划用地的情形不同，当地方政府一开始就选择合法用地时，无论国土资源管理部门督察与否，地方政府都只能获得正常的土地收益：

$$R_2 = (1-P_0)m_0 \tag{5-4}$$

则地方政府超计划用地与合法用地的差额收益：

$$R = R_1-R_2 = P_0P_1(1-a)(m_0+r)+P_0P_1a(m_0+r-f)-(1-p_0)m_0 = P_1P_0(m+r)-\underline{\underline{P_1P_0af}} \tag{5-5}$$

1. 惩处力度可变时的博弈均衡分析

由式（5-5）可知，超计划用地与合法用地的差额收益 R 是关于惩处力度 f 和识别概率 a 的线性函数，在识别概率一定的情况下，超计划用地与合法用地的差额收益 R 就是惩处力度 f 的减函数，随着对超计划用地惩处力度的不断提高，超计划用地可以获得的超额收益也在不断减少，超计划用地与合法用地的差额收益 R 随对超计划用地的惩处力度 f 变化的情况如图 5-4 所示：

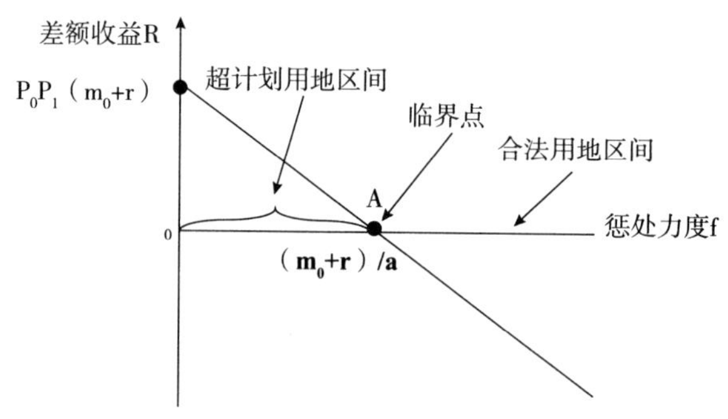

图 5-4 差额收益 R 随惩处力度 f 的变化情况

当对超计划用地的惩处力度 f 等于（m_0+r）/a 时，超计划用地与合法用地的差额收益为 0，这表示超计划用地与合法用地的收益相等，此时无论是选择合法用地还是超计划用地均无差异，故｛超计划用地，督察｝和｛合法用地，督察｝均是惩处力度（m_0+r）/a 上的博弈均衡。由于在（m_0+r）/a 的两侧，超计划用地与合法用地的差额收益结构将发生“质”的变化，因此（m_0+r）/a 也被称为“临界惩处力度”。

具体而言，当对超计划用地的惩处力度 f 小于“临界惩处力度”（m_0+r）/a 时，超计划用地与合法用地的差额收益为正，这说明超计划用地的收益要超过合法用地，此时理性的地方政府都将选择超计划用地，而｛超计划用地，督察｝就是惩处力度区间［0，（m_0+r）/a）上的博弈均衡；与此相反，当对超计划用地的惩处力度 f 小于“临界惩处力度”（m_0+r）/a 时，超计划用地与合法用地的差额收益将由正转负，这意味着，地方政府不仅不能从超计划用地中攫取额外的土地收益，反而还会因惩处力度超过临界值而招致额外的损失，故此时理性的地方政府都会选择合法用地，而｛合法用地，督察｝就是惩处力度区间（（m_0+r）/a），∞］上的博弈均衡。

2. 识别概率可变时的博弈均衡分析

由式（5-5）可知，在惩处力度 f 一定的情况下，超计划用地与合法用地的差额收益 R 是一个关于识别概率 a 的递减函数，随着对超计划用地行为识别概率的不断提高，超计划用地与合法用地的差额收益 R 将不断减小，当识别概率 a=100%时，超计划用地的预期超额收益为：

$$R(a=100\%)=P_1P_0(m+r-f) \tag{5-6}$$

由于 P_1 和 P_0 均为正数，故此时超计划用地预期超额收益（超计划用地与合法用地的预期收益之差）的符号将由（m+r-f）唯一决定。但值得特别注意的是，超计划用地的超额收益 R 是关于 a 的递减函数，且 $R(a=0)=P_1P_0(m+r)>0$，因此 R(a=100%) 的符号在很大程度上决定了超计划用地的收益结构，进而也就决定了地方政府的行为结构和博弈的均衡结构，故根据（m+r-f）是否大于零，可将地方政府与土地督察执法部门之间的超计划用地—督察博弈分为两种情况。

第一种情况为：m+r-f>0，此时地方政府实施超计划用地的预期超额收益 R(a=100%)>0，这意味着，即使土地督察执法部门对超计划用地的识别概率高达100%，超计划用地的超额收益依然大于 0，地方政府仍可从超计划用地中获得额外的土地利益。与此同时，由于 R(0<a<100%)>R(a=100%)（即超计划用地的超额收益是一个关于 a 的递减函数），因此地方政府超计划用地的超额收益特性将一直保持稳定，无论土地督察执法部门对超计划用地的识别概率 a 如何变化，地方政府都可获得超额收益（见图 5-5），只是随着识别概率 a 的不断提高，超计划用地的超额收益不断减小。故在此条件下，理性的地方政府都将选择超计划用地，而超计划用地就是地方政府的占优策略，{督察，超计划用地} 也就成为识别概率区间［0，1］上的唯一博弈均衡。

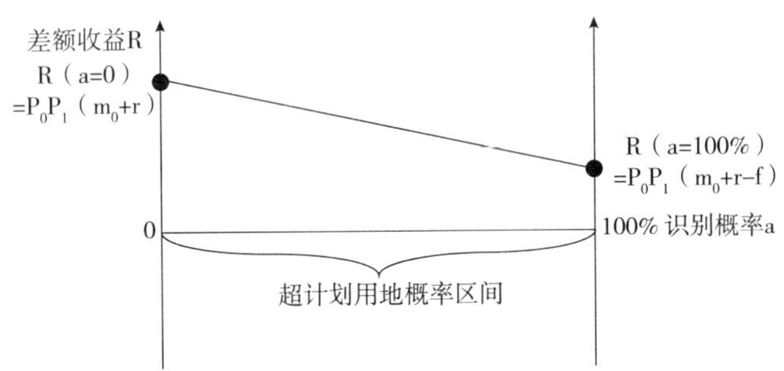

图 5-5 差额收益 R 随识别概率 a 的变化情况［R(a=100%)>0］

第二种情况为：m+r-f<0，此时地方政府实施超计划用地的超额收益R(a=100%) 将小于零（见图 5-6），由于 $R(a=0)=P_1P_0(m+r)>0$，且超计划用地超额收益 R 是关于 a 的递减函数，因此超计划用地超额收益 R 的收益特性并非一成不变，而是会随识别概率 a 的提高而波动。

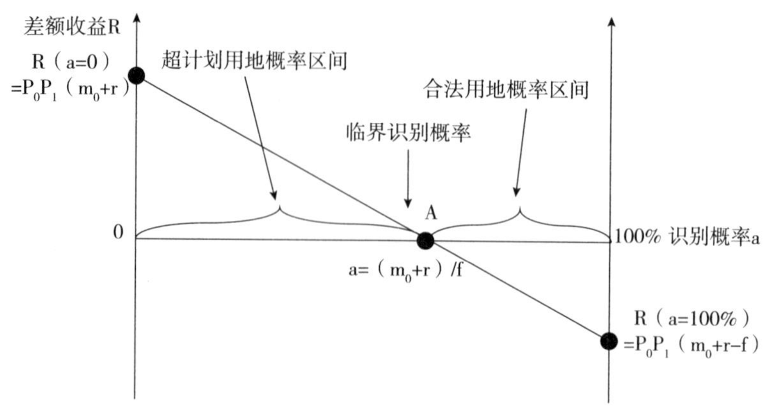

图 5-6　差额收益 R 随识别概率 a 的变化情况［R(a=100%)<0］

具体而言，当对超计划用地的识别概率等于（m_0+r)/f 时，超计划用地与合法用地的差额收益为 0，这表示超计划用地与合法用地的收益相等，此时无论是选择合法用地还是超计划用地均无差异，故｛超计划用地，督察｝和｛合法用地，督察｝均是识别概率（m_0+r)/f 上的博弈均衡。由于在点（m_0+r)/f 的两侧，超计划用地与合法用地的差额收益特性将发生显著的变化，因此（m_0+r)/a 也被称为"临界识别概率"（图 5-6 中的点 A)。

当对超计划用地的识别概率 a 小于临界识别概率（m_0+r)/f 时，超计划用地与合法用地的差额收益为正，这说明在该识别概率区间范围内，超计划用地的收益要超过合法用地，此时理性的地方政府都将选择超计划用地，故｛超计划用地，督察｝就是［0，(m_0+r)/f）上的博弈均衡；

但当对超计划用地的识别概率超过（m_0+r)/f 时，超计划用地与合法用地的差额收益 R 将由正转负，这意味着，在该概率区间范围内，地方政府不仅不能从超计划用地中攫取额外的土地收益，而且还会因识别概率的提升而招致额外的损失，故此时理性的地方政府都会选择合法用地，｛合法用地，督察｝就是识别概率区间（（m_0+r)/f，1］上的博弈均衡。

综上所述，超计划用地农地发展权收益分配制度不合理是导致超计划用地屡禁不止，乃至愈演愈烈的制度根源，这集中表现在两个方面：

一是对超计划用地的惩处力度过轻，无论上级国土资源管理部门查处与否，地方政府实施超计划用地都能获取大量额外土地利益（f<[（m_0+r)/a］），这极大地激发了地方政府的超计划用地热情，刺激了超计划用地的盛行和超计划用地面积的增长，加速了城市蔓延，加剧了土地城市化对人口城市化的偏离，拉低了新增建设用地出让价格，诱发了土地的粗放利用和低效配置，抑制了城市建设用地利用效率的持续快速增长。

二是当前我国土地督察技术的现代化水平还不高，识别地方政府超计划用地的能力较弱，识别概率较低（即 a 偏小），远无法满足分税制和土地财政条件下查处地方政府超计划用地的现实需求，致使超计划用地的差额收益 R 始终被压制在临界点的左侧（图 5-6 临界概率左侧区域），在该概率区间范围内，超计划用地的差额收益始终大于零，这意味着，只要地方政府实施超计划用地行为，就可攫取超额土地利益，只是随着识别概率 a 的不断提升，超计划用地的超额收益在不断减小，但只要超额收益大于 0，地方政府就有实施超计划用地的激励。

（二）一般作用机理分析

与新增建设用地供应计划不同，超计划用地是一种强制性的农地发展权收益分配制度安排。从制度的性质来看，超计划用地属于非正式的农地发展权收益分配制度安排，且这种分配制度安排是非法的。从分配机制来看，超计划用地的分配过程带有显著的强制性，是地方政府强制性地向中央政府攫取农地发展权利益的土地收益分配行为。

与此同时，超计划用地的收益分配具有同一性，是集农地发展权收益分配与捕获于一体的过程。一旦地方政府实施了超计划用地，它不仅得到了农地发展权，而且还同时行使了农地发展权，并捕获了附着在农地发展权背后的各种土地利益。超计划用地的强制性和同一性将会通过如下两个渠道对城市建设用地利用效率产生显著的影响：

首先，超计划用地是独立于新增建设用地供应计划的“地下”农地发展权配置方式，这严重干扰了农地发展权的正常配置秩序，扭曲了农地发展权收益分配关系，将部分本应由中央政府享有的土地收益通过超计划用地的形式流入到实施超计划用地的地方政府手中。这为地方政府提供了错误的激励，诱使地方政府加大超计划用地力度，致使城市建设用地规模扩张过快，供应数量过多，引发了城市建设用地供应的阶段性过剩，严重背离了城市建设用地的稀缺现状，拉低了土地的出让价格，诱发了土地的粗放利用和低效配置，抑制了城市建设用地配置和利用效率的增长。更糟糕的是，低廉的土地使用成本还将助长工商企业的技术创新惰性，诱使土地使用者只顾享受低廉的土地价格所带来的饕餮盛宴，而不注重技术创新和引进，严重抑制了企业生产技术水平的有效提升，阻碍了城市建设用地利用效率的持续快速增长。此外，低廉的土地价格很可能会诱使土地使用者采用非土地节用型生产技术，加大土地在生产要素投入结构中所占比重，降低其他要素在生产要素投入组合中所占比重，但根据我国的技术发展趋势，非土地节用型生产技术大多是早期发明的落后技术，因此采用非土地节用型生产技术将降低企业的生产技术水平，抑制企业生产效率和土地利用效率的持续快速增长。

其次，由于超计划用地较为隐蔽，而卫星监测成本又极度高昂，更关键的是，我国并未发射对地资源监测卫星，现有监测手段都严重依赖国外，这极大地限制了我国对地监测的自主性（土资源管理部门无法根据自己的监测需求来调整监测频率和监测范围），这将导致国土资源管理部门无法及时掌握地方政府超计划用地的精准信息，进而导致严重的决策失误。在信息缺失的情况下，上级国土资源管理部门总是倾向于低估各地超计划用地形势的严峻性，过多、过早地供给新增建设用地供应计划指标，这将加剧新增建设用地供应的相对过剩，致使土地的城市化快于人口的城市化，新增建设用地出让价格大幅下滑，土地资源被严重滥用和错配，直接抑制了土地资源配置和利用效率的持续快速增长。

（三）超计划用地的空间示范效应

自 1994 年分税制改革以来，地方政府开始成为拥有自身独立经济利益的实体，在现行地方政府绩效考评体系的激励约束作用之下，地方政府围绕招商引资展开了激烈的竞争，而土地作为地方政府可资利用的为数不多的优质资产，经常沦为地方政府招商引资的筹码。一方面，为了增强对工业资本的吸引能力，各地竞相降低土地出让价格，零地价甚至是负低价的情形也数见不鲜，这加剧了城市建设用地规模扩张，诱发了土地资源的粗放利用和低效配置。更糟糕的是，为了改善城市投资环境，有效避免企业引进之后无地可用的尴尬境况，地方政府不约而同地采用了“筑巢引凤”的招商引资策略，在工业企业入驻之前就提前征收了大片土地，兴建了大量城市基础设施，特别是生产性基础设施（如道路、港口、码头、机场、通信、能源、各种开发区等），这极大地刺激了各地新增建设用地需求的增长。但另一方面，我国的新增建设用地实行的是严格的计划管理体制，新增建设用地供应计划指标由国土资源管理部门分配，这就使得每年各地分到的新增建设用地供应计划指标极为有限，远无法满足土地财政时代地方政府“以地招商引资”的需求。为了缓解新增建设用地供应计划与现实的建设用地需求之间的矛盾冲突，地方政府普遍采用了超计划用地，这就使得各地的区域招商引资竞争实质上转化为“超计划用地竞赛”。当一个城市观察到周边城市通过超计划用地改善了自身的招商引资条件之后，其他城市为了不至于在激烈的区域招商引资中落败，也将开始对其进行模仿，这就使得各地的超计划用地行为具有显著的“空间示范效应”。与此同时，超计划用地的“空间示范效应”还将进一步引发城市建设用地利用效率的空间外溢效应，一个城市的建设用地利用效率不仅与自身的超计划用地行为相关，还受其他地区超计划用地行为的引诱。这主要是由于当一个城市观察到其他城市实施了超计划用地之后，它也会在区域招商引资竞争的驱使之下对其进行模仿，这将加速其他地区的城市蔓延，加剧这些地区土地城市化对人口城市化的偏离，进而诱发更为严重的土地粗放利用和低效配置，抑制其他地区城市建设用地利用效率的持续快速增长。

（四）超计划用地空间示范效应的门槛效应

受地方政府区域招商引资竞争的影响，地方政府间的超计划用地行为存在着显著的空间示范效应，但受超计划用地普及率的调节，超计划用地的空间示范效应可能并不是线性的，对城市建设用地利用效率的影响也就可能存在显著的门槛效应。当超计划用地普及率较低时，随着地方政府超计划用地模仿行为的加剧和空间示范效应的不断增强，超计划用地的涉案面积也在不断增大，普及面也在不断拓宽，被上级国土资源管理部门发现的概率也在不断增加，这将加大超计划用地的违法成本，降低超计划用地的净收益，挫伤地方政府实施超计划用地的积极性，抑制超计划用地的增长，弱化超计划用地对城市建设用地利用效率的抑制作用。具体而言，当一个地方政府观察到周边地方政府实施超计划用地后，若它们也受区域招商引资的驱使，盲目模仿周边政府的超计划用地行为，贸然实施超计划用地方案，这将加剧被上级国土资源管理部门发现并查处的概率。此时，不仅自己的超计划用地净收益会降低，而且周边城市地方政府的超计划用地收益也会减少，故理性的地方政府都将克制自己的超计划用地行为，减少超计划用地数量，降低超计划用地频率，这将弱化超计划用地的空间示范效应，并降低超计划用地对新增建设用地配置和利用效率的抑制作用。

与此相反，当超计划用地普及率超过某一临界值时，虽然其他城市再行实施超计划用地将进一步加剧被上级国土资源管理部门发现的概率，但由于此时的超计划用地现象已较为严重，涉案面积较大，普及面过宽，而上级国土资源管理部门的执法资源又极为有限，这就决定了上级国土资源管理部门不可能对所有的超计划用地行为都予以查处，而只会选择部分影响较为恶劣、涉案面积较大的典型超计划用地案件进行查处，以起到以儆效尤的作用。上级国土资源管理部门执法资源的不足和执法策略的转变将直接降低地方政府超计划用地的成本，加剧超计划用地行为的盛行，放大超计划用地的空间示范效应，强化超计划用地对城市建设用地特别是新增建设用地利用和配置效率的抑制作用。更为甚者，当超计划用地发展到一定程度时，考虑到土地执法的无效性，中央政府可能会本着宜疏不宜堵的执政理念，将超计划用地合法化①，这将进一步提高地方政府超计划用地的净收益，放大超计划用地的空间示范效应，诱使地方政府加大超计划用地实施力

① 第二轮土地利用总体规划的规划周期为 1996～2010 年，但从规划的实际执行情况来看，很不乐观，在规划实施的最初几年，规划确定的各项建设用地指标就已基本消耗殆尽，部分省份一度陷入规划刚刚编制完成就无地可用的尴尬境地，在此条件下，国土资源部公布不得不于 2002 年着手开展土地利用总体规划的修编试点工作。

度，提高超计划用地频率，加剧超计划用地对城市建设用地利用效率的抑制作用。

第二节 土地出让收入分配制度对城市建设用地利用效率的影响机理分析

按照制度经济学的观点，制度具有激励功能①，土地出让收入分配制度作为土地制度体系的核心制度安排之一，其激励功能表现得尤为明显。土地出让收入分配制度引导着土地利益相关者的土地利用行为，决定了最终的土地利用绩效。

地方政府和土地使用者作为土地出让收入分配制度的两大主体，其土地利用行为在很大程度上决定了最终的土地利用绩效，但对二者而言，土地出让收入分配制度为其提供的激励结构存在很大的差别，这就使得二者的土地利用行为和对城市建设用地利用效率的影响方式和影响途径均存在较大的差异。

有鉴于此，本部分主要沿着土地出让收入分配制度—土地利益相关者的土地利用行为—城市建设用地利用效率的分析范式，以地方政府和土地使用者为分析主体，分别考察了在现行土地出让收入分配制度的激励约束作用下，地方政府和土地使用者将采取何种土地利用行为，这些土地利用行为将通过何种途径和方式来对城市建设用地利用效率施加影响。土地出让收入分配制度影响城市用地利用效率的微观作用机理如图 5-7 所示。

一、地方政府土地利用行为偏好对城市建设用地利用效率的影响

按照公共选择学派的观点，政府也有自己的利益，也追求利益最大化，在分税制和土地财政时代，这主要表现为追求土地出让收入的最大化。具体而言，在现行地方政府官员政绩考评制度和土地出让收入分配制度的激励约束作用下，为了使土地出让收入最大化，地方政府将盲目扩大城市建设用地面积、采取差异化的土地出让方式、策略性地选择土地督察执法策略以及有意识地选择土地出让收入的支出方向和支出结构，上述土地利用行为将会对城市建设用地利用效率产生显著的影响，只是不同的土地利用行为对城市建设用地利用效率的影响方式和途径存在一定的差异。

---

① 杨德才：《新制度经济学》，南京：南京大学出版社，2007 年，第 63-64 页。

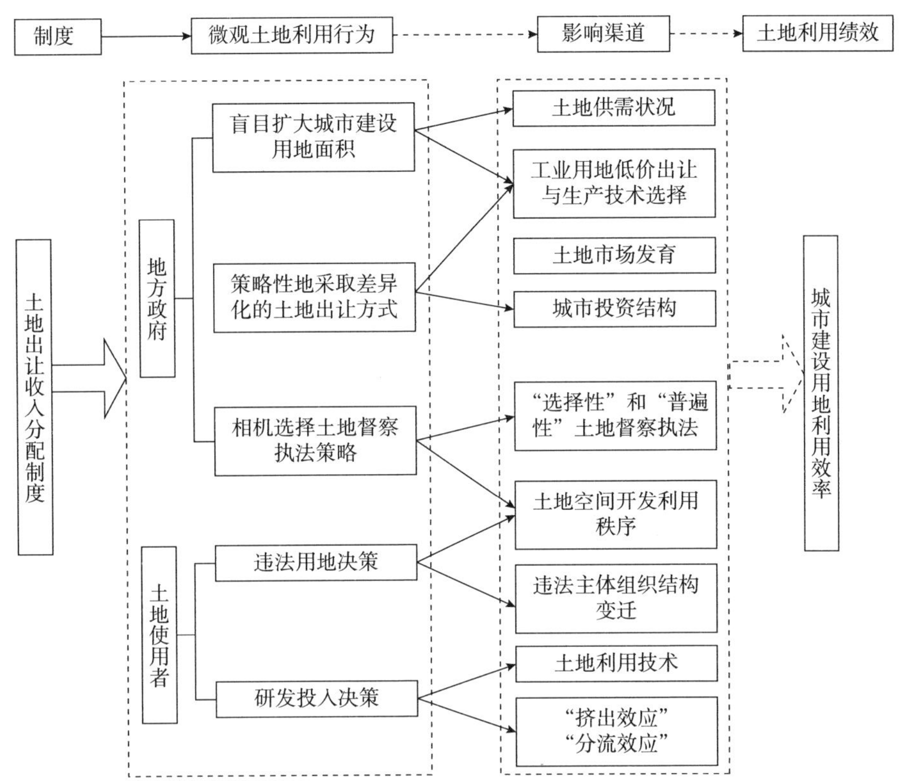

图 5-7　土地出让收入分配制度影响城市建设用地利用效率的微观作用机理总览

（一）城市建设用地规模扩张影响城市建设用地利用效率的作用机理分析

现行土地出让收入分配制度具有明显的地方政府利益倾向，地方政府只需通过低征高卖便可轻松攫取大量超额土地利益，这严重扭曲了地方政府与农民、农村集体经济组织以及土地使用者之间的土地收益分配关系，并为地方政府提供了错误的激励，诱使地方政府盲目扩大城市建设用地面积，加速了城市蔓延，加剧了土地城市化对人口城市化的偏离，诱发了土地的粗放利用和低效配置，抑制了城市建设用地利用效率的增长。与此同时，随着土地出让收入规模的变化，地方政府扩大城市建设用地的驱动力将发生“质”的变迁，对城市建设用地利用效率的抑制作用也将表现出强烈的门限特征。

1. 一般作用机理

由地方政府主导的城市建设用地规模扩张加速了城市蔓延，加剧了土地城市化对人口城市化的偏离，诱发了土地资源的粗放利用和低效配置，抑制了城市建设用地利用效率的持续快速增长。自 1994 年分税制改革后，土地出让收入就全部划归地方政府所有，这为地方政府提供了极大的激励，诱使地方政府罔顾城市经济社会发展的实际需求，盲目扩大城市建设用地面积。但新增建设用地大多位于城市边缘，与市中心的土地相比，无论是土地利用条件还是区位条件都较差，这将拉低新增建设用地的出让价格，从而导致土地使用者粗放利用土地资源，严重抑制城市建设用地利用效率的增长。与此同时，低廉的土地出让价格还将诱使土地使用者采取非土地节用型生产技术，但根据我国的技术进步发展趋势，非土地节用型生产技术大多是早期发明的落后技术，对非土地节用型生产技术的普遍采用不仅不能促进，甚至还会抑制企业技术水平的有效提升和土地利用效率的增长。更为严重的是，低廉的土地使用成本还会助长土地使用者的技术创新惰性，诱使土地使用者只顾享受低廉的土地出让价格所带来的饕餮盛宴，而怠于从事技术创新，这将阻碍技术进步，抑制城市建设用地利用效率的持续快速增长。

2. 城市建设用地扩张对城市建设用地利用效率影响的门槛效应

虽然城市建设用地规模扩张会加剧土地城市化对人口城市化的偏离，但随着土地出让收入规模的不断增大①，地方政府城市建设用地规模扩张的压力或冲动也将发生“质”的变迁，这就使土地城市化对人口城市化的偏离可能呈现显著的非线性特征，对城市建设用地利用效率的影响也将表现出明显的门槛效应。

具体而言，当土地出让收入规模较小，尚不足以弥补地方政府的财政缺口时，地方政府有强烈的城市建设用地规模扩张需求，但此时的城市建设用地规模扩张在很大程度上不是由城市经济社会发展的内生动力驱动，而是由地方政府的财政压力驱动，这严重违背了城市经济发展规律，致使城市建设用地规模扩张速度过快，供应数量过多，引发了土地供应的阶段性相对过剩，诱发了土地的粗放利用和低效配置，抑制了城市建设用地利用效率的持续快速增长。

随着土地出让收入规模的持续扩大和超过地方政府一般预算财政缺口，地方政府的财政压力将烟消云散，城市建设用地规模扩张的驱动机制也会迅即消失。但值得警惕的是，地方政府对土地出让收入的追逐和城市建设用地规模扩张需求并不会随着财政压力的消失而烟消云散，而是会在现行地方政府官员政绩考评体系的催化作用下永葆生机。只是与第一阶段相比，地方政府城市建设用地规模扩张的自主性显著增强，地方政府可以根据自己的政绩显示需求自主安排城市建设用地扩张的规模和节奏，因此可以预计，这一时期地方政府城市建设用地规模扩张的冲动将有所降低，对城市建设用地利用效率的抑制作用也会有所减轻。

① 此处的土地出让收入规模为相对规模，不是绝对规模，衡量标准为土地出让收入占一般预算缺口的比重，该比重越大，表示地方政府土地出让收入的相对规模越大。

此后，随着土地出让收入规模的持续扩大，地方政府的城市建设用地规模扩张冲动将进一步减弱，对城市建设用地利用效率的抑制作用也会进一步减轻。这主要是由于随着土地出让收入规模的持续扩大和在财政体系中占比的持续增加，地方政府财政体系的安全性和持续性将面临越来越严峻的挑战，为了防范财政风险，地方政府将更加关注自身财政体系的安全性和持续性，这将倒逼地方政府谋求财政体制转型，有意识地控制甚至降低土地出让收入等波动性大、持续性低的财源在财政收入体系中的地位和作用。这将使这一时期地方政府城市建设用地规模扩张的冲动进一步降低，扩张速度进一步减缓，对城市建设用地利用效率的抑制作用进一步减轻。

（二）土地出让方式差异化对城市用地利用效率的影响机理分析

为了使土地出让收入最大化，地方政府就像一个歧视性的垄断者那样，根据不同的用地类型制定差异化的土地出让方式，具体而言，对工业用地采用协议或“虚假挂牌”方式出让，而对商住用地则往往采用招拍挂方式出让。

地方政府之所以可以采取差异化的土地出让方式，主要是由于不同的用地类型，其需求价格弹性存在显著的差别（金媛等，2016）。对工业用地而言，其需求价格弹性较大，工业用地出让价格的微小变化就会招致工业用地需求的巨大波动，为了招徕工业资本，获取工业资本入驻后间接财税收入增长的好处①，地方政府往往会采取操作空间更大的协议或“虚假挂牌”等“伪市场化”方式。与此相反，商住用地的需求价格弹性较小，土地价格的变化并不会对土地需求造成太大的影响，为了攫取更多的直接土地出让收入，地方政府就会充分利用自身的市场垄断势力，采取完全市场化的招拍挂方式出让商住地。长此以往，地方政府逐渐形成了工业用地协议或“虚假挂牌”出让②，商住用地招拍挂出让，并用商住用地高价出让的盈余来弥补工业用地低价出让亏损③的资产组合模式（陶然等，2009）。

由于不同的出让方式，其配置机制和价格决定机制均存在显著的差别，这就

---

① 工业用地低价协议出让所带来的间接收益主要包括三项：增值税等税收收入的增长；工业发展所带来的商业服务业的繁荣，进而导致营业税等税收收入的增长；商业服务业发展所带来的商住用地需求的增加，进而带动商住用地招拍挂出让收入的增长。

② “虚假挂牌”出让是指只拥有挂牌出让的外壳，却并未承袭挂牌出让的内核。“虚假挂牌”出让的“虚假”性主要体现在三个方面：一是“虚假挂牌”出让的参与者人数稀少（通常只有一个）；二是报价次数不多（通常只有一次）；三是成交价格较低（通常就是地方政府确定的底价）。挂牌出让虽然有利于提高土地出让市场的名义市场化程度，但并不能增进土地出让市场的资源配置功效，因此，“虚假挂牌”出让方式是一种“伪市场化”出让方式和土地收益分配制度安排。

③ 2006 年《工业用地地价评估和分析研讨会》披露的数据显示，东中西部地区工业用地出让单价分别为 183 元/平方米、264 元/平方米和 265 元/平方米，与之相对应的成本价分别为：463 元/平方米、325 元/平方米和 268 元/平方米，亏损额分别为 280 元/平方米、61 元/平方米和 3 元/平方米。

使不同出让方式的出让价格也存在较大的差异，因此差异化的土地出让方式也就意味着差异化的土地出让收入分配制度。工业用地与商住用地出让收入分配制度的异化推动了我国土地出让收入分配制度的前向发展，二者相互配合、相互依赖，共同决定了我国土地出让收入分配制度的发展现状。但值得警惕的是，差异化的土地出让收入分配制度严重扭曲了工业用地与商住用地间的横向收益分配关系，并为地方政府提供错误的激励，诱使地方政府采取错误的土地利用行为，并通过土地出让市场发育程度、城市投资结构和企业生产技术选择等途径对城市建设用地利用效率产生了显著的影响，各途径的具体影响过程和影响机理如下：

1. 土地出让市场发育程度对城市建设用地利用效率影响的门槛效应

差异化的土地出让方式和出让收入分配制度致使工业用地可以采用协议或"虚假挂牌"等"伪市场化"方式出让，而商住用地则往往采用招拍挂等完全市场化方式出让，前者严重阻碍了土地出让市场的市场发育进程，抑制了土地出让市场资源配置功效的快速增长，而后者有效推动了土地出让市场的市场发育进程，促进了土地出让市场资源配置功效的有效提升。与此同时，由于协议或"虚假挂牌"等"伪市场化"出让方式与招拍挂等完全市场化出让方式的财税贡献方式存在显著差别，且相辅相成，因此，在特定时期内，总是存在一个最优的土地出让结构和土地出让市场发育程度，在该点上，地方政府能获得更多的土地出让收入。按照公共选择学派的观点，地方政府也有自己的利益，也追求利益最大化，在土地财政时代则主要表现为追求土地出让收入总量最大化，因此地方政府总是倾向于选择那个能获取更多土地出让收入的最优土地出让结构，其在很大程度上决定了土地出让市场的发育现状、演进历程和土地资源的配置功效。

值得注意的是，土地出让市场发育程度对城市建设用地配置和利用效率的影响很可能是非线性的，一旦土地出让收入占比超过一定阈值，土地出让市场的资源配置功效也将发生"质"的变迁。

当土地出让收入占比较高时，城市工业化进程已步入中后期，此时工业经济已经高度发达，商业服务业也获得了长足的发展，地方政府土地出让收入的来源结构也发生了"质"的变化，对工业用地低价协议出让或"虚假挂牌"出让的依赖开始减小，此时若继续采用协议或"虚假挂牌"方式供应商住用地，将严重阻碍城市产业结构转型升级和土地出让收入结构的变迁，抑制地方政府土地出让收入总量的持续快速增长，因此理性的地方政府都会适时谋求工业用地出让方式转型，积极配合中央政府开展工业用地出让收入分配制度改革，加大对工业用地协议或"虚假挂牌"出让的打击力度，这不仅有利于提高土地出让市场的名义市场化程度，而且还有利于缩小真实市场化程度对名义市场化程度的偏离，提高土地出让市场的资源配置功效，促进城市建设用地利用配置和利用效率的持续快速增长。

2. 产业结构房地产化对城市建设用地利用效率的影响机理

差异化的土地出让方式加剧了商住用地和商住物业价格的飙升，这主要是由两个因素决定的：一方面，工业用地低价协议或“虚假挂牌”出让和商住用地招拍挂出让是一个资产组合，二者相互配合、相互依赖，商住用地需求需要工业用地供给来营造，而工业用地出让的亏损也需要商住用地的出让盈余来弥补，因此工业用地出让价格越低，亏损也就越多，对商住用地出让价格的要求也就越高；另一方面，在一定时期内，土地供应总量是既定的，工业用地供应数量的增加将导致商住用地供应数量的减少，这将显著改变商住用地市场的供需对比状况，加剧商住用地的供需矛盾，进一步推动商住用地出让价格的上涨（陈多长，2015）。

飙升的商住用地出让价格将会为地方政府提供错误的激励，诱使地方政府盲目加大对房地产业的扶持力度，致使房地产业在城市投资结构中所占比重增长过快且偏大，城市投资结构表现出明显的房地产化特征。城市投资结构房地产化将会通过三个途径对城市建设用地配置和利用效率产生直接影响：一是城市投资结构房地产化严重挤占了其他行业的投资，抑制了其他行业的正常发展，弱化了产业间的协同效应，抑制了产业集聚效应的有效发挥，降低了城市经济系统的整体运行效率，抑制了城市建设用地利用效率的持续快速增长。二是城市投资结构房地产化将导致商住用地供应出现结构性过剩，严重扭曲了城市建设用地的配置结构，降低了城市建设用地的配置效率。三是房价的飙升还加剧了土地投机，引发了严重的土地囤积，抑制了城市建设用地利用效率的增长（吕炜，2012）。

3. 工业用地低价出让与生产技术选择对城市建设用地利用效率的影响机理

提高工业用地的配置和利用效率是提高整个城市建设用地配置和利用效率的关键，而工业用地出让价格又是地方政府影响城市建设用地配置和利用效率的重要途径（屠帆，2013），因此工业用地出让价格或出让收入分配制度对城市建设用地配置和利用效率的影响举足轻重。

差异化的土地出让方式和收入分配制度为工业用地低价出让创造了制度前提，这使工业用地经常沦为地方政府招商引资的筹码，致使工业用地出让价格极为低廉，并通过两个途径对城市建设用地利用效率产生了显著的不良影响：一是低廉的工业用地出让价格将会诱使工业企业采用“非土地节用型生产技术”，但根据我国的生产技术演化趋势，非土地节用型生产技术大多是早期发明的落后技术，其技术含量相对较低，若采用非土地节用型生产技术，不仅不会促进，反而会抑制企业生产技术水平和城市建设用地利用效率的增长。二是低廉的工业用地出让价格将助长土地使用者的技术创新惰性，这将严重弱化土地使用者的技术创新能力，阻碍企业的技术进步，抑制企业生产效率和土地利用效率的持续快速增长。

（三）策略性土地督察执法对城市建设用地利用效率的影响

按照诺斯的观点，正式制度、非正式制度和实施机制是制度的三大构成要件。一个制度不管是正式的还是非正式的，在其制定之后都面临着实施的问题，人们判断一个国家的制度是否有效，除了看这个国家的正式规则和非正式规则是否完善之外，更主要的是看其实施机制是否健全，离开了实施机制，任何规则（特别是非正式规则）都将“形同虚设”，“有法不依”比“无法可依”更坏（卢现祥，2010）。在现实生活中，制度总是由第三方来实施，对土地收益分配制度而言，国土资源管理部门和各大区土地督察局就是其实施机构，但需要特别说明的是，在现行土地督察管理体制条件下，法定土地督察机构（特别是省以下国土资源管理部门）的督察职能严重弱化，而地方政府凭借自己的财政权和人事权却执掌了大部分的土地督察管理职权，因此可以认为，地方政府才是事实上的土地督察执法机构。

地方政府土地督察执法不仅通过一般作用机理对城市建设利用效率产生显著影响，而且还通过土地督察执法策略的变更而表现出显著的门槛特征。

1. 土地督察执法强度对城市建设用地利用效率影响的一般作用机理

土地督察执法将通过如下两个渠道对城市建设用地利用效率产生显著影响：一是放松土地督察执法强度将加剧违法用地的盛行，严重扰乱土地的开发利用秩序，使得部分不相容的土地用途在地理位置上相互靠近，并引发严重的负外部性，这将恶化土地资源的空间配置状况，降低土地资源的空间配置效率。二是放松土地督察执法将加速城市蔓延，致使城市建设用地供应出现阶段性过剩，这将拉低土地出让价格，诱发土地的粗放利用和低效配置，抑制城市建设用地利用效率的持续快速增长。

2. 地方政府土地督察执法强度对城市建设用地利用效率影响的门槛效应

按照公共选择学派的观点，地方政府也有自己的利益，也追求利益最大化，为了增加土地出让收入，地方政府既可以加大土地督察执法力度，有效避免国有土地收益流失（彭佳雯等，2012），也可降低土地督察执法强度，放松土地督察执法尺度，攫取更多的非法土地利益。但在特定时期内，放松或加强土地督察执法的边际收益存在显著的差别，为了使得土地出让收入最大化，地方政府将会根据变化了的执法环境选择一个最优的土地督察执法策略，这将导致土地督察执法对城市建设用地利用效率的影响表现出明显的门槛效应。

具体而言，为了攫取更多的土地出让收入，地方政府将在土地出让收入分配制度的不同发展阶段采取不同的土地督察执法策略，选择不同的土地督察执法结构，进而产生不同的土地督察执法功效。在土地出让收入占比较低时，地方政府将采取“选择性”执法的土地督察执法策略，这严重恶化了土地督察执法结构，弱化了土地督察执法功效。当土地出让收入占比较高并超过一定临界值时，地方政府的土地督察执法策略将会发生显著的改变，由此前的“选择性”执法转为“普遍性”执法，真正做到“违法必究，执法必严”，对所有的违法用地行为都一视同仁。土地督察执法策略的转变将显著地改善地方政府的土地督察执法结构，提升了土地督察执法功效，促进了城市建设用地利用效率的持续快速增长。这主要是由于当土地出让收入占比较高时，城市工业化已基本完成，地方政府的招商引资需求开始降低，工业用地需求增速也开始放缓，地方政府土地出让收入偏好也发生了显著的变化，由此前的主要依靠间接土地出让收入转变为此时的主要依靠直接土地出让收入。因此，若此时依然采用“选择性”执法的土地督察执法策略，不仅会严重扰乱土地开发利用秩序，招致严重的国有土地收益流失，更关键的是还会严重阻碍区域产业结构转型升级和土地出让收入结构的变迁，抑制直接土地出让收入的增长。与此相反，加大土地督察执法强度不仅有利于避免国有土地收益流失，更关键的是有利于为土地出让收入结构变迁和产业结构转型升级创造良好的发展环境，推动区域产业结构转型升级和土地出让收入结构变迁，促进直接土地出让收入的持续快速增长。因此理性的地方政府都会选择“普遍性执法”的土地督察执法策略，对所有的违法用地行为一视同仁，真正做到“违法必究，执法必严”，这不仅有利于规范土地的开发利用秩序，改善土地资源的空间配置状况，提高土地资源的空间配置效率，而且还有利于抑制城市建设用地蔓延，推动土地出让价格回归正轨，并为土地使用者提供正确的激励，激励土地使用者主要通过加大研发投入，改进生产技术的方式来对冲土地使用成本的上涨，这将有效促进城市建设用地利用效率的持续快速增长。

（四）区域基础设施投资竞赛对城市建设用地利用效率的影响

土地出让收入可为城市基础设施建设提供强有力的资金支持，改善城市基础设施状况，提高城市经济系统的整体运行效率，促进城市建设用地利用效率的持续快速增长，但各地的“区域基础设施投资竞赛”将引发严重的区域基础设施投资过剩，降低区域基础设施及其所占土地的整体利用效率。

从土地出让收入中提取的城市维护建设资金的增加有利于促进城市维护建设基金规模的增长，进而可为城市基础设施建设提供强有力的财力支撑，加快城市基础设施建设，优化城市基础设施供给结构，丰富城市基础设施服务内容，提升城市基础设施服务质量，提高城市经济系统的整体运行效率，促进城市建设用地利用效率的持续快速增长。

但需要特别说明的是，在现行地方政府官员政绩考评体系的激励约束作用下，各地普遍陷入了“区域招商引资陷阱”，为了增强对工业资本的吸引能力，有效避免项目引入后无地可用的尴尬局面，各地普遍采用了“筑巢引凤”的招商引资策略和“先斩后奏”的土地开发利用模式，在工业资本入驻之前就提前兴建了各类工业园区、工业开发区、经济技术开发区和高新技术开发区等生产性基础设施。但在一定时期内，工业资本的总量是既定的，而地方政府对工业资本的需求是无限的，这就注定了只有少部分地区才能成为区域招商引资的“宠儿”，而其他地区都只是陪衬。对于成功吸引到工业资本入驻的地区而言，其前期基础设施投资支出都能得到有效的补偿，投资利益也能得到充分的保障，这不仅有利于促进城市政府基础设施投资建设的持续健康发展，而且还能有效防止新建基础设施的闲置浪费，并与旧的城市基础设施相互配合，发挥工业园区和其他土地分区基础设施的协同效应，促进整个城市建设用地利用效率的增长。但对那些未能成功吸引到工业资本入驻的地区而言，其提前兴建的基础设施将出现闲置浪费，这将严重扭曲城市基础设施投资结构，恶化基础设施及其所占土地的配置状况，抑制城市建设用地利用效率的持续快速增长。

二、土地使用者行为偏好对城市建设用地利用效率的影响

与地方政府相同，土地使用者也是土地出让收入分配制度的利益攸关方，但与地方政府不同的是，土地出让收入分配制度主要通过影响企业生产成本的方式来调节土地使用者的土地利用行为，进而决定最终的土地利用绩效。

（一）“成本倒逼”机制及其门槛效应

按照亚当·斯密的观点，地租与利润是相互对立的，地租的增加意味着企业生产成本的上涨和利润的减小，为了对冲地租上涨对企业生产成本造成的压力和对经营利润的蚕食，土地使用者将加大研发投入力度，加快先进适用技术的引进步伐，加速企业的技术进步，促进企业生产效率和土地利用效率的增长，这就是土地出让收入分配制度影响城市建设用地利用效率的“成本倒逼”机制。

但值得注意的是，根据发展经济学的观点，企业加大研发投入存在一定的门槛①，而按照西方经济学的观点，地租的上涨很可能只是一项“菜单成本”②，因此地租上涨或土地出让收入分配制度变革的“成本倒逼机制”很可能存在门槛

① 在研发投入达到一定水平后，企业若想通过研发活动进一步加速技术进步，就必须对研发投入结构做出系统性变革，这也意味着研发投入成本的系统性增加，只有当企业面临的成本压力超过一定临界值时，企业加大研发投入的收益才会超过研发投入的成本，企业才有条件跨越这一门槛。

② 菜单成本的本意为调整菜品价格后重新印刷菜单的成本，重新印制菜单的成本虽然低廉，但有时可能会得不偿失，因此西方经济学中常用菜单成本来指代微不足道，但却会对调整决策产生重要影响的调整成本，此处特指技术调整成本。

效应。这主要是由于地租的上涨或土地出让收入分配制度的变革不是一蹴而就的，而是一个渐进的过程，当地租上涨幅度较小时，地租对利润的蚕食程度较小，若直接加大研发投入或贸然引进先进适用技术将得不偿失。在此条件下，理性的土地使用者都不会贸然加大研发投入力度，而是保持现有的研发投入强度，任由上涨的地租对企业正常经营利润的蚕食，故该阶段地租的上涨并不会触发“成本倒逼机制”。更为甚者，在极端情况下，地租水平极低，土地要素的收益份额被其他要素挤占，这不仅不利于激发土地使用者的研发投入热情，甚至还会诱使土地使用者采用非土地节用型生产技术，而根据我国的技术进步发展趋势，非土地节用型生产技术大多是早期发明的落后技术，因此对非土地节用型生产技术的普遍采用不仅不会产生促进作用，反而会阻碍技术进步，抑制企业生产效率和土地利用效率的持续快速增长。只有当地租的累积上涨幅度超过某一临界值时，地租才会对企业的正常经营利润构成严重的威胁，此时土地使用者加大研发投入的收益才会超过成本，这将激发土地使用者的技术创新热情，触发显著的“成本倒逼机制”，诱使土地使用者加大研发投入力度，加快先进适用技术的引进步伐，推动企业技术进步，促进企业生产效率和土地利用效率的快速增长。

（二）土地出让收入分配制度与违法用地决策

违法用地是指未经批准擅自占用或交易土地的土地利用行为，前者如“未批先占”“少批多占”“批此占彼”“批劣占优”以及“以租代征”等，后者主要表现为绕开正规的土地交易市场，私下交易土地或违反土地交易法规交易土地等。土地非法交易将在“土地税收收益分配制度对城市建设用地利用效率影响的作用机理”部分进行介绍，本部分主要聚焦于非法占地这种违法土地利用行为对城市建设用地利用效率的影响。未经批准占用土地严重扭曲了土地增值收益分配关系，将部分本应由政府享有的土地收益通过非法占地的方式流入到非法占地者和农民、农村集体经济组织手中，这为土地使用者和农民、农村集体经济组织提供了错误的激励，诱使土地使用者和农民、农村集体经济组织采取错误的土地利用行为，并对城市建设用地利用效率产生了深远的影响。

从需求方面来看，非法占地将降低土地使用者的土地获取成本，增加非法占地需求，这不仅会诱发土地的粗放利用和低效配置，而且还会扰乱土地的空间开发利用秩序，降低土地资源的空间配置效率。具体而言，若非法占用的是城市存量土地，这将显著降低土地获取成本，在大多数情况下，非法占地都是免费的，这严重侵蚀了中央政府和地方政府的土地利益，扭曲了政府与土地使用者之间的土地收益分配关系，并为土地使用者提供了错误的激励，诱使土地使用者粗放利用土地资源，严重抑制了城市建设用地利用效率的增长。若非法占用的是新增建设用地，这将加速城市蔓延，加剧土地城市化对人口城市化的偏离，抑制城市建设用地利用效率的持续快速增长。此外，无论非法占用的是存量还是新增建设用地，均未经过政府城市规划管理部门的批准，因此，非法征占土地的实际用途很可能与城市规划要求的规划用途存在很大的差别，这不仅降低了城市规划的威权，致使城市规划形同虚设，更关键的是扰乱了城市土地的空间配置秩序，让不相容的土地用途在空间上相互靠近，引发了严重的外部不经济，恶化了城市土地的空间配置结构，降低了城市建设用地的空间配置效率。

从供给方面来看，非法占地将加速农地非农化进程，增加非法入市交易农地的供给数量。在非法占地条件下，农民和农村集体经济组织可直接与用地单位谈判，地方政府并不分享农地非农化的增值收益，因此农民和农村集体经济组织可获得比征地条件下更高的农地非农化增值收益。这将提高农民和农村集体经济组织增加非法直接入市交易土地供应数量的积极性，助推非法占地的发展，加速城市蔓延，加剧土地城市化对人口城市化的偏离，诱发土地的粗放利用和低效配置，抑制城市建设用地利用效率的持续快速增长。

更严峻的是，由于农地的乡城转换在经济上几乎是单向的，农地转为城市建设用地后将对我国的粮食安全、生态安全以及社会的和谐稳定构成严重的威胁，一旦违法用地规模过大，超过了城乡经济社会持续健康发展所能承受的限度，必将严重阻滞城市建设用地长期利用效率的增长。

与此同时，违法用地对城市建设用地利用效率的影响还可能存在显著的门槛效应。这主要是由于非法占地主体的组织结构将随土地出让收入分配制度的变革而发生显著的变化，当土地出让收入占比较低时，违法用地主体大多是那些土地利用效率相对较低、生产技术水平不高、创新能力和创新意识不强以及创新资源严重不足的劣质企业，但当土地出让收入占比超过一定临界值时，部分优质企业也将加入非法占地大军。这主要是由于通过研发投入来加速技术进步具有一定的门槛，一旦研发投入达到一定的水平，企业想要进一步加速技术进步就必须对研发投入结构做出系统性变革，如引进更高端的研发人才，购买更先进的研发设备等，这将导致研发成本的系统性增长。但从我国的研发实践来看，企业的研发资源极度匮乏且分布均衡，对大多数企业而言，其研发资源只能满足日常的研发投入需求，尚无法跨越加快技术创新、加大研发投入所需的研发投入门槛。因此，当土地使用成本上涨超过一定的临界值时，部分优质企业也开始面临研发投入资金的约束，在此生死存亡之际，部分优质企业将与劣质企业同流合污，主动投身非法占地的洪流，这严重恶化了违法占地主体的组织结构，加剧了违法用地的盛行，进一步扰乱了土地资源的空间配置秩序，恶化了土地资源的空间配置状况，降低了土地资源的空间配置效率。加速了土地城市化对人口城市化的偏离，诱发了土地资源的低效配置和粗放利用，进一步抑制了城市建设用地利用效率的增长。

第三节　土地税收对城市建设用地利用效率的影响机理分析

目前，我国开征的与土地直接相关的税收主要有五项，分别为：耕地占用税、城镇土地使用税、房产税、土地增值税和契税，其中耕地占用税属于土地获取环节的税种，城镇土地使用税和房产税属于土地保有环节的税种，而土地增值税和契税属于土地交易流转环节的税种。由于不同的土地税收环节和不同的税种，其调节对象和调节方式均存在很大的差异，这也就使它们影响城市建设用地利用效率的方式存在很大的不同。

一、耕地占用税影响机理分析

首先，耕地占用税可能会触发“成本倒逼效应”，促进企业生产效率和土地利用效率的持续快速增长。耕地占用税是土地获取成本的重要组成部分，是影响土地使用者技术行为的重要因素之一，耕地占用税收益分配制度的变迁将会对土地使用者土地利用技术的选择产生显著的影响。具体而言，耕地占用税税负的提升将增加用地单位的用地成本，这将倒逼用地单位加大研发投入力度，加快先进适用技术的引进力度，促进技术水平的有效提升，刺激城市建设用地利用效率的持续快速增长。

其次，耕地占用税还有利于合理引导土地开发利用模式的变迁，加速存量土地盘活，提高存量土地的配置和利用效率。与存量建设用地相比，通过征占耕地的方式来满足城市经济社会发展的建设用地需求须支付额外的费用，这拉大了新增建设用地与存量建设用地使用成本的差距，并将改变城市土地开发利用模式，诱使土地使用者更多地使用存量土地，而不是新增建设用地。土地开发利用模式的有利变迁将抑制耕地征占和城市建设用地规模扩张，缩小土地城市化对人口城市化的偏离，避免土地的粗放利用和低效配置，促进城市建设用地利用效率的持续快速增长。与此同时，对存量土地的偏好将有效改善存量土地的配置状况，提高存量建设用地的配置和利用效率。

最后，耕地占用税有利于提高农民保护耕地的积极性，抑制地方政府肆意征占耕地的冲动，延缓城市建设用地规模扩张，促进城市建设用地利用效率的持续快速增长。耕地占用税征收的目的是保护耕地，城市非农建设占用耕地缴纳的耕地占用税全额用于支援农村建设，保护农村耕地，这有利于改善农村基础设施状况，提高农业生产力，促进农民增收，激发农民从事农业生产和保护耕地的积极性，增强农民对抗地方政府肆意扩张城市建设用地的经济动力，这将有效抑制城市建设用地规模的肆意扩张，延缓耕地征占，避免土地的粗放利用和低效配置，促进城市建设用地利用效率的持续快速增长。

二、城镇土地使用税影响机理分析

首先，城镇土地使用税也会倒逼土地使用者加大研发投入力度，加快先进适用技术的引进步伐，加速技术进步，促进用地单位生产效率和土地利用效率的持续快速增长。

其次，城镇土地使用税有利于引导土地开发利用模式变迁，抑制城市建设用地规模扩张，提高房屋开发密度和集约利用水平，促进城市建设用地利用效率的增长。城镇土地使用税是从量计征，使用的数量越多，需要缴纳的城镇土地使用税也就越多，这将诱使土地使用者转变土地开发利用方式，减少土地使用数量，提高土地开发密度，抑制城市建设用地规模扩张，减缓土地城市化对人口城市化的偏离，有效避免土地的粗放利用和低效配置，促进城市建设用地利用效率的增长。

最后，城镇土地使用税可有效调节级差收益，优化土地资源的空间配置结构，提高土地资源的空间配置效率。虽然城镇土地使用税采用的是从量计征，但实行的是有差别的定额幅度税率，不同规模等级的城市之间以及同一城市不同区位之间的城镇土地使用税税率均存在一定的差别，这有利于调节土地的级差收益，优化不同规模等级城市之间以及同一城市不同区位之间土地资源的空间配置结构，促进全国和城市整体土地资源空间配置效率的增长。

三、房产税影响机理分析

首先，房产税会加大土地使用者的土地保有成本，这将诱发显著的“成本倒逼效应”，促进技术进步，推动企业生产效率和土地利用效率的持续快速增长。与城镇土地使用税一样，房产税也会增加用地单位的保有成本，这将倒逼企业进行生产技术转型升级，加大研发投入力度，加快先进适用技术的引进力度，这有利于加快技术进步，加速用地单位生产技术水平的有效提升，促进用地单位生产率和土地利用效率的持续快速增长。

其次，房产税将降低土地开发利用强度和集约利用水平，抑制城市建设用地利用效率增长。由于我国现行房产税税制实行的是从租计征和从价计征相结合的混合税制，租金收入越高，房屋余值越大，房产税税负越重，这将改变土地使用者的土地利用强度，诱使土地使用者减少土地投资，这将降低土地的集约利用水平，抑制城市建设用地利用效率的增长。

再次，房产税还会加重土地持有成本，抑制土地投资投机，减少土地囤积，避免土地闲置浪费，优化土地资源配置结构①，矫正土地资源配置扭曲，促进城市建设用地利用效率的增长。

最后，房产税有利于公平社会财富分配，刺激消费增加，城市经济增长和城市建设用地利用效率的有效提升。从税收性质的角度而言，房产税属于财产税，但由于我国的金融市场并不发达，投资渠道较少，房地产作为为数不多的优质投资标的，自其市场化以来就吸引了众多居民的目光，成为居民闲余资金的重仓持有对象。但相比较而言，富人的房产数量多、房产价值高，而穷人的房产数量少、价值低，通过开征房产税有利于调节社会的财富分配状况，缩小收入差距，刺激消费需求的增加，促进城市经济和城市建设用地利用效率持续快速增长。

四、土地增值税影响机理分析

首先，土地增值税是国家凭借公共管理者的身份参与土地增值收益分配的经济表现形式，土地增增值税有利于降低土地投机收益，抑制土地投机需求，减少土地囤积，避免土地闲置浪费，促进城市建设用地利用效率增长。

其次，土地增值税有利于提高城市投资建设的持续发展水平，完善国有土地使用功能，促进城市建设用地利用效率持续快速增长。土地增值税是国家回收土地投资的重要渠道。一方面，合理的土地增值税收益分配制度有利于保障土地自然增值的有效回收，并为地方政府的城市投资建设提供强有力的资金支持，促进城市政府投资建设的持续健康发展，使城市基础设施能够及时地更新和完善，提高城市经济系统的整体运行效率，促进城市建设用地利用效率的持续快速增长。另一方面，合理的土地增值税收益分配制度还有利于缓解地方政府城市建设的财政压力，改变城市投资建设的资金来源结构，降低土地出让收入等预算外收入所占比重，减轻地方政府城市建设用地规模扩张压力，延缓城市建设用地规模扩张，缩小土地城市化对人口城市化的偏离，避免土地的粗放利用和低效配置，促进城市建设用地利用效率的持续快速增长。但值得警惕的是，过高的土地增值税将会抑制土地的正常交易流转，固化土地资源的扭曲配置现状，恶化土地资源的

① 此处的配置结构是指土地资源在不同用途间的配置状况，即土地资源在投机用途与生产性用途之间的配置状况。

配置结构，降低土地资源的配置效率。与日本不同，我国的土地增值税征收依据是土地增值额，并未考虑交易土地持有时间的长短，因此也就无法有效区分土地投机需求和正常交易需求，故在打击土地投机需求的同时，也加重了土地交易成本，抑制了土地的正常交易流转，固化了土地资源的扭曲配置结构，降低了土地资源的配置和利用效率。

最后，土地增值税还会刺激城市建设用地规模扩张，加剧土地城市化对人口城市化的偏离，诱发土地的粗放利用和低效配置，抑制城市建设用地利用效率的持续快速增长。过高的土地增值税在抑制存量建设用地交易流转、降低存量建设用地配置和利用效率的同时也会刺激新增建设用地需求的增长，这显著地改变了土地的开发利用模式，加剧了土地城市化对人口城市化的偏离，诱发了土地的粗放利用和低效配置，抑制了城市建设用地利用效率的持续快速增长。

五、契税影响机理分析

与土地增值税一样，契税也是土地交易流转环节的税种，但与土地增值税不同的是，契税是以土地房产交易价格为依据，全价计征，土地房产交易价格越高，契税税负也就越重，因此契税对城市建设用地利用效率的影响主要通过调节土地交易成本的方式得以发挥。过高的契税税率将增加存量建设用地的交易成本，抑制存量建设用地的交易流转，固化存量建设用地的扭曲配置现状，恶化存量建设用地的配置结构，抑制存量建设用地利用和配置效率的增长。

契税收益分配制度还会改变城乡土地的开发利用模式，这不仅会降低新增建设用地的配置和利用效率，而且还会抑制存量建设用地配置效率的有效提升。具体而言，契税税负过高将提高存量建设用地的交易成本，扩大存量建设用地与新增建设用地的获取成本差距，诱使土地使用者更多地采用新增建设用地而不是存量建设用地，这将刺激新增建设用地需求的增长，加剧城市建设用地规模扩张，加速土地城市化对人口城市化的偏离，抑制新增建设用地整体利用效率的增长。

六、土地税收与违法用地交互作用机制

合理的土地税收收益分配制度有利于充分发挥其经济杠杆作用，引导土地利益相关者的土地利用行为朝着预期的目标前进，优化土地资源的配置结构，提高土地资源的配置和利用效率。而不合理的土地税收收益分配制度将会为土地利益相关者提供错误的激励，诱使土地利益相关者采取错误的土地利用行为，这将扭曲土地资源的配置结构，抑制土地资源配置和利用效率的增长。

土地增值税和契税过高可能会刺激非法交易（这主要是由于土地增值税和契税的名义税率过高将会给土地使用者造成沉重的心理负担，而为了减轻这种心理负担，部分土地使用者就会铤而走险，采取非法交易），这不仅会增加交易成本，降低交易效率，降低存量建设用地的配置和利用效率，而且还会刺激新增建设用地需求增长，诱发土地的粗放利用和低效配置，抑制新增建设用地的配置和利用效率的增长。

一方面，由于非法交易大多是在“地下”进行，没有正规交易场所，也不敢公开竞价交易，大多只在熟人或中间人之间展开，这极大地限制了土地资源的交易范围，降低了土地资源的配置效率。与此同时，非法交易缺乏完善的实施机制，这就使得土地交易双方都需要花费巨额的预防性交易成本，浪费了交易资源，降低了交易效率，挤占了其他行业的投资，抑制了城市建设用地利用效率的持续快速增长。

另一方面，土地增值税是国家回收城市投资的重要渠道之一，土地非法交易将会导致国有土地收益流失，致使地方政府城市投资回收渠道受阻。这将损害地方政府城市投资建设的持续发展能力，地方政府城市建设投资迟迟得不到有效补偿，这不仅会阻碍新基础设施的投资建设，而且还会阻碍旧城市基础设施的有效更新，严重弱化了城市国有土地使用功能，降低了城市经济系统的整体运行效率，抑制了城市建设用地利用效率的持续快速增长。

第四节 制度间的交互作用对城市建设用地利用效率的影响机理分析

土地出让收入分配制度和土地税收收益分配制度同为我国土地收益分配制度体系的重要组成部分，对于调节土地收益分配结构，引导土地开发利用行为都发挥了重要作用。但从我国土地出让收入分配制度的发展现状来看，土地出让收入的体量较大，占城市非农产业产值的比重相对更高，2004~2014 年我国土地出让收入约为土地税收收入的 4.32 倍。更关键的是，中央政府对土地出让收入的收支监管较为松散，地方政府对土地出让收入拥有较大的自主支配权，地方政府主政官员可较为容易地根据自己的政绩现实意愿来支取土地出让收入。与此相反，土地税收不仅规模相对更小，而且还面临着严格的预算监管，地方政府只能根据预算用途来支取土地税收，对地方政府政绩现实的贡献较小。二者所面临的监管条件的差异决定了地方政府对土地出让收入的偏爱要甚于土地税收，在此条件下，为了获取更多的土地出让收入，地方政府就可能会对土地税收收益分配制度提出额外的要求，并将损害土地税收资源配置功效的独立性。

首先，土地出让收入分配制度可能会弱化耕地占用税对耕地征占和城市建设。一方面，用地规模扩张的抑制作用，加剧耕地占用税对城市建设用地利用效率的抑制作用。虽然耕地占用税最终由土地使用者承担，但却先由地方政府在办理农地转用手续时提前代为缴纳，这对地方政府而言也是一笔不小的额外开支，因此为了降低城市建设用地规模扩张成本，地方政府就会想方设法地降低耕地占用税税率，这将间接降低土地获取成本，刺激新增建设用地需求的增长，促进土地出让收入的快速增长，与此同时，也就会弱化耕地占用税的资源配置功效，阻碍耕地占用税对耕地征占行为的调节作用的有效发挥。另一方面，耕地占用税收益分配制度很可能会沦为地方政府快速征占耕地、盲目扩大城市建设用地面积、获取更多土地出让收入的“遮羞布”和“挡箭牌”，这将刺激城市蔓延，抑制城市建设用地利用效率的增长。在没有建立耕地占用税收益分配制度之前，地方政府可能会慑于社会压力而不敢盲目扩大城市建设用地面积，但在建立了耕地占用税收益分配制度之后，地方政府就可以将耕地征占行为合法化，在缴纳了耕地占用税之后，地方政府就可以堂而皇之地征占耕地，因此耕地占用税不仅不能抑制，反而会刺激耕地征占数量的增长，这将加快城市建设用地规模扩张，加剧土地城市化对人口城市化的偏离，拉低新增建设用地出让价格，诱发土地的粗放利用和低效配置，抑制了城市建设用地利用效率的增长。

其次，为了刺激商住物业和商住用地需求的增长，地方政府就会极力阻挠房产税试点扩围，更遑论支持房产税的普遍开征。这将扭曲国家与土地使用者之间的土地收益分配关系，阻塞土地自然增值的回收渠道，降低地方政府城市投资建设的持续发展能力和发展水平，使得城市基础设施建设，特别是部分老城区的城市基础设施建设长期得不到及时有效的更新，严重弱化了这些地区的城市国有土地使用功能，降低了城市建设用地利用效率。更关键的是，城市投资建设资金回流受阻将加剧地方政府对土地出让收入的依赖，强化地方政府盲目扩大城市建设用地规模扩张的冲动，抑制城市建设用地利用效率的增长。除此之外，房产税的弱化还将降低土地投机成本，扭曲地方政府与土地投机者之间的土地收益分配关系，将部分本应由地方政府代表社会公众享有的土地自然增值收益流入到房产投机者手中，这增加了土地房产投机者的投机收益，并为土地投机者提供了错误的激励，诱使土地房产投机者加大投机力度，加剧了土地囤积，引发了土地资源的闲置，直接降低了土地资源的利用效率。

再次，土地增值税也是土地出让收入分配制度的挟持对象。为了抬高商住用地出让价格，刺激商住用地交易市场的繁荣和商住用地需求的增长，地方政府并不会严格执行土地增值税税收征管政策，而是会为土地投机大开方便之门，如延迟土地增值税汇算清缴时间、违规增加抵扣项目、提高抵扣比例等。更为甚者，为了搞活本地房地产市场，提高土地出让收入，地方政府甚至还对投资投机资本持欢迎态度，通过制定各种优惠政策措施主动吸引投资投机资本进入，这决定了在土地出让收入分配制度的权威之下，土地增值税收益分配制度难以保持自身的独立性，而只能委曲求全，配合和服从地方政府土地出让收入最大化目标的实现，这将在一定程度上加剧土地房产投机的盛行，引发更为严重的土地房产囤积，严重恶化了土地资源的配置状况，降低了土地资源的配置和利用效率。

最后，契税作为我国土地税收体系的主体税种，更是难免落入被土地出让收入分配制度挟持的命运。为了刺激商住用地需求的增长，攫取更多的土地出让收入，地方政府一方面会适时有限度地降低契税税率，这有利于降低建设用地的交易成本，促进存量建设用地的交易流转，改善存量建设用地的配置状况，提高存量建设用地的配置效率。但由于我国土地二级交易市场并不发达，新增土地需求大多是通过土地出让市场得以解决，而在土地出让市场的土地供应结构当中，新增建设用地又是其供应的主体，因此契税税率的降低在刺激少量存量建设用地交易流转的同时，也极大地促进了新增建设用地需求的增长，这将加剧城市建设用地规模扩张和城市建设用地供应的相对过剩，拉低土地出让价格，诱发土地的粗放利用和低效配置，抑制了城市建设用地利用效率的增长。另一方面，为了固化存量建设用地交易流转，刺激新增建设用地需求的增长，地方政府就会制定一个较高的契税税率，即使是在房地产低迷时期，地方政府也不会让契税税率下降太多，而是保持在一个较高的水平。因此，总体而言，地方政府对土地出让收入最大化的追求将导致契税税率具有较强的向下调整刚性，这将增加土地的交易流转成本，固化存量建设用地的扭曲配置现状，抑制存量建设用地配置和利用效率的持续快速增长。

第六章　土地收益分配制度对城市建设用地利用效率影响的实证分析

第五章主要分析了农地发展权收益分配制度、土地出让收入分配制度、土地税收收益分配制度以及土地出让收入和土地税收收益分配制度的交互作用对城市建设用地利用效率的影响机理，本章主要采用空间计量、门限回归和普通计量模型等现代化计量方法和手段对土地收益分配制度影响城市建设用地利用效率的各作用机理进行实证检验。

第一节　农地发展权收益分配制度对城市建设用地利用效率影响的实证分析

新增建设用地供应计划和超计划用地是我国农地发展权收益分配制度体系的重要组成部分，由于这两种制度安排的配置机制迥异，激励结构不尽相同，这就使他们对土地利益相关者土地利用行为的影响方式也就存在很大的差异。其中，新增建设用地供应计划农地发展权收益分配制度主要通过影响规模效率的方式来对城市建设用地利用效率施加影响，而超计划用地则主要通过空间外溢效应渠道来抑制城市建设用地利用效率的有效提升。为了验证上述作用机理是否真的存在，分别对其做了实证检验。

一、新增建设用地供应计划对城市建设用地利用效率影响的实证检验

新增建设用地供应计划是我国主流的农地发展权收益分配制度安排，采用的是“以上为主，上下结合”的配置模式，但在计划制订和分配过程中大城市和小城市之间可能存在着激烈的虚假申报博弈，致使新增建设用地供应计划存在严重的配置扭曲，在博弈均衡条件下，大城市分得的指标偏多，而小城市分得的指

标偏少，新增建设用地供应计划指标的配置结构与城市的规模报酬结构背道而驰，引发了严重的规模效率损失，抑制了新增建设用地配置和利用效率的持续快速增长。

（一）门限模型设定

为验证大城市和小城市的新增建设用地供应计划是否存在配置扭曲，此处构建了一个以新增建设用地供应计划为反应变量，城市规模为门限变量，城市建设用地利用效率为被解释变量，其他变量为控制变量的门限面板模型，具体设定如下：$\ln tfp_{it}=\alpha_i+\alpha_1*I_1*xzgy_{it}(scale_{it}<\gamma)+\alpha_2*I_2*xzgy_{it}(\gamma_1\leqslant scale_{it}<\gamma_2)+\alpha_3*I_3*x_{it}(scale_{it}\geqslant\gamma_2)+\beta X+\xi_{it}$；$\beta=(\beta_1,\ \beta_2,\ \beta_3,\ \beta_4,\ \beta_5,\ \beta_6,\ \beta_7,\ \beta_8)$；$X=(\ln income,\ \ln dense,\ \ln market\ \ln structure,\ \ln rd,\ \ln land,\ \ln^2 land,\ \ln^2 dense)'$。

式中，scale 为门限变量，表示城市规模，用各省份市辖区年平均人口来表示；xzgy 为反应变量，表示新增建设用地供应计划收益分配制度，由于获批农地转用数量是实际变量，具有时空可比性，因此本书直接采用各省份历年获批的农地转用数量来作为新增建设用地供应计划收益分配制度的一个量度。I 为示性函数，其取值规则如下：当 $scale_{it}<\gamma$ 时，I_1取 1，否则取 0；当 $\gamma_1\leqslant scale_{it}<\gamma_2$ 时，I_2取 1，否则取 0；当 $scale_{it}\geqslant\gamma_2$ 时，I_3取 1，否则取 0。X 为除 xzgy 变量以外的其他解释变量，各控制变量的具体含义如下：

dense 为人口密度，用市辖区年平均人口与城市建成区面积之比来表示。人口密度是土地集约利用水平的一个量度，人口密度越大，土地集约利用水平也就越高，土地资源利用效率也就越高，但当人口密度超过一定限度时，将会产生严重的拥挤效应，如交通拥堵、环境污染以及公共基础设施过载等，这将抑制城市经济增长，降低土地资源的利用效率，因此人口密度对城市建设用地利用效率的影响很可能是非线性的。

income 为人均收入，用市辖区非农产业 GDP 与年平均人口之比来表示，人均收入越高，城市居民的素质也越高，发展理念也越成熟，对集约利用土地资源的要求也就越强。在日常的生产生活过程中，不仅居民自身会加强土地的集约利用，而且还会对他人的土地利用行为提出更高的要求，这有利于形成集约利用土地的社会文化环境，促进城市整体土地利用效率的持续快速增长。此外，随着收入水平的提高，居民的消费能力也日益增强，这有利于刺激消费需求的增长，提高现有土地的利用强度，避免土地资源的闲置和低效利用。更关键的是，随着收入水平的提高，居民对精神商品的需求也会不断增多，而与物质商品相比，精神商品的生产和消费都无须那么多的土地空间，因此收入提高所引发的消费结构转型将有利于促进土地利用结构转型，推动城市建设用地利用效率持续上涨。因此可以预计，income 变量对城市建设用地利用效率的影响为正。

market 表示土地出让市场的市场化程度。土地市场化程度主要表现为土地价格的市场决定程度、土地资源的市场化配置程度和土地市场信息的公开程度（容志，2011），考虑到数据的可获得性，本书从土地资源市场化配置程度的角度来测度土地出让市场的市场化程度。借鉴张志辉（2014）的研究结论，在计算城市土地出让市场的市场化程度时，将划拨、协议出让和招拍挂的市场化权重系数分别设为 0、0.3 和 1，则城市土地出让市场的市场发育程度用公式可表示为：$Market = \frac{\sum_{i=1}^{3} u_i * Land_i}{\sum_{i=1}^{3} Land_i}$。式中，$u_i$ 和 $Land_i$ 分别表示市场化权重系数和采用第 i 类供地方式供应的城市建设用地面积。

structure 表示产业结构，用市辖区第三产业和第二产业产值之比来表示，与第二产业相比，第三产业的土地利用方式更加集约，在总产出一定的情况下，第三产业和第二产业产值之比越高，土地资源的集约利用水平和利用效率也就越高，故可以预计，structure 对城市建设用地利用效率的影响为正。

rd 表示研发资本存量，研究与实验开发是我国技术进步的重要源泉之一，研发投入的增加有利于推动技术进步，促进生产技术水平的提升和城市建设用地利用效率的增长，因此可以预计 rd 对城市建设用地利用效率的影响为正。

（二）门限回归模型估计过程和门限效应检验原理

单门限回归模型计量过程的简要步骤如下：首先，按门限变量从小到大的顺序对样本进行排序，然后，去掉样本前 η% 和后 η% 部分的样本（排除异常值干扰），再对其余样本按从小到大的顺序顺次搜索，找出使残差平方和最小的门限值嫌疑点，并通过构造 LM 统计量和 LR 统计量来对门限效应的存在性和门限值的稳定性进行检验。

其中 LM 统计量 $F = \frac{(S(0)-S(\hat{\gamma}))}{\hat{\sigma}^2}$（式中，$S(0)$ 和 $S(\hat{\gamma})$ 分别表示普通 OLS 模型和单一门限值模型的回归残差平方和，$\hat{\sigma}^2$ 为单一门限回归模型误差项方差的估计值），LR 统计量 $\chi^2 = \frac{s(\gamma)-s(\hat{\gamma})}{\hat{\delta}^2}$（式中，$\hat{\gamma}$ 和 γ 分别表示门限值的估计值和真实值）。由于在不存在门限效应的原假设条件下，LR 统计量的卡方分布为非标准分布，因此 Hansen（1996）建议采用 Bootstrap 法对其经验分布进行模拟，并将其作为门限效应稳定性检验的统计推断标准，当 $T \to \infty$ 时，$LR(\gamma) \to \xi$，而 ξ 服从分布 $p(x<\xi) = (1-e^{-\frac{x}{2}})^2$。

对于双门限效应的检验，除重复单门限效应检验的所有步骤之外，还需做如下检验：一是在固定第一门限值 $\hat{\gamma}_1$ 的条件下继续搜寻使模型回归残差平方和最小的第二门限值 $\hat{\gamma}_2$，并用 LM 统计量和 LR 统计量对双门限效应的存在性和稳定性进行检验。二是固定第二门限点 $\hat{\gamma}_2$，并对第一门限点 $\hat{\gamma}_1$ 进行回检，只有同时通过双门限存在性、稳定性检验和第一门限点回检时才能拒绝最多只存在一个门限效应的原假设。第三及以上门限效应检验的检验过程以此类推。

（三）数据处理

由于《中国科技统计年鉴》中公布的只是每年新增的研发投资数据，而不是研发资本存量，因此，需要采用一定的方法对其进行估计。本书采用了如下估计方法。

首先，假定固定资本服从式（6-1）中累积迭代模式：

$$RD_t = rd_t + (1-\delta)\ RD_{t-1} \tag{6-1}$$

式（6-1）中，rd 为每年新增研发投资，RD 为研发资本存量，δ 为折旧率。

其次，假定在较长时期内研发资本存量的增长率与新增研发投资的增长率相等，如式（6-2）所示。

$$\frac{RD_t}{RD_{t-1}} = \sqrt[t-1]{\frac{rd_t}{rd_1}} = 1+g \tag{6-2}$$

再次，将 rd_t 代入式（6-2），求出 g，经整理后可得式（6-3）。

$$RD_t = RD_{t-1}\ (1+g) \tag{6-3}$$

最后，将式（6-3）代入式（6-1），并令 t=1，经整理后可得式（6-4）。

$$RD_0 = \frac{rd_1}{\delta+g} \tag{6-4}$$

取 δ=10%，并将初始研发资本存量 RD_0 代入式（6-1）进行累计迭代便可得到历年的研发资本存量。

与物质资本不同，研发资本是人力资本与物质资本的混合体，因此其平减指数的构造就不能直接采用固定资产投资价格指数，而是需要充分顾及研发资本特有的资本结构特征，将人力资本因素纳入指标构造考虑范围。考虑到人力资本的价值主要以研发人员报酬的形式得以体现，并通过研发人员日常消费的方式流入市场，故此处直接采用消费价格指数与固定资产投资价格指数来构造研发资本平减指数。借鉴朱平芳等（2003）的研究结果，分别将固定资产投资价格指数和消费价格指数的权重系数设为 0. 45 和 0. 55，即 RDPI=0. 45KPI+0. 55CPI。RDPI 表示以 2000 年为基准的研发投资平减指数，CPI 和 KPI 分别表示以 2000 年为基准的消费价格指数和固定资产投资价格指数。人均收入已用 GDP 平减指数统一调整至以 2000 年为基准的可比水平。

（四）模型估计和检验

利用我国 29 个省份 2004~2014 年相关数据，根据 Hansen 提出的门限效应检验和门限模型估计原理，运用 Stata 12.0 软件，对新增建设用地供应计划农地发展权收益分配制度门限回归模型进行了计量分析，具体检验结果如表 6-1 所示，估计结果如表 6-2 所示。

表 6-1　门限效应检验结果（农地发展权收益分配制度）

<table>
<tr><th rowspan="2">门限变量</th><th rowspan="2">反应变量</th><th rowspan="2">原假设</th><th rowspan="2">门限值嫌疑点</th><th colspan="2">门限效应存在性检验</th><th colspan="2">门限点稳定性检验</th><th rowspan="2">结论</th></tr>
<tr><th>LM 统计量值</th><th>p 值</th><th>LR 统计量值</th><th>5% 临界值</th></tr>
<tr><td rowspan="3">城市人口规模</td><td rowspan="3">新增建设用地供应计划指标</td><td>不存在门限效应</td><td>1821. 577 万人</td><td>10. 393</td><td>0. 003</td><td>0. 000</td><td>7. 352</td><td>拒绝</td></tr>
<tr><td>最多只存在一个门限效应</td><td>1111. 567 万人
1821. 577 万人</td><td>10. 061</td><td>0. 006</td><td>1. 594</td><td>7. 352</td><td>拒绝</td></tr>
<tr><td>最多只存在两个门限效应</td><td>565. 405 万人
1821. 577 万人
[428. 865 万人]</td><td>10. 313</td><td>0. 007</td><td></td><td></td><td>接受</td></tr>
<tr><td rowspan="2">超计划用地普及率</td><td rowspan="2">超计划用地面积</td><td>不存在门限效应</td><td>18. 9 %</td><td>6. 994</td><td>0. 003</td><td>0. 000</td><td>7. 352</td><td>拒绝</td></tr>
<tr><td>最多只存在一个门限效应</td><td>20. 7%
18. 9 %</td><td>1. 453</td><td>[0. 119]</td><td>0. 156</td><td>7. 3532</td><td>接受</td></tr>
</table>

注：LM 检验基于 5%的显著性水平，“□”内的数值表示触发接受原假设的关键点。

表 6-2　农地发展权收益分配制度对城市建设用地利用效率影响的实证结果

被解释变量：城市建设用地利用效率	新增建设用地供应计划	超计划用地			
	门限回归模型	空间 Durbin 模型		门限回归模型	
income	0. 1 ** (0. 040)	income	0. 08 *** (0. 029)	income	0. 106 *** (0. 040)

续表

被解释变量：城市建设用地利用效率	新增建设用地供应计划	超计划用地			
	门限回归模型	空间 Durbin 模型		门限回归模型	
dense	0.491** (0.216)	dense	0.207*** (0.586)	dense	0.49** (0.222)
market	-0.021 (0.022)	market	0.021 -（0.02）	market	-0.02 (0.023)
structure	0.11*** (0.038)	structure	0.036*** (0.117)	structure	0.094** (0.042)
rd	0.059** (0.029)	rd	0.027 (0.033)	rd	0.039 (0.029)
land	-1.904*** (0.364)	land	0.336*** (0.169)	land	-1.768*** (0.383)
$land^2$	0.125*** (0.027)	$land^2$	0.025*** (0.116)	$land^2$	0.115*** (0.028)
$dense^2$	-0.035** (0.015)	$dense^2$	0.015*** -（0.041）	$dense^2$	-0.034** (0.016)
XZGY1	-0.008*** (0.005)	θ	-0.025* (0.013)	CJH1	-0.005* (0.009)
XZGY2	0.02*** (0.017)	ρ	0.074 (0.063)	CJH2	-0.009** (0.009)
XZGY3	-0.025* (0.018)				
R^2			0.297		
Hausman 值			27		
p 值			0.001		

注："***""**""*"分别表示在1%、5%和10%的显著性水平下显著，"（）"内的数值为标准误。

1. 门限效应检验

从表6-1可以看出，新增建设用地供应计划门限回归模型的第一门限值嫌疑点为 1821.577 万人，存在性检验 LM 统计量的 F 值为 10.393，对应的 p 值为 0.003，这说明，随着城市规模的不断变化，新增建设用地供应计划农地发展权收益分配制度对城市建设用地利用效率的影响很可能是非线性的。但值得注意的是，第一门限值嫌疑点 1821.577 万人并不是真实的样本点，而是为了简化检测过程人为设置的分位点，因此还需对估计的门限值与样本中真实存在的门限值是否存在显著差异做进一步检验。从稳定性检验的检验结果可以看出，LR 统计量的卡方值为 0，小于 5%的临界值 7.352，这说明采用网格搜寻法得到的门限值与真实的门限值在统计上并无显著差别。故综合存在性和稳定性检验的检验结果可以判定，应该拒绝新增建设用地供应计划对城市建设用地利用效率的影响不存在门限效应的原假设。

为进一步确定门限点的个数，还需对其做进一步的检验，如表 6-1 所示，从双门限效应的检验结果可以看出，第二门限值嫌疑点为 1111.567 万人，门限效应存在性检验 LM 统计量的 F 值为 10.061，对应的 p 值为 0.006，这说明新增建设用地供应计划农地发展权收益分配制度对城市建设用地利用效率的影响可能存在双门限效应。与此同时，稳定性检验 LR 统计量的卡方值为 1.594，小于 5%的临界值 7.352，这说明第二门限值嫌疑点与真实的门限值在统计上并无显著差别。此外，回检得到的第一门限值也为 1821.577 万人，与第一阶段得到的第一门限值完全相等。因此，综合双门限效应检验的存在性、稳定性和回检结果可以综合判定，应拒绝新增建设用地供应计划农地发展权收益分配制度对城市建设用地利用效率的影响最多只存在一个门限效应的原假设。

为确定新增建设用供应计划农地发展权收益分配制度对城市建设用地利用效率的影响是否存在三门限效应，仍需做进一步的检验。与前面的检验结果类似，三门限效应检验结果依次通过了存在性检验和稳定性检验，但回检得到的第二门限点为 428.865 万人，与第二阶段得到的第二门限点 1111.567 万人并不相同，因此应接受只存在两个门限点的原假设。

综合单门限、双门限和三门限的检验结果可以判定，受城市规模的调节，新增建设用地供应计划农地发展权收益分配制度对城市建设用地利用效率的影响存在显著的双门限效应，两个门限点分别为 1111.567 万人和 1821.577 万人。

2. 门限回归模型的估计及结果分析

利用我国 29 个省份 2004~2014 年相关数据，采用 Stata 12.0 软件，对新增建设用地供应计划门限回归模型进行了计量分析，具体估计结果如表 6-2 所示。

从新增建设用地供应计划双门限模型的估计结果可以看出，除市辖区人口规模在 1111.567 万~1821.577 万人的省份之外（XZGY2），其余省份的新增建设用地供应计划均显著地抑制了城市建设用地利用效率的增长。

具体而言，XZGY1 的系数估计结果在 1%的显著性水平下高度显著，符号为负，弹性系数为-0.008，这说明市辖区人口规模小于 1111.567 万人的省份，其新增建设用地供应计划农地发展权收益分配制度显著地抑制了城市建设用地利用效率的增长，分配给其新增建设用地供应计划指标每提高 1 个百分点，将会导致其城市建设用地利用效率下降 0.008 个百分点。与此同时，XZGY3 的系数估计结果也在 5%的显著性水平下高度显著，符号为负，弹性系数为-0.025，这说明市辖区人口规模超过 1821.577 万人的省份，其新增建设用地供应计划农地发展权收益分配制度也显著地抑制了城市建设用地利用效率的增长，与市辖区人口规模小于 1111.567 万人的省份相比，其抑制作用显著增强。此外，XZGY2 的系数估计结果也通过了 1%的显著性检验，符号为正，弹性系数为 0.02，这说明，市辖区人口规模介于 1111.567 万人和 1821.577 万人的省份，其新增建设用地供应计划农地发展权收益分配制度有效地促进了城市建设用地利用效率的增长，分配给中等人口规模省份的新增建设用地供应计划指标每提高 1 个百分点，将可有效促进其城市建设用地利用效率提升 0.02 个百分点。

综上所述，新增建设用地供应计划农地发展权收益分配制度对城市建设用地利用效率的影响存在显著的省际差异。只有中等人口规模的省份，其新增建设用地供应计划农地发展权收益分配制度才相对合理，而人口规模较大和较小的省份，其新增建设用地供应计划农地发展权收益分配制度都存在不同程度的扭曲，且人口规模更大的省份，其新增建设用地供应计划农地发展权收益分配制度的扭曲程度更高，对城市建设用地利用效率的抑制作用更强。

该模型的政策含义是，我国现行新增建设用地供应计划存在严重的配置扭曲，对大城市而言更是如此，因此应改进新增建设用地供应计划分配办法，调整新增建设用地供应计划的分配机制，降低大城市在新增建设用地供应计划分配体系中的地位和作用，适当提高中小城市在新增建设用地供应计划分配体系中的话语权。适时建立新增建设用地供应计划指标交易市场，合理引导新增建设用地供应计划指标交易流转，通过市场手段矫正新增建设用地供应计划的初始扭曲配置现状，充分发挥新型新增建设用地供应计划农地发展权收益分配制度的引导作用，促进新增建设用地配置和利用效率的持续快速增长。

二、超计划用地对城市建设用地利用效率影响的实证检验

超计划用地是与新增建设用地供应计划相对的农地发展权收益分配制度安排，从制度的性质来看，超计划用地属于非正式制度安排。

在现行地方政府官员政绩考评体系的激励约束作用下，地方政府之间存在着

激烈的区域招商引资竞争，土地作为重要的生产要素，经常沦为地方政府招商引资的工具和筹码，这就使区域招商引资竞争进一步演化为超计划用地竞争。一个地方的超计划用地行为将会招致其他地区的模仿，即超计划用地很可能存在“空间示范效应”，这将引发城市建设用地利用效率的“空间外溢效应”。与此同时，受到土地督察执法资源的限制，这种“空间示范效应”很可能存在显著的门槛效应，即当超计划用地逼近或超过地方政府土地督察执法能力的阈值时，地方政府间的超计划用地“空间示范效应”将会加剧，由此引发的城市建设用地利用效率“空间外溢效应”也会显著增强。

（一）超计划用地空间示范效应实证检验

1. 模型设定

根据空间相关性来源的不同，可将空间计量模型分为空间滞后模型（SLM）、空间误差模型（SEM）和空间 Durbin 模型，其中空间滞后模型主要用于拟合被解释变量的空间相关所引发的空间外溢效应，而空间误差模型则侧重于对随机扰动项的空间相关所引发的空间外溢效应进行估计，空间 Durbin 模型则主要针对解释变量的空间相关所引发的空间外溢效应（钟成林等，2016）。由于本书主要想检验的是超计划用地行为是否存在空间示范效应，进而是否会引发城市建设用地利用效率的外溢效应，故此处直接采用了空间 Durbin 模型，模型具体设定为 $\ln tfp_{it} = \beta\ln X+\theta W_{ij}CJH_{jt}+\rho Wtfp_{jt}$；$\beta=(\beta_1, \beta_2, \beta_3, \beta_4, \beta_5, \beta_6, \beta_7, \beta_8)$；$X=(\ln income, \ln dense, \ln market, \ln structure, \ln rd, \ln land, \ln land^2, \ln dense^2)'$。

式中，CJH 表示超计划用地数量，用历年土地督察执法过程中发现的未经批准占地来表示①。W 为空间权重矩阵，$W_{ij}CJH_{jt}$表示解释变量超计划用地的空间滞后项；$Wtfp_{jt}$为被解释变量城市建设用地利用效率的空间滞后项；W 为空间邻接权重矩阵，$W=\begin{bmatrix} w_{1,1}, & w_{1,2}, & \cdots w_{1,29} \\ \vdots & & \\ w_{i,1}, & w_{i,2}, & \cdots w_{i,29} \\ w_{29,1}, & w_{29,2} & \cdots w_{29,29} \end{bmatrix}$。

2. 权重矩阵的设定及估计方法的选择

根据地理学第一定理，“任何事物都有关联，只是相近事物之间的联系更加紧密”。地理位置相互邻近的省份，其区位条件差异较小，经济发展水平和工业发展阶段相似，区域招商引资需求也更为相近，相互之间的区域招商引资竞争也

① 选用该指标的逻辑在于：虽然未经批准占地并不代表全部的超计划用地（部分未经批准占地占用的地块是存量建设用地，与此同时，并不是所有的超计划用地都已被发现），但总体而言，超计划用地与未经批准占用的土地数量在一定时期内会表现出大致相同的变化趋势，因此在缺少超计划用地准确数据的条件下，用未经批准占地作为超计划用地的代理变量就不失为一个良好的选择。

更加激励，超计划用地模仿现象也就更为突出。与此同时，地理位置的临近性为地方政府之间获取对方的超计划用地信息提供了天然的便利，这加快了区域间超计划用地的模仿进程，放大了超计划用地的空间外溢效应，鉴于此，此处直接采用了0~1空间临接权重矩阵，具体设定规则为：$w_{ij}=\begin{cases}1，若 i 与 j 相邻\\0，若 i 与 j 不相邻。\end{cases}$

各省份城市建设用地利用效率的空间相关严重违背了普通最小二乘法中关于个体间相互独立的经典假定，若仍采用普通计量模型对其进行估计，势必会导致严重的参数估计偏误，而极大似然估计法则无此限制，鉴于此，本书直接采用了极大似然估计法。

3. 空间计量模型的估计及结果分析

利用我国29个省份2004~2014年相关数据，采用Stata 12.0软件，对上述空间Durbin模型进行了估计，具体估计结果如表6-2第三列所示。

从估计结果可以看到，θ在10%的显著性水平下高度显著，符号为负，系数为-0.025，这说明超计划用地对城市建设用地利用效率的影响存在着显著的空间外溢效应，一个地区的城市建设用地利用效率不仅受自身超计划用地的影响，而且还与其他地区的超计划用地行为相关，相邻地区的超计划用地数量每增加1个百分点，将会导致中心地区的城市建设用地利用效率下降0.025个百分点。这主要是由于我国的新增建设用实行的是严格的计划管理体制，地方政府并不能根据自己的意愿获取合意的新增建设用地供应计划指标，但在现行地方政府政绩考评体系的激励作用下，地方政府官员有强烈的城市建设用地规模扩张冲动，因此为了不至于在激烈的区域招商引资竞争中落败，当一个地方政府观察到临近地区实施了超计划用地后，也会对其进行模仿，这就使超计划用地具有显著的空间示范效应。超计划用地的空间示范作用严重扰乱了农地发展权的配置秩序，损害了新增建设用地农地发展权收益分配制度的权威，扭曲了农地发展权收益分配关系，将部分本应由中央政府享有的农地发展权利益通过超计划用地的方式流入到地方政府手中，这为地方政府提供了错误的激励，诱使地方政府采取错误的土地利用行为，并通过如下两个途径引发了城市建设用地利用效率的负外溢效应：一是超计划用地的空间示范效应加剧了其他地区的城市蔓延，加速了其他地区城市建设用地规模扩张，加剧了城市建设用地供应的阶段性过剩，拉低了土地出让价格，特别是新增建设用地的出让价格，诱发了更为严重的土地粗放利用和低效配置，抑制了其他地区城市建设用地利用效率的持续快速增长。二是超计划用地的空间示范效应将加剧其他地区城市土地开发利用秩序的混乱，并抑制了其他地区城市建设用地空间配置和利用效率的持续快速增长。由于超计划用地并没有经过城市规划部门的审批，这就使得超计划用地的实际用途与规划用途，超计划用地的空间布局与规划的空间布局之间可能存在较大的差异，这将引发严重的空间负外部性，致使不相容的土地用途在地理位置上相互靠近，恶化了土地资源的空间配置状况，抑制了土地资源的空间配置效率的持续快速增长。

（二）超计划用地空间示范效应的门槛效应实证检验

超计划用地的空间示范效应进而城市建设用地利用效率的负外部性还可能存在一定的门槛效应，当超计划用地普及率普及面较窄时，超计划用地的示范效应较弱，但当违法普及率超过一定阈值时，超计划用地的示范效应将会有所增强。

1. 模型设定

为了验证超计划用地的空间示范效应是否会随违法普及率而表现出显著的非线性特征，建立了一个以超计划用地普及率为门限变量，超计划用地违法反应变量，城市建设用地利用效率为被解释变量，其他变量为控制变量的门限回归模型，具体设定为 $\ln tfp_{it}=\beta \ln X+\alpha_1 I \cdot CJH_{it}(cjhrate \geqslant \gamma_1)+(1-I) \cdot CJH_{it}(cjhrate<\gamma_1)+\xi_{it}$；$\beta=(\beta_1, \beta_2, \beta_3, \beta_4, \beta_5, \beta_6, \beta_7, \beta_8)$；$X=(\ln income, \ln dense, \ln market, \ln structure, \ln rd, \ln land, \ln^2 land, \ln^2 dense)'$。式中，cjhrate 表示超计划用地普及率，用全国发现的违法用地涉案耕地面积数量与审批耕地数量之比来表示，该比值越大，表示超计划用地普及率越高。

X 为一组控制变量，各变量的内涵和衡量方法均已在前文做了详细介绍，此处不再赘述；tfp 为被解释变量，表示城市建设用地利用效率，直接采用第三章的超效率测定结果；ξ_{it} 为随机扰动项，表示所有不能为已设定的解释变量解释的随机因素对城市建设用地利用效率的影响。

2. 门限效应检验及估计

利用我国 29 个省份 2004~2014 年相关数据对超计划用地门限回归模型进行了检验与估计，具体检验结果如表 6-1 所示，估计结果如表 6-2（超计划用地门限回归模型）所示。

从表 6-1 的门限效应检验结果可以看出，受超计划用地违法普及率的调节，超计划用地对城市建设用地利用效率的影响存在显著的门限效应，第一门限值嫌疑点为 18.9%，存在性检验 LM 统计量的 F 值为 6.994，对应的 p 值为 0.003，这说明，随着超计划用地普及率的不断提高，超计划用地农地发展权收益分配制度对城市建设用地利用效率的影响很可能存在显著的门槛效应。但值得注意的是，门限值嫌疑点 18.9%并不是真实的样本点，而是为了简化检测过程而人为设置的分位点，为进一步确定该门限值嫌疑点是否与样本中真实存在的门限点相同，还需做稳定性检验。从表 6-1 稳定性检验的检验结果可以看出，LR 统计量的卡方值为 0，小于 5%的临界值 7.352，这说明，估计的门限值与样本中存在的门限值完全一致，故应在 5%的显著性水平下拒绝超计划用地农地发展权收益分配制度对城市建设用地利用效率的影响不存在门限效应的原假设。为确定是否存在更多的门限效应，还需进一步做双门限效应检验，从检验结果来看，第二门限值嫌疑点为20.7%，但存在性检验LM统计量的F值为1.453，对应的p值为0.119，故应在5%的显著性水平下拒绝存在双门限效应的原假设。综合判定，受超计划用地普及率的调节，超计划用地对城市建设用地利用效率的影响存在单门限效应，门限点为18.9%。

从表6-2超计划用地门限回归模型的估计结果可以看出，当超计划用地普及率小于18.9%时，超计划用地对城市建设用地利用效率的抑制作用强度仅为-0.005，但当超计划用地普及率超过18.9%时，超计划用地对城市建设用地利用效率的抑制强度将提升至-0.009，这说明当超计划用地普及率超过临界点之后，超计划用地对城市建设用地利用效率的抑制作用将会加剧。这主要是由于当超计划用地普及率较低时，随着超计划用地普及率的不断增加和超计划用地面积的不断增长，地方政府实施超计划用地行为被土地督察管理部门发现的概率也在不断加大，地方政府实施超计划用地的违法成本也在不断增加，故此时理性的地方政府将克制自己的超计划用地冲动，这就使这一时期的超计划用地没那么普遍和严重，对城市建设用地利用效率的抑制作用也相对更轻。但当超计划用地普及率超过一定临界点时，国土资源管理部门的土地督察执法模式将发生显著的变化，由此前的“普查”转为现阶段的“典型”查处，这主要是由于当超计划用地普及率过高时将击穿土地督察管理部门执法能力的上限，在此背景下，土地督察管理部门只能选择部分涉案面积较大、影响较为恶劣的典型案件进行查处，以起到以儆效尤的作用。更为甚者，当超计划用地失控时，规划管理部门还可能会通过修改土地利用总体规划的方式将超计划用地合法化。正是考虑到超计划用地逼近或超过临界点时，实施超计划用地可带来额外的利益，地方政府将在逼近或超过临界点时加大超计划用地力度，这一方面会进一步加速城市蔓延，加剧土地城市化对人口城市化的偏离，诱发更为严重的土地粗放利用和低效配置，抑制城市建设用地利用效率的持续快速增长；另一方面将进一步扰乱城市土地的开发利用秩序，致使不相容的土地用途在空间上相互靠近，引发了更为严重的空间负外部性，也或者是没有将土地配置给最佳的用途或地区，恶化了城市土地的空间配置状况，降低了城市建设用地的空间配置效率。

该模型的政策含义是，要改变超计划用地的激励结构，加大对超计划用地的打击和惩处力度，提高超计划用地成本，降低超计划用地收益，通过调整超计划收益分配结构的方式来触动地方政府超计划用地的神经，让地方政府不仅不敢，而且不想实施超计划用地。与此同时，还要勤于执法，适当提高土地督察执法密度，不断提升土地督察执法效率，执法必严，违法必究，对发现的违法用地行为绝不姑息，发现一起，查处一起，始终将超计划用地控制在临界范围之内，从思想上治理地方政府“法不责众”的落后思想，切实避免超计划用地普及面过宽时地方政府对土地督察执法部门和中央政府的“绑架”。

第二节 土地出让收入分配制度对城市建设用地利用效率影响的实证分析

本小节主要是对土地出让收入分配制度对城市建设用地利用效率的影响进行实证。为全面考察土地出让收入分配制度对城市建设用地利用效率的影响，本书同时选取了宏观、中观和微观三个视角：首先从宏观角度出发，以土地出让总收入分配制度为抓手，对土地出让总收入分配制度对城市建设用地利用效率的总体性影响进行了实证；其次从中观视角出发，对土地出让收入不同组成部分的分配制度安排对城市建设用地利用效率的中观影响进行了实证检验，考虑到数据的可获得性，本书重点对土地出让纯收入分配制度和城市维护建设投资收益分配制度两项中观土地收益分配制度安排对城市建设用地利用效率的影响进行了实证检验；最后从微观视角出发，以土地出让收入分配制度为基础，以地方政府和土地使用者的土地利用行为为中介，综合采用普通计量和门限回归模型，对土地出让收入分配制度影响城市建设用地利用效率的各微观作用机理做了实证检验。此外，为了考察土地收益分配制度对城市建设用地利用效率的影响的区际差异情况，除对全国层面的情况进行估计之外，还对分区层面土地出让收入分配制度对城市建设用地利用效率的影响进行了实证检验。

一、宏观影响实证分析

为分析土地出让收入分配制度对城市建设用地利用效率的总体性影响，以土地出让总收入分配制度为基础，分别从全国和分区层面出发，采用普通计量模型对其进行了实证分析。

1. 模型设定

为考察土地出让总收入分配制度对城市建设用地利用效率的影响，此处构建了一个以土地出让总收入分配制度为核心变量，其他变量为控制变量，城市建设用地利用效率为被解释变量的普通面板计量模型，具体设定为$\ln tfp_{it}=\alpha_i+\beta\ln X_{it}+\gamma\ln crj_{it}+\xi_{it}$；$\beta=(\beta_1, \beta_2, \beta_3, \beta_4, \beta_5, \beta_6, \beta_7)$；X =（ln income，ln dense，ln market，ln structure，ln rd，ln land，ln^2land)′。

核心变量 crj 表示土地出让总收入分配制度，考虑到收益分配结构才是土地收益分配制度的核心，且市辖区主要以非农产业为主，因此本书直接用土地出让收入总量占城市非农产业产值的比重来作为土地出让总收入分配制度的一个量度。土地出让总收入占城市非农产业产值的比重越大，说明地方政府凭借土地所有者、投资者和公共管理者的身份所攫取的土地收益越多。与此相对，土地使用者所支付的土地使用成本也就越高。合理的土地出让总收入分配制度能为地方政府和土地使用者提供正确的激励，合理引导地方政府和土地使用者的土地利用行为，促进城市建设用地利用效率持续快速增长，而不合理的土地收益分配制度将为地方政府和土地使用者提供错误的激励，诱使地方政府和土地使用者采取错误的土地利用行为，这将严重抑制城市建设用地利用效率的持续快速增长。

X 为一组控制变量，各变量的内涵和衡量方法均已在本章第一节做了详细说明，此处不再赘述（详见本章第一节农地发展权收益分配制度对城市建设用地利用效率影响的实证分析部分），tfp 为被解释变量，表示城市建设用地利用效率，直接采用前文的超效率测定结果；ξ_{it}为随机扰动项，表示所有不能被已设定的解释变量所解释的随机因素对城市建设用地利用效率的影响。

2. 模型估计及回归结果分析

利用我国 29 个省份 2004~2014 年相关数据，采用 Stata 12.0 软件，对土地出让总收入分配制度模型进行了估计，具体估计结果如表 6-3 所示。

表 6-3　土地出让总收入分配制度模型估计结果

因变量：城市建设用地利用效率	全国	东部	中部	西部
income	0.092*** (0.030)	0.322*** (0.066)	0.053*** (0.016)	0.250*** (0.040)
dense	−0.023 (0.014)	−0.070** (0.033)	−0.049** (0.023)	−0.061*** (0.018)
structure	−0.025 (0.022)	0.022 (0.028)	−0.008 (0.048)	0.015 (0.042)
market	−0.118*** (0.027)	−0.096*** (0.036)	−0.243*** (0.037)	−0.067 (0.042)
rd	0.013 (0.012)	−0.070*** (0.021)	−0.010 (0.015)	0.003 (0.010)

续表

因变量：城市建设用地利用效率	全国	东部	中部	西部
land	-1.772*** (0.251)	-1.772*** (0.337)	-2.597 (1.659)	-1.909*** (0.289)
$land^2$	0.117*** (0.018)	0.108*** (0.023)	0.158 (0.116)	0.135*** (0.023)
_cons	5.930*** (0.880)	6.878*** (1.322)	9.362 (5.939)	6.270*** (0.927)
crj	-0.182*** 0.034	-0.145*** 0.043	-0.285*** 0.053	-0.145** 0.058
R^2	0.568	0.627	0.495	0.639
Hausman 值	18.53	17.41	6.49	24.50
p 值	0.018	0.026	0.592	0.002

注："***""**""*"分别表示在1%、5%和10%的显著性水平下显著，"（）"内的数值为标准误。

3. 土地出让总收入分配制度模型估计结果分析

从表6-3的估计结果可以看出，就全国层面而言，crj变量的系数估计结果在1%的显著性水平下高度显著，符号为负，弹性系数为-0.182，这说明总体而言，我国的土地出让总收入分配制度显著地抑制了城市建设用地利用效率的增长，土地出让总收入占城市非农产业产值的比重每提高1个百分点，将会导致城市建设用地利用效率下降0.182个百分点。

从分区的估计结果来看，情况也不乐观，无论是东部、中部还是西部，crj变量的系数估计结果均在5%的显著性水平下高度显著，且符号为负，这说明无论是东部、中部还是西部，其土地出让收入分配制度均显著地抑制了城市建设用地利用效率的持续快速增长，只是不同的地区，土地出让收入分配制度对城市建设用地利用效率的抑制作用强度存在一定的差别。具体而言，中部地区最高，东部地区次之，而西部地区土地出让总收入分配制度对城市建设用地利用效率的抑制作用最弱。从具体数值上来看，中部地区土地出让总收入分配制度对城市建设用地利用效率的抑制作用强度为-0.285，而东部地区、西部地区的仅为-0.145，中部地区土地出让总收入分配制度对城市建设用地利用效率的作用强度约为东部、西部地区的2倍。由此可见，我国土地出让收入分配制度对城市建设用地利用效率影响的区际差异主要体现在中部地区与东西部地区之间，而东部地区和西部地区土地出让收入分配制度对城市建设用地利用效率抑制作用强度的区际差异并不明显，这同时也说明，当前中部地区土地出让收入分配制度的扭曲程度要远高于东部和西部。

土地出让总收入分配制度模型的实证结果表明，土地出让收入分配制度总体上抑制了城市建设用地利用效率的增长，这说明总体而言，我国的土地出让收入分配制度存在严重的扭曲，这为地方政府和土地使用者提供了错误的激励，并诱使地方政府和土地使用者采取了错误的土地利用行为，并通过各种途径和机理对城市建设用地利用效率产生了显著的不良影响。但到底是土地出让收入中哪个组成部分的分配制度安排不合理，进而为地方政府和土地使用者提供了错误的激励，并诱使地方政府和土地使用者采取了错误的土地利用行为，最终抑制了城市建设用地利用效率的持续快速增长，还有待于从中观层面做进一步的实证检验。

二、中观影响实证分析

由于不同的土地出让收入组成部分，其所涉及的土地收益分配主体、体现的收益分配关系、调节的土地利用行为和对城市建设用地利用效率的影响渠道均存在显著的差异，因此有必要深入土地出让收入分配制度的内部，对土地出让收入的不同组成部分对城市建设用地利用效率的影响进行实证分析。考虑到数据的可获得性，本书仅对土地出让纯收益分配制度和城市维护建设投资收益分配制度两项中观土地出让收入分配制度对城市建设用地利用效率的影响进行了实证分析。

（一）土地出让纯收入分配制度对城市建设用地利用效率的影响实证分析

为分析土地出让纯收入分配制度对城市建设用地利用效率的影响以及这种影响的区际差异情况，采用了普通计量模型，从全国和分区两个层面出发对其进行了实证分析。

1. 模型设定

为从数量角度揭示土地出让纯收入分配制度对城市建设用地利用效率的影响，本文构建了一个以土地出让纯收入分配制度为核心变量，城市建设用地利用效率为被解释变量，其他变量为控制变量的普通面板计量模型，具体设定为 $\ln tfp_{it} = \alpha_i + \beta \ln X_{it} + \gamma \ln csy_{it} + \xi_{it}$；$\beta = (\beta_1, \beta_2, \beta_3, \beta_4, \beta_5, \beta_6, \beta_7, \beta_8)$；$X = (\ln income, \ln dense, \ln market, \ln structure, \ln rd, \ln land, \ln^2 land, \ln^2 dense)'$。

核心变量 csy 表示土地出让纯收入分配制度，用土地出让纯收益占土地出让收入总量的比值来表示。本质而言，土地出让纯收益才是绝对地租，是土地所有权价值的重要组成部分，该比值越大，说明国家土地所有权价值的实现程度越高。

合理的土地出让纯收入分配制度不仅有利于维护国家土地所有者权益，提高土地出让价格，而且还会适当增加土地使用者的土地使用成本，引导土地使用者集约利用土地资源，倒逼土地使用者加大研发投入力度，加快企业技术进步，促进企业生产效率和城市建设用地利用效率的持续快速增长。而扭曲的土地出让纯收益分配制度将弱化国家土地所有者权益，引发严重的国有土地收益流失，拉低土地出让价格，不合理地降低土地使用成本，诱发土地的粗放利用和低效配置，抑制城市建设用地利用效率的持续快速增长。

X 为一组控制变量，各变量的内涵和衡量方法均已在前文做了详细介绍，此处不再赘述；tfp 为被解释变量，表示城市建设用地利用效率，直接采用第三章的超效率测定结果；ξ_{it}为随机扰动项，表示的是所有不能被已设定的解释变量解释的随机因素对城市建设用地利用效率的影响。

2. 模型估计及结果分析

采用我国 29 个省份 2004~2014 年市辖区相关数据，利用 Stata 12.0 软件，分别以全国和东中西部地区为样本对上述计量模型进行了估计，具体估计结果如表 6-4 所示。

表 6-4 土地出让纯收入分配制度模型实证结果

因变量：城市建设用地利用效率	全国	东部	中部	西部
income	0.108**	0.462***	0.014	-0.431**
	(0.043)	(0.051)	(0.049)	(0.187)
dense	0.649***	-1.065	0.779	0.404
	(0.212)	(2.503)	(0.505)	(0.303)
structure	-0.057	-0.127***	-0.138	0.201
	(0.072)	(0.044)	(0.203)	(0.169)
market	-0.029	-0.059	0.129	-0.015
	(0.029)	(0.048)	(0.083)	(0.056)
rd	-0.007	-0.01	-0.043	0.523***
	(0.017)	(0.015)	(0.027)	(0.188)
land	-2.008***	-2.564***	-9.292**	-7.501**
	(0.377)	(0.363)	(3.909)	(3.117)

续表

因变量：城市建设用地利用效率	全国	东部	中部	西部
$land^2$	0.146***	0.177***	0.661**	0.518**
	(0.028)	(0.025)	(0.281)	(0.238)
$dense^2$	-0.048***	0.064	-0.057*	-0.028
	(0.015)	(0.169)	(0.034)	(0.021)
_ cons	4.107***	12.662	29.599**	22.201**
	(1.408)	(8.564)	(12.834)	(9.441)
csy	-0.733**	-1.376*	-1.334	-1.733*
	(0.516)	(0.77)	(1.68)	(0.9)
R^2	0.629	0.889	0.65	0.319
Hausman 值	7.28	14.15	9.20	23.83
p 值	0.608	0.117	0.419	0.005

注：“***”“**”“*”分别表示在1%、5%和10%的显著性水平下显著，“（）”内的数值为标准误。

（1）全国估计结果及结果分析。从表6-4的估计结果可以看出，就全国层面而言，csy变量的系数估计结果在5%的显著性水平下高度显著，符号为负，弹性系数为-0.733，这说明土地出让纯收益分配制度显著地抑制了城市建设用地利用效率的有效提升。土地出让纯收入占土地出让总收入的比重每提高1个百分点，将导致城市建设用地利用效率下降0.733个百分点。从现实情况来看，这说明现行土地出让纯收益分配制度存在严重的扭曲，要么是土地出让纯收益占比过低，国家土地所有权价值没有得到充分的保障，致使土地出让价格偏低，土地需求非理性增长，加剧了城市蔓延，诱发了土地的粗放利用和低效配置，抑制了城市建设用地利用效率的持续快速增长。土地出让纯收益水平之所以会过低，主要是因为中央政府和地方政府的土地利用目标并不完全一致，甚至完全相反（毕继业等，2003），而委托—代理式的土地管理模式又为地方政府违规低价出让城市建设用地创造了良好的制度前提。在现行地方政府官员政绩考评体系、财政管理体制和土地产权制度的激励约束作用下，地方政府有极大的动力将这种潜在的“机会主义”收益转化为现实的土地出让收入。从土地管理实践来看，地方政府的机会主义行为集中表现为违规低价出让土地，这极大地损害了中央政府这个一级土地所有者代理人的土地权益，却增加了地方政府这个二级土地所有者代理人的土地利益。低廉的土地出让价格刺激了土地需求的增长，促进了地方政府土地出让收入的持续攀升，但与此同时也加速了耕地征占，加快了城市蔓延，导致了土地供应的阶段性过剩，致使土地城市化快于人口城市化，诱发了土地的粗放利用和低效配置，抑制了城市建设用地利用效率的持续快速增长。

（2）分区估计结果及结果分析。从分区层面的估计结果来看，土地出让纯收益分配制度对城市建设用地利用效率的影响则存在一定的差异，其中东部地区和西部地区的 csy 变量的系数估计结果均通过了 10%的显著性检验，且符号为负，但中部地区 csy 变量的系数估计结果虽然也为负，但即使是在 10%的显著性水平下也不显著，这说明土地出让纯收益分配制度对城市建设用地利用效率的影响存在着显著的区际差异，其中东部地区和西部地区的土地出让纯收益分配制度均显著地抑制了其城市建设用地利用效率的有效提升，而中部地区的土地出让纯收益分配制度对城市建设用地利用效率的抑制作用并不显著。从具体数值来看，西部地区的抑制作用强度要高于东部地区，西部地区土地出让纯收益率每提高 1 个百分点，将会导致城市建设用地利用效率下降 1.733 个百分点，而东部地区土地出让纯收益率每提高 1 个百分点，将会导致城市建设用地利用效率下降 1.376 个百分点。

尽管东部地区和西部地区土地出让纯收益分配制度对城市建设用地利用效率的抑制作用强度存在一定的差别（东部小于西部），但二者的作用均为负，这说明无论是东部还是西部，其土地出让纯收益分配制度均存在不同程度的扭曲。从土地出让纯收益率的平均水平来看，东部地区最高，中部地区次之，而西部地区最低，因此从土地出让收入分配制度的发展实践来看，土地纯收益率过高很可能是导致东部地区土地出让纯收益分配制度扭曲，进而抑制城市建设用地利用效率增长的重要原因，而土地出让纯收益率偏低更可能是西部地区土地出让纯收益分配制度扭曲，进而抑制城市建设用地利用效率增长的关键所在。对东部地区而言，地方政府凭借土地所有者代理人的身份所分享的土地收益份额偏高，而土地使用者所承担的土地租金过大，土地成本偏高，严重挤占了企业的正常经营利润，弱化了企业的再投资能力，抑制了企业投资支出的增长，降低了土地的集约利用水平和利用效率。但对西部地区而言，由于其经济并不发达，土地需求较小，为了获取更多的土地出让收入，地方政府就须人为降低土地出让价格，甚至低于正常的价格水平，这极大地损害了中央政府这个一级土地所有者代理人的土地利益，致使土地出让价格严重偏低，并通过如下三个渠道对城市建设用地利用效率产生了严重的不良影响：一是低廉的土地出让价格诱发了土地的粗放利用和低效配置，直接抑制了城市建设用地配置和利用效率的持续快速增长；二是低廉的土地出让价格还将助长土地使用者的技术创新惰性，让土地使用者只顾享受低廉的土地出让价格所带来的饕餮盛宴，而不注重技术创新，这严重阻碍了企业的技术进步，抑制了企业生产效率和土地利用效率的增长；三是低廉的土地出让价格还将诱使土地使用者采用非土地节用型生产技术，但根据我国的技术演化历程，非土地节用型生产技术大多是早期发明的落后技术，对非土地节用型生产技术的采用不仅不能提高，甚至会降低企业的生产技术水平，这将抑制企业生产效率和土地利用效率的持续快速增长。

（二）城市维护建设投资收益分配制度对城市建设用地利用效率影响的实证分析

1. 模型设定

为分析城市维护建设投资收益分配制度对城市建设用地利用效率的影响，此处构建了一个以城市维护建设投资收益分配制度为核心变量，城市建设用地利用效率为被解释变量，其余变量为控制变量的普通计量模型，具体设定为 $\ln tfp_{it}=\alpha_i+\beta\ln X_{it}+\gamma\ln whjs_{it}+\xi_{it}$；$\beta=(\beta_1, \beta_2, \beta_3, \beta_4, \beta_5, \beta_6, \beta_7, \beta_8)$；$X=(\ln income, \ln dense, \ln market, \ln structure, \ln rd, \ln land, \ln^2 land, \ln^2 dense)'$。

核心变量 whjs 表示城市维护建设投资收益分配制度，用从土地出让收入中提取的城市维护建设资金占土地出让收入总量的比重来表示。该比值越大表示从土地出让收入中提取的土地收益份额越高，级差地租的收益水平也越高，城市维护建设资收益也就越有保障。这有利于完善国有土地使用功能，提高城市经济系统的整体运行效率，促进城市建设用地利用效率的持续快速增长。但诚如土地出让纯收益分配制度部分所分析的那样，从土地出让收入中提取的城市维护建设投资收益份额偏大将挤占其他土地产权的收益份额，不仅会抑制其他土地产权主体合理开发利用土地资源的积极性，而且还会为地方政府提供错误的激励，诱使地方政府盲目加大城市基础设施建设，并引发了严重的区域基础设施投资过剩，严重抑制了基础设施及其所占土地利用效率的持续快速增长。

X 为一组控制变量，各变量的内涵和衡量方法已在本章第一节做了详细说明，此处不再赘述；tfp 为被解释变量，表示城市建设用地利用效率，直接采用前文的超效率测定结果；ξ_{it}为随机扰动项，表示所有不能被已设定的解释变量解释的随机因素对城市建设用地利用效率的影响。

2. 模型估计及结果分析

利用我国 29 个省份 2004~2013 年相关数据①，采用 Stata 12.0 软件，以全国和东中西部地区为样本，对城市维护建设投资收益分配制度模型进行了估计，具

---

① 《中国城市建设统计年鉴》城市维护建设支出的详细数据只公布到 2013 年，故此处的样本时间跨度为 2004~2013 年。

体估计结果如表 6-5 所示。

表 6-5　城市维护建设投资收益分配制度模型估计结果

被解释变量：城市建设用地利用效率	全国	东部	中部	西部
income	0. 198***	0. 535***	0. 395***	0. 285***
	(0. 035)	(0. 046)	(0. 094)	(0. 042)
dense	0. 658***	-4. 025**	1. 781***	0. 393
	(0. 208)	1. 872)	(0. 559)	(0. 257)
market	-0. 014	0. 022	0. 055	-0. 001
	(0. 024)	(0. 045)	(0. 042)	(0. 047)
structure	0. 100***	0. 196***	-0. 554***	0. 003
	(0. 037)	(0. 051)	(0. 102)	(0. 058)
rd	0. 010	-0. 045***	0. 046	0. 012
	(0. 015)	(0. 012)	(0. 054)	(0. 010)
land	-1. 801***	-2. 152***	0. 589	-1. 595***
	(0. 297)	(0. 284)	(1. 871)	(0. 296)
$land^2$	0. 126***	0. 144***	-0. 064	0. 115***
	(0. 022)	(0. 019)	(0. 134)	(0. 024)
$dense^2$	-0. 048***	0. 259**	-0. 126***	-0. 032*
	(0. 015)	(0. 126)	(0. 039)	(0. 018)
_ cons	3. 478***	22. 429***	-8. 348	3. 735***
	(1. 178)	(6. 524)	(7. 858)	(1. 367)
whjs	0. 002	0. 007	-0. 044**	0. 017*
	(0. 009)	(0. 012)	(0. 019)	(0. 019)
R^2	0. 571	0. 720	0. 479	0. 648
Hausman 值	8. 62	141. 63	23. 49	13. 14
p 值	0. 473	0. 000	0. 005	0. 156
模型选择	随机效应	固定效应	固定效应	随机效应

注："***""**""*"分别表示在 1%、5%和 10%的显著性水平下显著，"( )"内的数值为标准误。

从表 6-4 的估计结果可以看出，就全国层面而言，whjs 变量的系数估计结果为正，但即使是在 10%的显著性水平下也不显著，这初步说明，城市维护建设投资收益分配制度有利于促进城市基础设施建设，改善城市基础设施状况，促进城市建设用地利用效率的增长（武彦民，2012），只是由于我国地域辽阔，各地情况差异较大，致使这种促进作用并不显著。

从分区的估计结果来看，则存在较大的差异。其中东部地区 whjs 变量的系数估计结果为正，但并不显著。中部地区 whjs 变量的系数估计结果为负，且在 5%的显著性水平下高度显著，弹性系数为-0.044，这说明中部地区的城市维护建设投资收益分配制度显著地抑制了其城市建设用地利用效率的增长。对中部地区而言，从土地出让收入中提取的城市维护建设资金占土地出让收入总量的比重每提高 1 个百分点，将会导致城市建设用地利用效率下降 0.044 个百分点。这很可能是由中部地区的“以地招商引资竞争”引发的，在现行地方政府官员政绩考评体系和土地产权制度的激励约束作用下，地方政府间的竞争就退化为“以地招商引资竞争”，为了提高在区域招商引资竞争中获胜的概率，各地普遍采用了“筑巢引凤”的招商引资策略和土地开发利用模式，在工业企业入驻之前，就提前兴建了大量的城市基础设施，如码头、港口、机场、道路、通信、通电设施等，但在一定时期内，工业资本的数量是有限的，而各地对工业资本的需求是无限的，这就决定了并不是所有的地区都能成功吸引到工业资本入驻。对那些未能成功吸引到工业资本入驻的地区而言，其提前兴建的城市基础设施就会处于低效利用甚至是闲置状态，这严重降低了这些基础设施及其所占土地的利用效率。

与中部地区刚好相反，西部地区 whjs 变量的系数估计结果为正，且在 10%的显著性水平下高度显著，弹性系数为 0.017，这说明西部地区的城市维护建设投资收益分配制度有效地促进了其城市建设用地利用效率的增长，从土地出让收入中提取的城市维护建设资金占土地出让收入总量的比重每提高 1 个百分点，可有效促进西部地区的城市建设用地利用效率提升 0.017 个百分点。

归纳而言，中西部地区城市维护建设投资收益分配制度对城市建设用地利用效率的影响效果的差异主要由如下两个因素引发：一是经济发展水平的差异。与中部地区相比，西部地区的经济发展水平相对落后，其基础设施建设还很不完善，从土地出让收入中提取部分资金用于城市维护建设有利于完善国有土地使用功能，促进城市经济系统整体运行效率的有效提升，推动城市建设用地利用效率的持续快速增长。二是中西部地区的投资环境和招商引资条件存在很大的差异。由于西部地区的投资环境相对恶劣，在本轮产业转移浪潮当中处于劣势，从东部转出的产业在项目选址决策时总是更青睐基础设施相对完善的中部地区，而不愿进入基础设施更为薄弱，产业配配套更不完善的西部地区，这就使西部地区的区域招商引资竞争更为缓和，为招商引资而提前兴建的基础设施也就不如中部地区那么多，由此引发的区域基础设施投资过剩问题也就没那么严重，土地低效利用甚至闲置浪费问题也就没那么突出。更为甚者，西部地区甚至没有足够的财力来支持城市基本的维护建设，更遑论投入巨资用于提前兴建大量生产性基础设施，因此从土地出让收入中划转部分资金用于充实城市维护建设基金有利于理顺土地级差收益分配关系，促进城市基础设施建设，完善国有土地使用功能，提高城市经济系统的整体运行效率，促进城市建设用地利用效率的持续快速增长。

3. 中部地区城市固定资产投资的空间相关性

上一部分的实证结果表明，中部地区的城市维护建设投资收益分配制度不仅没能促进反而显著抑制了其城市建设用地利用效率的增长，这很可能是由中部地区的“区域基础设施建设投资竞赛”引发的。为了进一步验证这一作用机理，此处采用了探索性空间分析技术，测算了中部地区各省份城市固定资产投资的Moran 指数。

$$Moran'I = \frac{\sum_{i=1}^{6}\sum_{j=1}^{6} w_{ij}(x_i - \bar{x})(x_j - \bar{x})}{S^2 \sum_{i=1}^{6}\sum_{j=1}^{6} w_{ij}}$$

，其中 S^2 表示待测变量的方差，$\bar{x}$ 为待测变量的算术平均数，w 为空间权重。

Moran 指数的取值范围为-1~1，Moran 指数为正表示城市维护建设固定资产投资存在正的空间相关性，Moran 指数越大说明空间正相关性越强。空间正相关表征的是空间同质性，即城市维护建设固定资产投资支出较高的省份，其周边省份的城市维护建设固定资产投资支出也相对较高（高~高集聚），也或者是城市维护建设固定资产投资支出较低的省份，其周边省份的城市维护建设固定资产投资支出也相对较低（低~低集聚）。Moran 指数为负则说明城市维护建设固定资产投资支出呈现为空间负相关关系，负值越大说明负相关性越强。与正相关的情形不同，负 Moran 指数指示的是空间异质性，即城市维护建设固定资产投资支出较高的省份，其周边省份的城市维护建设固定资产投资支出却相对较低，或者是城市维护建设固定资产投资支出较低的省份，其周边省份的城市维护建设固定资产投资支出却相对较高。

利用中部 8 个省份 2004~2014 年相关数据，运用 Stata 12.0 软件，以 0~1 空间邻接权重矩阵为权重矩阵，系统测算了城市维护建设固定资产投资支出变量的 Moran 指数，具体测算结果如 6-6 表所示。

表 6-6　2004~2012 年中部地区城市维护建设固定资产投资支出 Moran 指数

年份	2004	2005	2006	2007	2008	2009	2010	2011	2012
Moran'I	0.088	0.056	0.302**	0.389**	0.479*	0.437**	0.325*	0.282**	0.264***
p	0.125	0.207	0.001	0	0	0	0.002	0.004	0.003

注："***""**""*"分别表示在 1%、5%和 10%的显著性水平下显著。

从测算结果可以看出，除 2004 年、2005 年和 2012 年外，其余年份的 Moran 指数都通过了 5%的显著性检验，且 Moran 指数无一例外的都为正数，这说明中部地区各省份的城市维护建设固定资产投资支出存在显著的空间正相关性，一个地区的城市维护建设固定资产投资支出不仅与自身因素相关，还会受周边省份城市维护建设固定资产投资支出行为的影响，周边省份城市维护建设固定资产投资数量的增加将促进本地城市维护建设固定资产投资的增长，这与"城市基础设施建设投资竞赛"的要求高度耦合。与此同时，这也意味着中部地区的地方政府之间可能真的会为了招商引资而陷入区域"城市基础设施投资建设竞赛"的陷阱，这将引发严重的区域基础设施重复建设，导致区域基础设施投资建设严重过剩，降低了城市基础设施建设及其所占土地的利用效率，抑制了城市建设用地整体利用效率的持续快速增长。

4. 城市维护建设投资收益分配制度的空间相关性

上一部分的分析表明，中部地区各省份的城市维护建设固定资产投资支出存在显著的空间正相关性，一个省份城市维护建设固定资产投资支出的增加将会促进周边省份城市维护建设固定资产投资支出的增长，这验证了"区域基础设施投资建设竞赛"作用机制，但并未论证引发"区域基础设施投资建设竞赛"的土地收益分配制度根源，因此有必要就土地收益分配制度（城市维护建设投资收益分配制度）对城市维护建设固定资产投资支出空间正相关性的影响做进一步的检测。

为了进一步分析城市维护建设固定资产投资支出的空间正外部性是否是由城市维护建设投资收益分配制度驱动，构建了综合变量 C=whjs×whjsk。

式中，whjs 表示城市维护建设投资收益分配制度，用从土地出让收入中提取的城市维护建设资金占土地出让收入总量的比重来表示；whjsk 表示城市维护建设固定资产投资支出。该综合变量测度的是城市维护建设投资收益分配制度对城市维护建设固定资产投资支出的影响，若 C 表现出了显著的空间正相关性，则说明现行城市维护建设投资收益分配制度会加剧"区域基础设施投资建设竞争"，为负说明城市维护建设投资收益分配制度有利于弱化"区域基础设施投资建设竞争"。

利用 2004~2012 年中部 8 个省份市辖区相关数据，运用 Stata 12.0 软件，测算了综合变量 C 的 Moran 指数，具体测定结果如表 6-7 所示。

表 6-7 2004~2012 年中部地区综合变量 C 的 Moran 指数测定结果

年份	2004	2005	2006	2007	2008	2009	2010	2011	2012
Moran'I	0. 026	0. 009	0. 137 **	0. 187 **	0. 106 *	0. 137 **	0. 099 *	0. 166 **	0. 11 *
p	0. 184	0. 226	0. 035	0. 013	0. 062	0. 035	0. 093	0. 025	0. 087

注："***""**""*"分别表示在 1%、5%和 10%的显著性水平下显著。

从表 6-7 的测算结果可以看出，综合变量 C 的空间相关特性与 whjsk 高度一致，除 2004 年和 2005 年之外，其余年份综合变量 C 的 Moran 指数均在 10%的显著性水平下高度显著，且符号为正。这说明，中部地区支持城市维护建设固定资产投资支出的土地出让收入分配制度具有显著的空间正相关性，一个地区城市维护建设投资收益分配制度的调整会招致周边省份的模仿，即为了增强在区域招商引资中获胜的概率，中心省份将会提高从土地出让收入中提取的城市维护建设资金占比，并将其更多地用于加强城市生产性基础设施建设，这将招致周边省份的效仿，进而引发区域基础设施投资相对过剩，导致区域基础设施低效利用甚至闲置浪费，严重抑制了中部地区城市建设用地利用效率的增长。因此，城市维护建设投资收益分配制度不合理，从土地出让收入中提取的城市维护建设资金过多，占比过大是导致中部地区城市基础设施投资建设相对过剩的土地收益分配制度的根源，在未来的土地出让收入分配制度改革中应当限制土地出让收入的支取范围，严格土地出让收入的提取标准，切实防止土地出让收入沦为地方政府主政官员攫取更多土地出让收入、赚取更多政绩的工具和牺牲品。

三、微观作用机理实证检验

沿着土地出让收入分配制度—土地利益相关者的土地利用行为—城市建设用地利用效率的分析思路，综合采用普通计量和门限计量等现代化计量方法和估计手段对土地出让收入分配制度是否会通过城市建设用规模扩张、土地出让方式差异化、土地督察执法策略选择、研发投入决策和违法用地等途径对城市建设用地利用效率产生显著影响进行实证检验。

（一）城市建设用地规模扩张对城市建设用地利用效率的非线性影响实证分析

1. 模型设定

为了检验地方政府城市建设用地规模扩张冲动对城市建设用地利用效率的非

线性影响①，本书构建了一个以土地出让收入相对规模为门限变量，城市建设用地规模为反应变量，城市建设用地利用效率为被解释变量，其他变量为控制变量的门限回归模型，具体设定为 $\ln tfp_{it}=\alpha_i+\beta\ln X+\alpha_1 I_1\cdot land_{it}(qkbz<\gamma_1)+\alpha_2 I_2\cdot land_{it}(\gamma_1\leqslant qkbz<\gamma_2)+\alpha_3 I_3\cdot land_{it}(\gamma_2\leqslant qkbz<\gamma_3)+\alpha_4 I_4\cdot land_{it}(qkbz\geqslant\gamma_3)+\xi_{it}$；$\beta=(\beta_1,\beta_2,\beta_3,\beta_4,\beta_5,\beta_6)$；$X=(\ln income, \ln dense, \ln market, \ln structure, \ln rd, \ln^2 dense)'$。

式中，qkbz 为土地出让收入的相对规模，用土地出让收入占地方政府一般预算缺口的比重表示；$qkbz<1$ 时表示土地出让收入小于地方政府一般预算财政缺口，地方政府面临一定的财政压力；$qkbz>1$ 时表示土地出让收入大于地方政府一般财政预算缺口，土地出让收入除用于弥补一般财政预算缺口之外还有盈余，此时地方政府的财政压力为零。

I 为示性函数，其取值规则如下：当 $qkbz<\gamma_1$ 时，I_1取 1，否则取 0；当 $\gamma_1\leqslant qkbz<\gamma_2$ 时，I_2取 1，否则取 0；当 $\gamma_2\leqslant qkbz<\gamma_3$ 时，I_3取 1，否则取 0；当 $qkbz\geqslant\gamma_3$ 时，I_4取 1，否则取 0。γ_1、γ_2 和 γ_3 分别表示第一、第二和第三门限点。

2. 门限效应检验及门限回归模型估计

利用我国 29 个省份 2004～2014 年相关数据，采用 Stata 12.0 软件，根据 Hansen 提出的门限回归模型估计原理，对城市建设用地规模扩张门限回归模型进行了检验和估计，具体检验和估计结果如表 6-8 所示。

表 6-8　门限效应检验结果（城市建设用地规模扩张模型）

门限变量	反应变量	原假设	门限值嫌疑点（%）	存在性检验		稳定性检验		结论
				LM 统计量值	p 值	LR 统计量值	5% 临界值	
土地出让收入相对规模	城市建设用地面积	不存在门限效应	100.3	3.483	0.034	2.188	7.352	拒绝
		最多只存在一个门限效应	123.8 100.3	10.042	0.004	0.000	7.352	拒绝
		最多只存在两个门限效应	51.1 100.3 123.8	2.581	0.043	2.122	7.352	拒绝

注：存在性检验基于 5%的显著性水平。

① 非线性影响是指在土地出让收入分配制度的不同发展阶段，地方政府城市建设用地规模扩张对城市建设用地利用效率的边际影响存在显著的差异。

受土地出让收入分配制度的调节，城市建设用地规模扩张对城市建设用地利用效率影响的门限回归模型依次拒绝了不存在、最多只存在一个和最多只存在两个门限效应的原假设，但受软件限制，我们暂时无法对三个及以上门限效应进行检验，因此也就无法确定该模型门限效应的具体个数。但值得庆幸的是，从各门限区间的样本分布来看，第一门限区间的样本量为 17 个，仅占全部样本的 5.3%，如果确实存在四个及以上门限效应，则会落入这 17 个样本以内，由于样本占比极小，直接将其略去并不会对最终的分析结论造成太大的影响。因此可以综合判定，受土地出让收入相对规模的调节，城市建设用地规模扩张对城市建设用地利用效率的影响存在三个门限点，分别为 51.1%、100.3%和 123.8%。

从表 6-9 估计结果可以看出，随着土地出让收入相对规模的不断扩大和占地方政府财政缺口比重的不断提升，城市建设用地规模扩张对城市建设用地利用效率的抑制作用先增强后减弱，然后再增强，大体上表现为一个“N”形，并没有表现出明显的发散或收敛趋势，而是呈不断波动之势。

表 6-9　城市建设用地规模扩张门限回归模型估计结果

被解释变量：tfp	系数	标准误	样本量
income	0.0928**	0.0409	
dense	0.2196	0.2213	
market	0.0937**	0.0396	
stucture	0.0038	0.0211	
rd	0.0816***	0.0296	
$dense^2$	-0.0161	0.0156	
land1（qkbz<51.1%）	-0.2464***	0.0938	17
land2（51.1%<qkbz<100.3%）	-0.2569***	0.0942	41
land3（100.3%<qkbz<123.8%）	-0.2406**	0.0943	20
land4（qkbz>123.8%）	-0.2568***	0.0941	241

注：“***”“**”“*”分别表示在 1%、5%和 10%的显著性水平下显著。

具体而言，当土地出让收入占地方政府财政缺口的比重小于 55.1%时，城市建设用地规模扩张对城市建设用地的抑制作用强度为-0.2464，但当土地出让收入占财政缺口的比重介于 55.1%~100.3%间时，城市建设用地规模扩张对城市建设用地利用效率的抑制作用将会进一步提高至-0.2569。这说明，在填平财政缺口之前，地方政府城市建设用地规模扩张对城市建设用地利用效率的抑制作用存在显著的差别。城市建设用地规模扩张对城市建设用地利用效率的抑制作用之所以会增强，主要是因为地方政府对土地出让收入能否填平财政缺口的信心发生了“质”的变化，当土地出让收入逼近财政缺口时，地方政府对土地出让收入足以覆盖财政缺口胸有成竹，这将诱使地方政府一鼓作气，加快城市建设用地规模扩张，加速城市蔓延，加剧城市建设用地供应出现阶段性过剩，致使土地出让价格大幅下滑，诱发了严重的土地的粗放利用和低效配置，抑制了城市建设用地利用效率的持续快速增长。

与此同时，当土地出让收入占财政缺口的比重介于 100.3%~123.8%间时，城市建设用地规模扩张对城市建设用地利用效率的抑制作用将会减弱，与上一阶段相比，本阶段的抑制作用强度下降了 0.0163。这主要是由于在土地出让收入恰好足以弥补财政缺口的前后，地方政府的城市建设用地规模扩张驱动力发生了显著的变化。具体而言，在填平财政缺口之前，地方政府的城市建设用地规模扩张主要由财政压力驱动，彼时的城市建设用地规模扩张属于被动型扩张，但当土地出让收入超过财政缺口后，地方政府的城市建设用地规模扩张主要受政绩显示驱动，属于主动型扩张，此时地方政府可根据自身政绩显示的需要从容安排农地征占面积，这就使这一时期的城市建设用地规模扩张速度有所降低，土地供应的阶段性过剩情况有所减轻，土地出让价格的下降幅度有所回升，土地的粗放利用和低效配置问题也有所缓解，对城市建设用地利用效率的抑制作用也就有所减轻。

此后，随着土地出让收入占财政缺口比重的持续攀升，并超过 123.8%时，城市建设用地规模扩张对城市建设用地利用效率的抑制作用将进一步提升至 -0.2568，这说明地方政府政绩显示对土地出让收入的依赖是永无止境的。在土地出让收入规模较为可观的时候，地方政府并没有及时谋求财政体制转型，降低对土地出让收入的依赖，反而变本加厉，这就使得这一时期的城市建设用地规模扩张冲动有增无减。从样本分布来看，有 75%的样本量位于这一阶段，因此政绩显示是当前我国城市建设用地规模扩张的主要驱动力量，是引发城市建设用地效率损失的关键，要想提高城市建设用地利用效率，除了要变革土地出让收入分配制度之外，还需触动政绩评价的根基，调整政绩考评体系，转变政绩观念。

该模型的政策含义是：一方面要应规范财政管理体制，将土地出让收入纳入一般预算管理，从制度建设上有效防范土地出让收入沦为地方政府官员攫取政绩的私人工具。与此同时还应创新中央财政转移支付管理办法，建立事权与支出责任相一致的财政转移支付体制，减轻地方政府财政负担，在不对财政体制做重大调整的情况下有效降低地方政府的财政压力，避免城市建设用地扩张沦为地方政府缓解财政压力的牺牲品。另一方面，还应改革地方政府官员政绩考评管理办法，切实扭转过去唯 GDP 和财政收入是从的政绩理念，着重强调经济发展质量和效益，从思想观念上避免城市建设用地规模扩张沦为地方政府官员攫取政治资本的牺牲品。除此之外，还应建立土地出让收入占财政缺口比重的动态监测预警机制，将土地出让收入占一般财政预算缺口的比重控制在100%~123.8%的范围，并将城市建设用地规模扩张对城市建设用地利用效率的损害降到最低。

（二）土地出让方式差异化途径实证检验

在现行土地出让收入分配制度的激励约束作用下，为了使土地出让收入最大化，地方政府为不同的用地类型制定差异化的土地出让方式。这严重扭曲了工业与商住用地之间的土地出让收入分配关系，并通过土地出让市场发育、城市投资结构、企业技术选择等途径对城市建设用地利用效率产生了显著影响，本小节主要是从实证的角度对上述微观作用机理进行实证检验。

1. 土地出让方式差异化对城市建设用地利用效率的总体性影响实证分析

（1）模型设定。为从总体上分析土地出让方式差异化对城市建设用地利用效率的影响，此处建立了一个以工业和商住用地出让收入分配制度的横向扭曲状况为核心变量，城市建设用地利用效率为被解释变量，其他变量为控制变量的普通计量模型，具体设定为 $\ln tfp_{it}=\alpha_i+\beta_1\ln income_{it}+\beta_2\ln dense_{it}+\beta_3\ln market_{it}+\beta_4\ln serind_{it}+\beta_5\ln rd_{it}+\beta_6\ln land_{it}+\beta_7\ln hxnqcd_{it}+\xi_{it}$。

式中，hxnqcd 表示工业与商住用地出让收入分配制度的横向扭曲程度，用工业与商住用地出让面积之比来表示。选用该指标的困境在于：国土资源部和财政部并未公布或者根本就未统计商住用地与工业用地的详细经营数据，因此我们无从确定工业用地的亏损状况与商住用地的盈余状况，进而也就无法测算商住用地对工业用地的补贴程度以及工业和商住用地出让收入分配制度的横向扭曲状况。选用该指标的逻辑在于：虽然我们无从确定商住用地对工业用地的补贴程度，但可以肯定的是工业用地出让是亏损的，而商住用地出让是盈利的，在土地供应总量一定的情况下，工业用地供应数量越多，亏损也就越大，对商住用地高价出让的盈余要求也就越高，土地出让收入分配制度的横向扭曲程度也就越高。选用该指标的优点在于：可有效规避直接采用出让收入补贴指标时，名义扭曲程度对实际扭曲程度的偏离，如为了规避工业用地招拍挂出让制度的监管，部分地区违规采用先征后返、投资奖励和财政补贴等手段变相降低工业用地出让价格，若直接从出让收入的角度来对工业与商住用地的横向扭曲程度进行测度，必然会导致严重的测度偏误，而直接采用工业用地与商住用地出让面积之比则无此之虞。

（2）模型估计及结果分析。利用我国29个省份2004~2014年相关数据，对土地出让收入横向扭曲分配制度模型进行了计量分析，具体估计结果如表6-10所示。

表 6-10　土地出让收入分配制度横向扭曲模型估计结果

被解释变量：城市建设用地利用效率		系数	标准误
income		0.089 **	(0.039)
dense		-0.065	(0.058)
market		-0.043	(0.033)
structure		-0.008	(0.056)
rd		0.078 ***	(0.030)
land		-0.145 **	(0.063)
hxnqcd		-0.059 ***	(0.017)
_ cons		0.237	(0.626)
R^2	0.3616	Hausman 值	29.87
F 值	24.69	p 值	0.0001
p 值	0.0009	模型选择	固定效应

注："***""**""*"分别表示在 1%、5%和 10%的显著性水平下显著。

从模型估计结果可以看出，hxnqcd 变量的系数估计结果在 1%的显著性水平下高度显著，且符号为负，弹性系数为-0.059，这说明土地出让收入分配制度的横向扭曲严重抑制了城市建设用地利用效率的持续快速增长，土地出让收入分配制度的横向扭曲程度每提高 1 个百分点，将会导致城市建设用地利用效率下降 0.059 个百分点，这与预期相一致。这主要是由于土地出让收入分配制度的横向扭曲一方面会为工业用地低价出让创造收益分配制度前提，另一方面又会为商住用地飙升制造压力，并会通过以下两个途径对城市建设用地利用效率产生严重的不良影响：一是扭曲程度越高，商住用地对工业用地的补贴程度也就越高，在工业用地价格既定的情况下，受惠的工业用地面积也就越大，这将恶化工业用地的配置状况，降低工业用地的配置效率。而在工业用地供应数量既定的情况下，商住用地对工业用地的补贴程度越高，工业用地实际出让价格对市场价格的偏离程度也就越高，对工业企业土地利用技术的负向激励也就越强，对城市建设用地利用效率的抑制作用也就越强。二是扭曲程度越高，商住用地价格上涨的压力也就越大，当商住用地和商住物业的价格上涨幅度超过了城市经济社会发展所能承受的上限时，就会引发商住用地供应的结构性过剩，且飙升的房价还将助长土地投机，加剧土地囤积，这些都将导致商住用地和商住物业出现空置，直接扭曲了城市土地的配置结构，降低了商住用地的利用效率。

2. 投资结构房地产化作用机制实证检验

土地出让方式差异化加剧了商住用地出让价格的上涨，并为地方政府提供了错误的激励，诱使地方政府加大对房地产业的支持力度，加大商住用地招拍挂出让力度，致使城市投资结构房地产化，并通过产业集聚效应、土地投机和商住用地供应过剩等方式对城市建设用地利用效率产生了显著的影响。更关键的是，受土地出让收入分配制度的调节，城市投资结构房地产化对城市建设用地利用效率的影响还表现出了明显的门槛特征。本小节主要是综合采用普通和门限估计技术对城市投资结构房地产化对城市建设用地利用效率的影响进行实证分析。

（1）线性影响。为了分析土地出让收入分配制度是否会加剧城市投资结构房地产化，进而抑制城市建设用地利用效率的持续快速增长，此处构建了一个以土地出让收入分配制度与城市投资结构房地产化程度的交互项为核心变量，城市建设用地利用效率为被解释变量，其余变量为控制变量的普通计量模型，具体设定如下：

$$\ln tfp_{it}=\gamma_i+\beta X+\gamma_1\ln fdc_{it}+\gamma_2\ln crj_{it}+\gamma_3\ln fdc_{it}*\ln crj_{it} \quad (模型1)$$

$$\ln tfp_{it}=\alpha_i+\beta X+\alpha_1\ln fdc_{it}+\alpha_2\ln crj_{it}+\xi_{it} \quad (模型2)$$

$$\beta=(\beta_1,\ \beta_2,\ \beta_3,\ \beta_4,\ \beta_5,\ \beta_6,\ \beta_7,\ \beta_8)$$

$$X=(\ln income,\ \ln dense,\ \ln market,\ \ln structure,\ \ln rd,\ \ln land,\ \ln^2 land,\ \ln^2 dense)'$$

核心变量 fdc 表示城市投资结构房地产化程度，用房地产投资占市辖区全社会固定资产投资总额的比重来表示，该比值越高，表示房地产投资在城市投资结构中所占比重越大，城市投资结构的房地产化程度也就越高。

crj 表示土地出让收入分配制度，用土地出让总收入占城市非农产业产值的比重来表示，该比值越大，说明地方政府凭借土地所有者和投资者身份在城市国民经济收入分配体系中所享有的份额也就越大。

fdc * crj 表示土地出让收入分配制度与城市投资结构房地产化程度的交互项，其中模型 1 主要用于分析在考虑了土地出让收入分配制度对城市房地产投资结构的影响之后，房地产投资占比对城市建设用地利用效率的影响。模型 2 主要用于考察在不考虑土地出让收入分配制度的情况下，城市投资结构房地产化对城市建设用地利用效率的独立影响。

利用我国 29 个省份 2004~2014 年市辖区相关数据，运用 Stata 12.0 软件，对城市投资结构房地产化线性模型进行了实证分析，具体估计结果如表 6-11 所示。

表 6-11　城市投资结构房地产化模型估计结果

	线性模型		非线性模型	
被解释变量：城市建设用地利用效率	普通模型 1	普通模型 2	门限回归模型	
income	0.136*** (0.029)	0.142*** (0.029)	income	0.175*** (0.017)
dense	0.520** (0.206)	0.561*** (0.209)	dense	0.454** (0.211)
market	-0.013 (0.022)	-0.010 (0.022)	market	-0.010 (0.030)
structure	0.095*** (0.035)	0.092*** (0.035)	structure	0.055* (0.033)
rd	0.018 (0.014)	0.016 (0.014)	rd	0.001 (0.007)
land	-1.641*** (0.275)	-1.762*** (0.277)	land	-1.508*** (0.142)
$land^2$	0.116*** (0.020)	0.125*** (0.020)	$land^2$	0.109*** (0.011)
$dense^2$	-0.038*** (0.014)	-0.040*** (0.015)	$dense^2$	-0.035** (0.014)
_cons	3.524*** (1.101)	3.468*** (1.119)		
fdc	0.185** (0.074)	-0.031 (0.039)	fdc1 (crj<10.156%)	-0.083** (0.036)
crj	-0.186*** (0.045)	-0.042** (0.017)	fdc2 (crj>10.156%)	-0.036 (0.041)
fdc * crj	-0.110*** (0.071)			
R^2	0.608	0.597		
Hausman 值	13.940	10.420		

续表

	线性模型		非线性模型	
被解释变量：城市建设用地利用效率	普通模型 1	普通模型 2	门限回归模型	
p 值	0. 236	0. 404		
模型选择	随机效应	随机效应		

门限效应检验结果

门限变量	反应变量	原假设	门限值嫌疑点（%）	门限效应存在性检验		门限点稳定性检验		结论
				LM 统计量值	p 值	LR 统计量值	5% 临界值	
土地出让收入分配制度 crj	城市投资结构房地产化程度 fdc	不存在门限效应	10. 156	8. 084	0. 007	2. 499	7. 352	拒绝
		最多只存在一个门限效应	14. 796 [3. 475]	3. 262	[0. 054]	0. 000	7. 352	接受

注：“***”“**”“*”分别表示在 1%、5%和 10%的显著性水平下显著，“（）”内的数值为标准误；门限效应存在性检验 LM 统计量结果判断基于 5%的显著性水平，“□”内的数值表示触发接受门限效应检验原假设的关键点。

从模型 1（包含交互项）的估计结果可以看出，fdc * crj 变量在 1%的显著性水平下高度显著，符号为负，弹性系数为-0. 110，这说明，土地出让收入分配制度显著地抑制了房地产投资对城市建设用地利用效率促进作用的有效发挥，这与预期相一致。与此同时，从模型 1 和模型 2 估计结果的对比来看，在未考虑土地出让收入分配制度时，fdc 变量的系数估计结果为负，且即使是在 10%的显著性水平下也不显著，但当加入了土地出让收入分配制度与房地产投资结构占比的交互项之后，fdc 变量的系数估计结果将由负转正，弹性系数为 0. 185，且在 5%的显著性水平下高度显著。这说明，房地产投资占比的提高原本有利于促进城市建设用地利用效率的提升，但受地方政府对土地出让收入追逐的影响，房地产投资早已异化为地方政府攫取更多土地出让收入的政策工具。具体而言，在土地财政时代，城市房地产投资早已偏离原有的正常发展轨道，房地产投资的目的不再单纯是满足城市经济社会持续发展的房屋需求，而是为了促进土地出让收入的增长。为了使土地出让收入更大化，地方政府将加速城市建设用地规模扩张，加大商住用地的供应力度。有时为了抬高地价，地方政府甚至会充分利用自己的市场垄断势力，采取饥渴式供地的方式，有意识地减少商住用地的供给数量，审慎控制商住用地供应节奏，这加剧了商住用地和商住物业价格的非理性上涨，并通过以下三个途径对城市建设用地利用效率产生了严重的不良影响：一是城市投资结构房地产化致使城市投资结构畸形发展，严重挤占了其他行业的正常投资需求，阻碍了其他行业的正常发展和产业集聚效应的有效发挥，降低了城市经济系统的整体运行效率，抑制了城市建设用地利用效率的持续健康发展。二是飙升的房价将加剧土地房产投投机，引发土地囤积，这严重扭曲了土地资源的配置结构，直接降低了土地资源的配置和利用效率。三是飙升房价降低了普通民众的住房消费需求，引发了商住用地和商住物业供应的结构性过剩，这直接降低了商住用地和商住物业的利用效率。

（2）非线性影响实证分析。与此同时，为了分析城市投资结构房地产化对城市建设用地利用效率的影响是否会随土地出让收入分配制度的变化而发生“质”的变迁，此处构建了一个以土地出让收入分配制度为门限变量，城市投资结构房地产化程度为反应变量，城市建设用地利用效率为被解释变量，其他变量为控制变量的门限回归模型，具体设定为 $\ln tfp_{it}=\alpha_i+\beta\ln X+\alpha_1 I\cdot fdc_{it}(\gamma_1<crj_0)+\alpha_2(1-I)\cdot fdc_{it}(\gamma_1\geqslant crj_0)+\xi_{it}$；$\beta=(\beta_1,\ \beta_2,\ \beta_3,\ \beta_4,\ \beta_5,\ \beta_6,\ \beta_7,\ \beta_8)$；$X=(\ln income,\ \ln dense,\ \ln market,\ \ln structure,\ \ln rd,\ \ln land,\ \ln^2 land,\ \ln^2 dense)'$。

利用我国 2004~2014 年 29 个省份相关数据，对城市投资结构房地产化门限回归模型进行了实证分析，门限效应检验结果和模型估计结果如表 6-11 所示。

从城市投资结构房地产化门限回归模型的门限效应检验结果可以看出，第一门限值嫌疑点为 10.156%，存在性检验 LM 统计量的 F 值为 8.084，对应的 p 值为 0.007，这说明受土地出让收入分配制度的调节，城市投资结构房地产化对城市建设用地利用效率的影响可能存在门限效应，而稳定性检验 LR 统计量的卡方值为 2.499，小于 5%的临界值 7.352，这说明采用网格搜寻法得到的第一门限值嫌疑点与样本中真实存在的门限点在统计上并无显著差别，故可以判定，应拒绝不存在门限效应的原假设。为了确定门限效应的具体个数，还需做进一步检验，双门限效应检验的结果表明，第二门限值嫌疑点为 14.796%，存在性检验 LM 统计量的 F 值为 3.262，对应的 p 值为 0.054，故在 5%的显著性水平下，应接受最多只存在一个门限效应的原假设。因此，可以综合判定，受土地出让收入分配制度的调节，城市投资结构房地产化对城市建设用地利用效率的影响存在单门限效应，门限点为 10.156%。

从估计结果来看，当土地出让收入占比小于 10.156%时，城市投资结构房地产化对城市建设用地利用效率的作用为负，弹性系数为-0.083，但当土地出让收入占比超过 10.156%时，房地产投资结构占比的提高对城市建设用地利用效率的抑制作用将下降至-0.036，这说明当土地出让收入占比超过一定临界值之后，房地产投资占比的提高对城市建设用地利用效率的抑制作用将有所缓解。

这主要是由于当土地出让收入占比超过 10.156%时，地方政府的财力已明显增强，工业也已经获得长足的发展，土地出让收入来源结构也发生了显著的变迁，土地出让收入分配制度的横向扭曲程度有所降低，对工业用地低价协议出让或"虚假挂牌出让"的依赖程度有所下降，商住用地价格上涨的压力也就有所减小，这一方面有利于提高普通居民的住房消费能力，增加商住用地消费需求，切实避免商住用地供应的结构性过剩，减少商住用地空置，直接促进商住用地利用效率的增长；另一方面将有效抑制商住用地和商住物业投机，减少商住用地囤积，避免商住用地闲置。

但值得注意的是，我国的城市化主要是由地方政府推动，城市建设用地规模扩张在很大程度上是行政干预的结果，而不是城市经济社会发展内生驱动的结果，这就使城市建设用地规模扩张和房地产投资将与城市经济社会发展的实际需求存在一定的差异，故在土地出让收入占比超过一定临界值之后，房地产投资结构占比对城市建设用地利用效率的作用依然为负。

3. 土地出让市场化程度对城市建设用地利用效率的影响实证分析

随着工业化进程的不断发展，土地出让收入分配制度也将随之变迁，土地出让市场名义市场化程度对实际市场化程度的偏离也在不断缩小，名义市场化程度的提高对城市建设用地利用效率的促进作用也将发生"质"的变化。

为了验证名义土地出让市场化程度对城市建设用地利用效率的影响是否会随工业化和土地出让收入分配制度的变革而表现出明显的门槛效应，此处构建了一个以土地出让收入分配制度为门限变量、名义土地出让市场化程度为反应变量、城市建设用地利用效率为被解释变量以及其他变量为控制变量的门限回归模型，具体设定为 $\ln tfp_{it}=\alpha_i+\beta\ln X+\alpha_1 I\cdot market_{it}(\gamma_1<crj)+\alpha_2(1-I)\cdot market_{it}(\gamma_1\geqslant crj)+\xi_{it}$；$\beta=(\beta_1, \beta_2, \beta_3, \beta_4, \beta_5, \beta_6, \beta_7)$；$X=(\ln income, \ln dense, \ln structure, \ln rd, \ln land, \ln^2 land, \ln^2 dense)'$。

式中，crj 为门限变量，表示土地出让收入分配制度，用土地出让总收入占城市非农产业产值的比重来表示，market 为反应变量，表示土地出让市场的名义市场化程度，详细具体测度方法已在本章第一节做了详细说明，其余变量的含义和衡量方法与前面的完全相同，此处不再赘述。

利用我国 29 个省份 2004~2014 年相关数据，运用 Stata 12.0 软件，对上述模型进行了实证分析，土地出让市场名义市场化程度对城市建设用地利用效率影响的门限效应检验结果及估计结果如表 6-12 所示。

表 6-12　地方政府其余微观土地利用行为对城市建设用地利用效率的影响实证结果

门限效应检验结果

模型	门限变量	反应变量	原假设	门限值嫌疑点	存在性检验		稳定性检验		结论
					LM 统计量值	p 值	LR 统计量值	5%临界值	
市场化程度模型	土地出让收入分配制度	土地出让市场市场化程度	不存在门限效应	14.9%	8.444	0.009	0.000	7.352	拒绝
生产技术选择模型	工业用地出让收入分配制度	企业生产技术	不存在门限效应	761 元/平方米	5.780	0.019	0.000	7.352	拒绝
			最多只存在一个门限效应	1078 元/平方米 761 元/平方米	4.310	0.060	1.235	7.352	接受
土地督察执法模型	土地出让收入分配制度	土地督察执法强度	不存在门限效应	14.4%	6.545	0.013	0.000	7.352	拒绝
			最多只存在一个门限效应	7.7% 14.4%	3.265	0.067	1.538	7.352	接受

门限模型估计结果

被解释变量：城市建设用地利用效率 tfp	市场化程度模型	生产技术选择模型	土地督察执法模型
income	0.103** (0.040)	0.142*** (0.042)	0.104** (0.040)
dense	0.472** (0.220)	0.253 (0.221)	0.46** (0.222)

续表

门限模型估计结果			
被解释变量：城市建设用地利用效率 tfp	市场化程度模型	生产技术选择模型	土地督察执法模型
market	—	−0.029	−0.014
	—	(0.022)	(0.023)
structure	0.116***	0.108***	0.115***
	(0.039)	(0.038)	(0.039)
rd	0.043	0.120***	−0.033**
	(0.029)	(0.037)	(0.016)
land	−1.843***	−1.708***	0.040
	(0.363)	(0.361)	(0.030)
$land^2$	0.125***	0.126***	−1.798***
	(0.027)	(0.026)	(0.377)
$dense^2$	−0.034**	−0.018	0.122***
	(0.016)	(0.016)	(0.028)
market1	0.099*		
	(0.098)		
market2	0.175*		
	(0.230)		

续表

门限模型估计结果			
被解释变量：城市建设用地利用效率 tfp	市场化程度模型	生产技术选择模型	土地督察执法模型
Tec1		0.159*** (0.052)	
Tec2		0.171*** (0.052)	
ZFQD1			-0.007* (0.013)
ZFQD2			0.042** (0.02)

注："***""**""*"分别表示在1%、5%和10%的显著性水平下显著，"（）"内的数值为标准误；门限效应存在性检验LM统计量结果判断基于5%的显著性水平，"□"内的数值表示触发接受门限效应检验原假设的关键点。

从土地出让市场化程度模型的门限效应检验结果可以看出（见表 6-12 门限效应检验结果第一行），第一门限值嫌疑点为 14.9%，存在性检验 LM 统计量的 F 值为 8.444，对应的 p 值为 0.009，这说明，该门限回归模型可能存在门限效应，与此同时稳定性检验 LR 统计量的卡方值为 0.000，小于 5%的临界值 7.352，这说明，采用网格搜寻法得到的门限点与样本中真实存在的门限点在统计上并无显著差别，因此，可以判定，应拒绝不存在门限效应的原假设。为了进一步判断门限效应的个数，还需对门限效应做进一步检验，双门限效应检验结果显示，第二门限值嫌疑点为 2.2%，但存在性检验 LM 统计量的 F 值为 3.609，对应的 p 值为 0.062，这表示在 5%的显著性水平下应拒绝存在双门限效应的原假设。综合单门限和双门限效应检验的检验结果可以判定，受土地出让收入分配制度的调节，土地出让市场化程度对城市建设用地利用效率的影响存在单门限效应，门限点为 14.9%。

从土地出让市场化程度门限回归模型的估计结果可以看出（见表 6-12 门限模型估计结果第一列），当土地出让收入占比小于 14.9%时，土地出让市场化程度对城市建设用地利用效率的边际影响为 0.099，但当土地出让收入占比超过 14.9%时，土地出让市场化程度对城市建设用地利用效率的边际影响则进一步提升至 0.1795，这说明土地出让收入占比的提高有利于促进土地出让市场资源配置功效的增长。

这主要是由于土地出让收入分配制度的变迁与工业化发展历程高度耦合，工业发展阶段的变化将引起土地出让收入分配制度以及土地出让市场发育状况的相应变化。具体而言，当土地出让收入占比小于 14.9%时，城市尚且处于工业化发展的初期和中期，工业经济并不发达，商业服务业也因为没有工业的支撑而略显凋敝，这就使得地方政府的直接土地出让收入创造能力较弱，对间接土地出让收入的依赖性较强，城市工业发展对低价协议或“虚假挂牌”等“伪市场化”出让方式的需求较高，在区域招商引资竞争的催化作用下，各地竞相降低土地出让价格，大量采用协议出让或“虚假挂牌”方式供应工业用地，这严重阻碍了土地出让市场的市场发育进程，弱化了市场的资源配置功效，降低了土地资源的配置效率。

但当土地出让收入占比超过 14.9%时，城市工业化已基本完成，城市工业经济发达，商业服务业繁荣，地方政府对工业用地低价协议出让或“虚假挂牌出让”的需求开始减少，而对土地出让的直接收益需求也开始增加，此时地方政府不仅无须采用低价协议出让或“虚假挂牌出让”工业用地的方式来促进土地出让收入的增长，甚至还会通过主动掀起土地出让市场化改革，推动土地出让市场发育进程，改善区域投资环境的方式来增强对优质资本的吸引能力，有效地推动了土地出让市场的市场发育进程，强化了市场在土地资源配置过程中的基础性和决定性作用，促进了土地资源配置效率的增长。

4. 工业用地低价出让与企业生产技术选择对城市建设用地利用效率的影响实证分析

在区域招商引资竞争的催化作用下，工业用地出让收入分配制度经常陷入“区域招商引资竞争”的低水平陷阱，而土地出让方式差异化为工业用地低价出让创造了制度前提，并通过企业的生产技术选择对城市建设用地利用效率产生了显著的影响。

为了验证上述作用机理，此处构建了一个以工业用地出让价格为门限变量，企业生产技术为反应变量，城市建设用地利用效率为被解释变量，其他变量为控制变量的门限回归模型，具体设定为 $\ln tfp_{it}=\alpha_i+\beta\ln X+\alpha_1 I\cdot Tec_{it}(\gamma_1<gy)+\alpha_2(1-I)\cdot Tec_{it}(\gamma_1\geqslant gp)+\xi_{it}$；$\beta=(\beta_1,\beta_2,\beta_3,\beta_4,\beta_5,\beta_6,\beta_7,\beta_8)$；$X=(\ln income, \ln dense, \ln market, \ln structure, \ln rd, \ln land, \ln^2 land, \ln^2 dense)'$。

式中，gy 为门限变量，表示工业用地出让收入分配制度，用工业用地出让价格来表示①，Tec 为企业的生产技术，用地均资本来表示，地均资本越高，表示企业生产技术的非土地节用型偏向越强，I 为示性函数，其取值规则为

$$I=\begin{cases}1, & \gamma_1<gy\\ 0, & \gamma_1\geqslant gy\end{cases}$$。

利用我国 2009~2014 年 29 个省份的相关数据，运用 Stata 12.0 软件对工业用地出让收入分配制度与企业生产技术选择对城市建设用地利用效率的非线性影响进行了估计，具体检验和估计结果如表 6-12 所示。

从企业生产技术选择模型的门限效应检验结果可以看出，第一门限值嫌疑点为 761 元/平方米，存在性检验 LM 统计量的 F 值为 5.780，对应的 p 值为 0.019，这表示企业的生产技术选择对城市建设用地利用效率的影响可能存在门限效应，通过做进一步检验发现，稳定性检验 LR 统计量的卡方值为 0.000，小于 5%的临界值 7.352，这表示通过网格搜寻法得到的门限点与样本中真实存在的门限点在统计上并无显著差别，因此可以综合判定，应拒绝不存在门限效应的原假设。为确定门限效应的具体个数，还应做进一步的检验，双门限效应检验得到的第二门限值嫌疑点为 1078 元/平方米，但存在性检验 LM 统计量的卡方值为 4.310，对应的 p 值为 0.060，未通过 5%的显著性检验，故应拒绝至少存在一个门限效应的原假设。综合判定，受工业用地出让收入分配制度的调节，企业的生产技术选择对城市建设用地利用效率的影响存在单门限效应，门限点为 761 元/平方米。

---

① 由于《国土资源统计年鉴》中并未公布各省、自治区、直辖市工业用地出让平均价格数据，故此处直接用省会城市工业用地出让价格代替。

从估计结果来看，当工业用地出让价格低于761元/平方米时，Tec变量的系数估计结果为0.159，但当工业用地出让价格高于761元/平方米时，Tec变量的系数估计结果将增长至0.171，这说明企业的生产技术类型在临界点前后发生了显著的变化，工业用地出让价格超过761元/平方米之后，企业采用的生产技术更加集约。企业的生产技术类型之所以会发生显著的变化，对城市建设用地利用效率的影响之所以会表现出显著的阶段性特征，主要是由如下两个原因造成的：一是从技术需求角度来看，当工业用地出让价格超过临界点后，资本密集型生产技术对地方政府更为有利，这将诱使地方政府转换招商引资策略，提高招商引资门槛，促进企业生产技术转型升级。“以地招商引资”存在低水平陷阱，当工业用地出让价格低于某一临界值时，区域之间无法拉开差距，难免陷入“以地招商引资”恶性竞争的旋涡。为了吸引工业资本入驻，各地竞相降低土地出让价格，这将诱使土地使用者粗放利用土地资源，采用非土地节用型生产技术，并怠于从事技术创新，阻碍了技术进步，降低了城市建设用地利用效率。只有当工业用地出让价格超过某一临界值时，地方政府才能彻底摆脱“以地招商引资”的低水平陷阱，并进入高质量运行轨道，通过差异化竞争的方式，吸引高质量的企业入驻，并在外溢效应的催化作用下，吸引更多的高质量企业来此集聚，最终步入技术创新的良性循环，促进城市建设用地利用效率的持续快速增长。二是从技术供给的角度来看，技术创新存在门槛，只有当工业用地出让价格超过一定临界值时，技术转换的收益才会超过技术转换的成本，技术转换才会发生，企业的技术水平才会得以提升，对城市建设用地利用效率的促进作用才会增强。当工业用地出让价格低于761元/平方米时，工业用地出让收入分配制度存在严重扭曲，工业用地出让价格严重偏低，此时加大研发投入的收益将不足以覆盖研发投入的成本，故理性的土地使用者都不会选择加大研发投入，而是保持现有的土地利用技术。更为甚者，低廉的土地使用价格甚至会诱使土地使用者采用非土地节用型生产技术，但从我国的生产技术演化进程来看，非土地节用型生产技术大多是早期发明的落后技术，对非土地节用型生产技术的普遍采用不仅不会促进，甚至还会降低企业的生产技术水平，抑制土地利用效率的增长。只有当工业用地出让价格超过761元/平方米时，地租才会对企业的生产成本构成严重的威胁，加大研发投入的收益才会超过成本。这将激发土地使用者的技术创新热情，激励土地使用者加大研发投入力度，加快先进适用技术的引进速度，促进企业生产技术转型升级，提高资本等其他要素在要素投入组合中所占的比重，促进城市建设用地利用效率的持续快速增长。

（三）土地督察执法机制实证检验

为了使土地出让收入最大化，地方政府将根据土地出让收入分配制度的变化相机选择土地督察执法策略，这使土地督察执法的边际功效表现出了明显的门槛特征。为了验证这一作用机理，本书建立了一个以土地督察执法强度为反应变量，土地出让收入分配制度为门限变量，其他变量为控制变量，城市建设用地利用效率为被解释变量的门限回归模型，具体设定为 $\ln tfp_{it}=\alpha_i+\beta\ln X+\alpha_1 I\cdot ZFQD_{it}(crj<\gamma_1)+(1-I)\cdot ZFQD_{it}(crj\geqslant\gamma_1)+\xi_{it}$；$\beta=(\beta_1,\ \beta_2,\ \beta_3,\ \beta_4,\ \beta_5,\ \beta_6,\ \beta_7,\ \beta_8)$；$X=(\ln income,\ \ln dense,\ \ln market,\ \ln structure,\ \ln rd,\ \ln land,\ \ln^2 land,\ \ln^2 dense)'$。

式中，ZFQD 表示土地督察执法强度，其计算公式为 $ZFQD_{it}=q_{it}/(q_{it}+\sum_{v=1}^{n}q_{it-v})$。

q_{it}表示本年立案，本年发生的土地违法案件涉案面积，$\sum_{v=1}^{n}q_{it-v}$ 为本年立案，历年隐漏的土地违法案件涉案土地面积，crj 表示土地出让收入分配制度，用土地出让收入占城市非农产业产值的比重来表示，其余变量的含义与前面完全相同，此处不再赘述。

利用我国 2004～2014 年 29 个省份相关数据，运用 Stata 12.0 软件，借鉴 Hansen 门限回归模型的计量原理，对土地督察执法强度门限回归模型进行了实证分析，门限效应检验结果和门限模型估计结果如表 6-12 所示。

首先，从土地督察执法强度门限回归模型的门限效应检验结果可以看出，第一门限值嫌疑点为 14.425%，存在性检验 LM 统计量的 F 值为 6.545，对应的 p 值为 0.013，这说明受土地出让收入分配制度的调节，土地督察执法强度对城市建设用地利用效率的影响可能存在门限效应，而稳定性检验 LR 统计量的卡方值为 0.000，小于 5%的临界值 7.352，这说明采用网格搜寻法得到的第一门限值嫌疑点与样本中真实存在的门限点在统计上并无显著差别，故可以判定，应拒绝不存在门限效应的原假设。为了确定门限效应的具体个数，还需做进一步检验，双门限效应检验的结果表明，第二门限值嫌疑点为 7.7%，存在性检验 LM 统计量的 F 值为 3.265，对应的 p 值为 0.067，故在 5%的显著性水平下，应接受最多只存在一个门限效应的原假设。因此，可以综合判定，受土地出让收入分配制度的调节，土地督察执法强度对城市建设用地利用效率的影响存在单门限效应，门限点为 14.4%。

其次，从估计结果来看，当土地出让收入占比小于 14.425%时，土地督察执法强度对城市建设用地利用效率的边际影响为负，弹性系数为-0.007，但当土地出让收入占比大于 14.425%时，土地督察执法强度对城市建设用地利用效率的边际影响将由负转正，弹性系数变为 0.042。

这主要是由于当土地出让收入占比小于 14.425%，城市工业化进程尚且处于前期和中期，城市工业基础薄弱，工业资本稀缺，地方政府对工业资本的渴望程度较高，区域招商引资亟须低价协议出让或“虚假挂牌出让”方式提供有力的支撑，但在现行新增建设用地供应计划管理体制的激励约束作用下，地方政府城市建设用地规模扩张受到了严重的阻碍，故此时放松土地督察执法强度能给地方政府带来大量的非法土地收益，这将激励地方政府采取“选择性”土地督察执法策略，只查处那些不会阻碍其获取更多土地出让收入的违法用地行为，却对那些会促进其土地出让收入增长的违法用地行为视而不见。更糟糕的是，地方政府还经常主导违法用地，2006~2007 年以地方政府为违法主体的土地违法案件涉案面积占全部违法用地面积的比重高达 80%①，这严重扰乱了土地开发利用秩序，扭曲了土地出让收入分配关系，将部分本应由中央政府享有的土地收益通过放松土地督察执法的形式流入到了地方政府和非法用地者手中，这为土地使用者和地方政府提供了错误的激励，诱使地方政府进一步放松土地督察执法强度，采取更为明显的“选择性”土地督察执法策略，与此同时还将激励土地使用者加大违法用地力度，二者相互配合，共同侵蚀了土地出让收入分配制度实施机制的根基，致使省以下土地督察执法力量形同虚设，违法用地的督察执法机制几近丧失，严重弱化了土地督察执法的功效。但当土地出让收占比超过 14.425%时，城市工业化已基本完成，地方政府“以地招商引资”的需求开始减弱，新增建设用地需求也开始下降，“选择性”督察执法策略的边际收益也开始下滑。与此相反，“普遍性”督察执法策略能有效避免更多的国有土地收益流失，获取更多的土地出让收入，故此时理性的地方政府都将转变土地督察执法策略，提高土地督察执法强度，这有利于规范土地开发利用行为，理顺土地收益分配关系，减少非法用地行为，提高土地使用价格，避免土地的粗放利用和低效配置，促进城市建设用地利用效率的增长。

（四）违法用地对城市建设用地利用效率的影响实证分析

土地出让收入分配制度的变革将导致土地使用成本的波动，这将改变违法用地的收益结构，影响土地使用者的违法用地决策，并通影响城市建设用地供需的方式来对城市建设用地利用效率产生显著的不良影响。更关键的是，随着土地出让收入分配制度的不断变化，违法用地主体的组织结构也将发生“质”的变化，这将导致违法用地对城市建设用地利用效率的影响表现出明显的门槛特征。本部分主要通过采用线性和非线性估计技术，从实证的角度来对违法用地对城市建设用地利用效率的影响进行实证。

1. 线性影响实证分析

为了验证土地出让收入分配制度的扭曲是会通过激发土地违法的方式来对城

① 张传玖：《土地督察一年间》，《中国土地科学》2007 年第 7 期。

市建设用地利用效率产生显著影响，此处构建了一个以违法用地与土地出让收入分配制度的交互项为核心变量，城市建设用地利用效率为被解释变量，其他变量为控制变量的普通计量模型：

$$\ln tfp_{it}=\alpha_i+\beta X+\alpha_1\ln offend_{it}+\alpha_2\ln crj_{it}+\xi_{it} \quad (模型 1)$$

$$\ln tfp_{it}=\gamma_i+\beta X+\gamma_1\ln offend_{it}+\gamma_2\ln crj_{it}+\gamma_3\ln offend_{it}*\ln crj_{it} \quad (模型 2)$$

$\beta=(\beta_1, \beta_2, \beta_3, \beta_4, \beta_5, \beta_6, \beta_7, \beta_8)$；$X=(\ln income, \ln dense, \ln market, \ln structure, \ln rd, \ln land, \ln^2 land, \ln^2 dense)'$。

式中，offend 表示违法用地，用历年查处的违法用地涉案面积表示；crj 表示土地出让收入分配制度，用土地出让总收入占城市非农产业产值的比重来表示；offend * crj 为交互项，表示的是土地出让收入分配制度与违法用地的交互作用。

X 为一组控制变量，其含义和衡量方法与前面完全相同，此处不再赘述，详见本章第一节；tfp 为被解释变量，表示城市建设用地利用效率，直接采用前文的超效率测算结果；ξ 为随机扰动项，表示的是所有不能为已设定的解释变量所解释的因素对城市建设用地利用效率的影响。

模型 1 主要用于考察在不考虑土地出让收入分配制度的条件下，违法用地对城市建设用地利用效率的独立影响；模型 2 主要用于考察现行土地出让收入分配制度是否会加剧违法用地的盛行，强化违法用地对城市建设用地利用效率的抑制作用。若 γ_3 的系数估计结果高度显著，则说明土地出让收入分配制度通过违法用地途径对城市建设用地利用效率产生了显著的影响，$\gamma_3>0$ 表示土地出让收入分配制度有利于减少违法用地，弱化违法用地对城市建设用地利用效率的抑制作用，$\gamma_3<0$ 表示土地出让收入分配制度刺激了违法用地的增长，加剧了违法用地对城市建设用地利用效率的抑制作用。

利用我国 29 个省份 2004~2014 年相关数据，运用 Stata 12.0 软件，对土地出让收入分配制度通过违法用地途径对城市建设用地利用效率所产生的线性影响做了实证检验，具体估计结果如表 6-13（违法用地模型第 1 列、第 2 列）所示。

表 6-13　违法用地和“成本倒逼机制”模型估计结果

被解释变量：城市建设用地利用效率 tfp	违法用地模型			“成本倒逼机制”模型	
	普通模型 1	普通模型 2	门槛回归模型	门槛回归模型	
	1	2	3		4
income	0.144*** (0.029)	0.142*** (0.029)	0.108*** (0.040)	income	0.096** (0.040)

续表

被解释变量：城市建设用地利用效率 tfp	违法用地模型			“成本倒逼机制”模型	
	普通模型 1	普通模型 2	门槛回归模型	门槛回归模型	
	1	2	3		4
dense	0.536*** (0.207)	0.529 (0.207)	0.418* (0.223)	dense	0.479** (0.219)
market	-0.011 (0.022)	-0.011*** (0.022)	-0.019 (0.023)	market	-0.021 (0.022)
structure	0.103*** (0.036)	0.103 (0.036)	0.128*** (0.040)	structure	0.113*** (0.038)
rd	0.015 (0.014)	0.015 (0.014)	0.051* (0.029)	land	-1.919*** (0.366)
land	-1.679*** (0.281)	-1.694*** (0.286)	-1.632*** (0.391)	$land^2$	0.134*** (0.027)
$land^2$	0.119*** (0.021)	0.12 (0.021)	0.106*** (0.029)	$dense^2$	-0.034** (0.015)
$dense^2$	-0.038*** (0.014)	-0.038*** (0.015)	-0.029* (0.016)		
_ cons	3.329*** (1.129)	3.38 (1.139)			
offend	-0.007** (0.009)	-0.002* (0.02)			
crj	-0.042** (0.017)	-0.033*** (0.024)			
crj * offend		-0.005*** (0.009)			
offend1（crj<14.796%）			-0.014* (0.010)	RD1 (crj<3.475%)	0.0184* (0.031)
offend2（crj≥14.796%）			-0.034*** (0.012)	RD2 (3.475%<crj<14.796%)	0.0293** (0.029)
				RD3 (crj>14.796)	0.0190* (0.030)

续表

被解释变量：城市建设用地利用效率 tfp	违法用地模型			“成本倒逼机制”模型	
	普通模型 1	普通模型 2	门槛回归模型	门槛回归模型	
	1	2	3	4	
R^2	0.604	0.604			
Hausman 值	18.47	14.60			
p 值	0.048	0.202			
模型选择	固定效应	随机效应			

门限效应检验结果

门限变量	反应变量	原假设	门限值嫌疑点（%）	门限效应存在性检验		门限点稳定性检验		结论
				LM 统计量值	p 值	LR 统计量值	5% 临界值	
土地出让收入占比	研发投入	不存在门限效应	14.796	10.063	0.002	0.000	7.352	拒绝
		最多只存在一个门限效应	3.475 14.796	3.435	0.046	6.276	7.352	拒绝
		最多只存在两个门限效应	2.176 14.796 3.104	3.580	0.072	9.294	7.352	接受
	违法用地发生率	不存在门限效应	14.796	5.165	0.026	0.000	7.352	拒绝
		最多只存在一个门限效应	7.372 14.796	2.946	0.086	1.341	7.352	接受

注：“ *** ”“ ** ”“ * ”分别表示在 1%、5%和 10%的显著性水平下显著，“（）”内的数值为标准误；门限效应存在性检验 LM 统计量结果判断基于 5%的显著性水平，“□”内的数值表示触发接受门限效应检验原假设的关键点。

从模型 2 的估计结果可以看到，crj * offend 变量的系数估计结果在 1%的显著性水平下高度显著，且符号为负，弹性系数为-0.005，这说明现行土地出让收入分配制度加剧了违法用地对城市建设用地利用效率的抑制作用。这说明当前我国的土地出让收入分配制度存在不合理现象，地方政府凭借土地所有者代理人身份所分享的土地利益份额偏高，而土地使用者以及农民、农村集体经济组织所分享的土地利益偏低。

土地使用成本过高将“驱赶”土地使用者违法占地，而过低的土地征收收益也将“推动”农民和农村集体经济组织加大对非法用地的供给力度，加速了农地非农化进程（从需求的角度来看，非法占地降低了土地获取成本，刺激了非法用地需求的增长。从供给方面来看，在非法占地条件下，农民和农村集体经济组织可直接与用地单位协商，显著增强了农民和农村集体经济组织在农地非农化过程中的谈判地位，提高了农民和农村集体经济组织对农地非农化增值收益的分享份额，极大地提高了农民和农村集体经济组织参与非法占地的积极性，诱使农民和农村集体经济组织加大农地供给力度），并通过如下两个渠道对城市建设用地利用效率抑制了城市建设用地利用效率的持续快速增长：一是非法占地加速了城市蔓延，加剧了土地城市化对人口城市化的偏离，诱发了土地的粗放利用和低效配置，抑制了城市建设用地利用效率的持续快速增长。二是非法占地扰乱了城市土地的开发利用秩序，降低了土地资源的空间配置效率。由于违法占地未经规划部门批准，这就使非法占用地块的实际用途与规划用地之间很可能存在较大的差异，这将导致不相容的土地用途在地理位置上相互靠近，严重扰乱了土地资源的空间配置秩序，引发了严重的空间负外部性，恶化了土地资源的空间配置状况，降低了土地资源的空间配置效率，抑制了城市建设用地利用效率的持续快速增长。

2. 违法用地对城市建设用地利用效率的非线性影响实证分析

上部分的分析表明，当前我国的土地出让收入分配结构整体上过分偏向地方政府，挤占了土地使用者的土地收益份额，这为土地使用者提供了错误的激励，诱使土地使用者违法用地，并通过如下两个渠道对城市建设用地利用效率产生了严重的不良影响：一是非法占地加剧了城市蔓延，诱发了土地的粗放利用和低效配置，严重抑制了城市建设用地配置利用效率的持续快速增长；二是非法占地扰乱了土地资源的空间开发利用秩序，恶化了土地资源的空间配置状况，降低了土地资源的空间配置效率。但值得注意的是，在土地出让收入占比较低时，非法占地主体大多都是劣质企业，那么当土地出让收入占比突破一定阈值之后，违法用地主体的组织结构是否会发生显著的变化，优质企业是否会汇入到非法占地的洪流中去？对城市建设用地利用效率的抑制作用是否会进一步加剧？

为了回答上述问题，此处构建了一个以土地出让收入分配制度为门限变量，违法用地为反应变量，其他变量为控制变量，城市建设用地利用效率为被解释变量的门限回归模型，具体设定为 $\ln tfp_{it} = \alpha_i + \beta \ln X + \alpha_1 I \cdot offend_{it}(\gamma_1 < crj_0) + \alpha_2 (1-I) \cdot offend_{it}(\gamma_1 \geqslant crj_0) + \xi_{it}$；$\beta = (\beta_1, \beta_2, \beta_3, \beta_4, \beta_5, \beta_6, \beta_7, \beta_8)$；$X = (\ln income, \ln dense, \ln market, \ln structure, \ln rd, \ln land, \ln^2 land, \ln^2 dense)'$。

式中，offend 表示违法用地，用历年查处的违法用地涉案面积来表示，其余变量的含义和衡量方法与前面完全相同，此处不再赘述。

利用我国 2004~2014 年 29 个省份相关数据，对违法用地门限回归模型进行了计量分析，具体估计结果如表 6-13（违法用地模型第 3 列）所示。

从违法用地门限回归模型的门限效应检验结果可以看出，第一门限值嫌疑点为 14.796%，存在性检验 LM 统计量的 F 值为 5.165，对应的 p 值为 0.026，这说明受土地出让收入分配制度的调节，违法用地对城市建设用地利用效率的影响可能存在门限效应，而稳定性检验 LR 统计量的卡方值为 0.000，小于 5%的临界值 7.352，这说明采用网格搜寻法得到的第一门限值嫌疑点与样本中真实存在的门限点在统计上并无显著差别，故可以判定，应拒绝不存在门限效应的原假设。为了确定门限效应的具体个数，还需做进一步检验，双门限效应检验的结果表明，第二门限值嫌疑点为 7.372%，存在性检验 LM 统计量的 F 值为 2.946，对应的 p 值为 0.086，故在 5%的显著性水平下，应接受最多只存在一个门限效应的原假设。因此，可以综合判定，受土地出让收入分配制度的调节，违法用地对城市建设用地利用效率的影响存在单门限效应，门限点为 14.4%。拒绝了不存在门限效应的原假设，而接受了只存在一个门限效应的原假设，门限点为 14.796%，故本书直接给出了单门限模型的估计结果。

从违法用地门限回归模型的估计结果可以看出，当土地出让收入占城市非农产业产值的比重小于 14.796%时，违法用地（offend1）对城市建设用地利用效率的抑制作用强度为-0.014，但当土地出让收入占比超过 14.795%时，违法用地（offend2）对城市建设用地利用效率的抑制作用将进一步提升至-0.034，这与预期相一致。这说明，随着土地出让收入占比的持续提高并超过一定的阈值，违法用地对城市建设用地利用效率的抑制作用也将发生显著的变化。这主要是由于当土地出让收入占比过高，并超过一定的阈值时，违法用地主体的组织结构将发生显著的变化，当土地出让收入占比小于 14.796%时，违法用地的用地主体大多都是那些土地利用效率较低、生产技术水平不高、创新能力和创新意识不强、创新资源极度匮乏的“劣质企业”，为了在激烈的市场竞争中生存下去，这些企业将铤而走险，直接采用非法占地的方式来满足自身的土地需求。但当土地出让收入占比超过 14.796%时，部分土地利用效率较高，创新能力和创新意识较强并拥有一定创新资源的优质企业也开始汇入非法占地的洪流，显著改变了违法用地单位的组织结构，加剧了违法用地的盛行，一方面加速了城市蔓延，进一步加剧了土地城市化对人口城市的偏离，诱发了更为严重的土地资源粗放利用和低效配置，抑制了城市建设用地利用效率的增长；另一方面，非法占地还进一步严重扰乱了土地的空间开发利用秩序，致使不相容的土地用途在空间上相互靠近，引发了更为严重的土地利用负外部性，进一步降低了土地资源的空间配置效率。

违法用地主体的组织结构以及违法用地对城市建设用地利用效率的影响之所以会表现出上述门限特征，关键在于技术创新存在一定的门槛。当土地出让收入占比较高且超过一定临界值时，若想通过技术创新的方式来吸收土地使用成本的上涨，就必须对研发资金和研发人才做出重大调整，但由于我国企业的研发资源极度匮乏且分布不均，这就使部分“优质企业”也将面临一定的研发资金约束，无法跨越研发投入的门槛，因此也就无法通过技术创新的方式来消化持续上升的土地使用成本，为了生存，这部分“优质企业”也开始与“劣质企业”同流合污，主动汇入非法占地的洪流。

该模型的政策含义是：一方面要适当控制土地出让收入占比；另一方面，当土地出让收入占比逼近临界值时，要根据违法主体组织结构的变化趋势，适时加大对违法用地的督察执法力度。

（五）“成本倒逼机制”及其门槛效应实证分析

为了验证土地出让收入分配制度影响城市建设用地利用效率的“成本倒逼机制”及其门槛效应，此处建立了一个以土地出让收入分配制度为门限变量，研发资本为反应变量，城市建设用地利用效率为被解释变量，其他变量为控制变量的门限回归模型，模型具体设定为 $\ln tfp_{it}=\alpha_i+\beta\ln X+\alpha_1 I\cdot RD_{it}(\gamma_1<crj_0)+\alpha_2(1-I)\cdot RD_{it}(\gamma_1\geqslant crj_0)+\xi_{it}$；$\beta=(\beta_1, \beta_2, \beta_3, \beta_4, \beta_5, \beta_6, \beta_7)$；$X=(\ln income, \ln dense, \ln market, \ln structure, \ln land, \ln land^2, \ln dense^2)'$。

式中，RD 为研发资本存量，其余变量的内涵和衡量方法均已在前文做了详细介绍，此处不再赘述（详见本章第一节）。

利用我国 29 个省份 2004~2014 年相关数据，对上述“成本倒逼机制”门限回归模型进行了计量分析，门限效应检验结果及门限模型估计结果如表6-13所示。

从成本倒逼机制门限回归模型的门限效应检验结果可以看出，第一门限值嫌疑点为 14.796%，存在性检验 LM 统计量的 F 值为 10.063，对应的 p 值为 0.002，这说明受土地出让收入分配制度的调节，研发投入对城市建设用地利用效率的影响可能是非线性的，而稳定性检验 LR 统计量的卡方值为 0.000，小于 5%的临界值 7.352，这说明采用网格搜寻法得到的第一门限值嫌疑点与样本中真实存在的门限点在统计上并无显著差别，故可以判定，应拒绝不存在门限效应的原假设。为了确定研发投入对城市建设用地利用效率的影响是否存在双门限效应，还需做进一步检验，从双门限效应检验的检验结果来看，第二门限值嫌疑点为 3.475%，存在性检验 LM 统计量的 F 值为 3.435，对应的 p 值为 0.046，这说明在 5%的显著性水平下，研发投入对城市建设用地利用效率的影响可能存在双门限效应，而稳定性检验 LR 统计量的卡方值为 6.276，小于 5%的临界值 7.352，这说明通过网格搜寻法得到的第二门限值嫌疑点与样本中真实存在的门限点在统计上并无显著差别。更关键的是，回检得到的第一门限值为 14.796%，与第一阶段得到的第一门限点完全一致，故可以判定，应拒绝最多只存在一个门限效应的原假设。为进一步确定该模型门限效应的具体个数，还需对三门限效应做进一步检验，从三门限效应检验的检验结果来看，第三门限值嫌疑点为 2.176，存在性检验 LM 统计量的 F 值为 3.580，对应的 p 值为 0.072，故在 5%的显著性水平下应拒绝存在三门限效应的原假设。综合判定，受土地出让收入分配制度的调节，研发投入对城市建设用地利用效率的影响存在双门限效应，两个门限点分别为 3.475%和 14.796%。

从“成本倒逼机制”门限回归模型的估计结果可以看出（见表 6-13），当土地出让收入占城市非农产业产值的比重小于第一临界值 3.475%时，研发资本的增加对城市建设用地利用效率的作用为正，弹性系数为 0.0184，但当土地出让收入占城市非农产业产值的比重超过第一临界值 3.475%，而小于第二临界值 14.796%时，研发资本对城市建设用地利用效率的促进作用将进一步提升至 0.0293，此后，随着土地出让收入占比的进一步提升，并超过第二临界点 14.796%，研发投入对城市建设用地利用效率的促进作用将大幅下滑，由第二阶段的 0.0293 下降至第三阶段的 0.019。第一阶段研发资本对城市建设用地利用效率的促进作用较小，主要是由于当土地出让收入占比小于 3.754%时，土地出让收入占比偏低，地方政府凭借土地所有者和公共管理者身份所分享的土地利益偏低，而土地使用者所享有的土地利益份额偏高，这为土地使用者提供了错误的激励，并将助长土地使用者的技术创新惰性，诱使土地使用者只顾享受低廉的土地价格所带来的饕餮大餐，而怠于从事技术创新，这就使这一时期的“成本倒逼机制”并不显著，对企业技术进步和城市建设用地利用效率的促进作用较小。但当土地出让收入占比超过 3.754%时，土地使用者的用地成本将显著增大，这将会对企业的正常生产经营构成严重的威胁，为了对冲土地使用成本上涨所带来的不利影响，土地使用者就会加大研发投入力度，这将加速企业技术进步，推动企业生产效率和土地利用效率的持续快速增长，即土地出让收入占比超过第一临界点将触发显著的“成本倒逼效应”。此外，当土地出让收入占比继续提升，并超过第二临界值 14.796%时，土地出让收入分配制度将发生严重扭曲。但与第一阶段不同，这一阶段土地出让收入分配制度的扭曲主要体现在地方政府所得份额偏高上，这将通过“挤出效应”和“分流效应”对用地单位的研发投入和城市建设用地利用效率产生显著的不良影响，即：一方面，按照亚当·斯密的观点，地租是对利润的扣除，过高的土地出让收入占比也就意味着过高的地租水平，这将严重侵蚀企业的正常经营利润，但利润是企业研发投入的重要资金来源，地租对利润的侵蚀必然会导致对研发投入的“挤出”，这严重弱化了企业研发投入能力的持续快速增长，抑制了“成本倒逼效应”的有效发挥。另一方面，当土地出让收入占比超过第二临界点后，将显著改变违法用地主体的组织结构，诱使“优质”企业加入违法用地大军，加剧违法用地的盛行，这将提高研发活动的机会成本，降低研发活动的相对收益，严重挫伤了土地使用者加大研发投入的积极性，因此违法用地的盛行将对研发投入形成显著的“分流作用”，这严重抑制了土地使用者研发投入的持续快速增长。两种力量叠加作用就使得第三阶段研发资本对城市建设用地利用效率的促进作用开始下降。不过值得欣慰的是，与第一阶段相比，第三阶段研发投入的边际效率要高于第一阶段，这说明，对企业正常经营利润的“挤出效应”和违法用地的“分流效应”仍小于“成本倒逼效应”。

从上述实证结果可以看出，触发“成本倒逼机制”的土地出让收入占比仅为3.475%，但2004~2014年我国土地出让收入占城市非农产业产值比重的均值为9.072%，这说明总体而言，我国的土地出让收入分配制度早已跨越触发“成本倒逼机制”的临界点，有利于激发土地使用者的研发投入热情。虽然如此，我们仍需加强对土地出让收入分配的管控，一方面要谨防土地的低价出让，切实防止地方政府采取机会主义行为，违规低价出让城市土地，蚕食国家土地权益，并助长土地使用者的技术创新惰性，弱化研发投入的“成本倒逼效应”；另一方面也要加强土地督察执法，维护土地开发利用的良好秩序，提高违法成本，降低违法收益，降低研发活动的机会成本，有效降低违法用地的“分流效应”。

第三节　土地税收对城市建设用地利用效率影响的实证分析

土地税收是国家凭借公共管理者身份参与土地收益分配的经济表现形式，从我国土地税收收益分配制度的发展实践来看，主要包括三个环节和五个税种，由于环节不同、税种不同，其调节对象和调节机制均存在显著的差异，这就使其对城市建设用地利用效率的影响方式也有很大的不同。与此同时，由于我国幅员辽阔，各地的土地税收收益分配制度发展状况不一，其资源配置功效也就可能存在显著的区际差异。

有鉴于此，本书首先从宏观角度出发，对土地税收总量、不同环节和不同税种对城市建设用地利用效率的宏观影响进行了实证分析，然后再从微观角度出发，对各环节和各税种影响城市建设用地利用效率的微观作用机理进行了实证检验。

一、宏观影响实证分析

为从总体上考察土地税收收益分配制度对城市建设用地利用效率的影响，此处构建了一个以土地税收收益分配制度为解释变量，城市建设用地利用效率为被解释变量，其他变量为控制变量的普通计量模型，模型具体设定如下：

$$\ln tfp_{it}=\gamma_i+\beta\ln X+\gamma_1\ln TAX_{it}+\xi_{it}$$ （税收总量模型）

$$\ln tfp_{it}=\alpha_i+\beta\ln X+\alpha_1\ln HQ_{it}+\alpha_2\ln BY_{it}+\alpha_3\ln JY_{it}+\xi_{it}$$ （分环节模型）

$$\ln tfp_{it}=\delta_i+\beta\ln X+\delta_1\ln gdzy_{it}+\delta_2\ln cztdsy_{it}+\delta_3\ln fc_{it}+\delta_4\ln tdzz_{it}+\delta_5\ln qs_{it}+\xi_{it}$$ （分税种模型）

$$\beta=(\beta_1,\ \beta_2,\ \beta_3,\ \beta_4,\ \beta_5,\ \beta_6,\ \beta_7,\ \beta_8)$$

$$X=(\ln income,\ \ln dense,\ \ln market,\ \ln structure,\ \ln rd,\ \ln land,\ \ln^2 land,\ \ln^2 dense)'$$

式中，TAX 表示土地税收总量收益分配制度，用土地税收总量占城市非农产业产值的比重来表示；HQ、BY 和 JY 分别表示土地获取环节、土地保有环节和土地交易流转环节的税收收益分配制度，分别用耕地占用税占城市非农产业产值的比重、城镇土地使用税与房产税之和占城市非农产业产值的比重以及契税和土地增值税之和占城市非农产业产值的比重来表示；gdzy、cztdsy、fc、tdzz 和 qs 分别表示耕地占用税收益分配制度、城镇土地使用税收益分配制度、房产税收益分配制度、土地增值税收益分配制度和契税收益分配制度，分别用耕地占用税、城镇土地使用税、房产税、土地增值税和契税占城市非农产业产值的比重来表示。

X 为一组控制变量，各变量的含义与测定方法与前面完全相同；tfp 为被解释变量，表示城市建设用地利用效率，直接采用前文的超效率测定结果；ξ_{it}为随机扰动项，表示所有不能被已设定的解释变量解释的随机因素对城市建设用地利用效率的影响。

利用我国 2004~2014 年 29 个省份相关数据，采用 Stata 12.0 软件，分别对土地税收总量、分环节和分税种土地税收收益分配制度模型进行了实证分析，具体估计结果如表 6-14 和表 6-15 所示。

表 6-14　土地税收总量模型估计结果（被解释变量：城市建设用地利用效率）

	土地税收总量收益分配制度模型				
	全国	东部		中部	西部
income	0.124*** (0.040)	0.534*** (0.060)	0.562*** (0.078)	0.023 (0.039)	0.302*** (0.034)
dense	0.005 (0.015)	-0.037 (0.029)	-0.001 (0.030)	0.012 (0.027)	-0.027 (0.020)

续表

	土地税收总量收益分配制度模型				
	全国	东部		中部	西部
market	-0.001 (0.023)	0.026 (0.024)	0.017 (0.024)	0.013 (0.041)	0.039 (0.040)
structure	0.107*** (0.038)	0.091* (0.051)	0.001 (0.065)	0.229*** (0.057)	-0.041 (0.050)
rd	0.105*** (0.033)	-0.025 (0.021)	0.013 (0.042)	0.117** (0.045)	0.001 (0.009)
land	-1.956*** (0.359)	-2.216*** (0.331)	-2.209*** (0.390)	-3.167** (1.587)	-1.644*** (0.270)
$land^2$	0.132*** (0.027)	0.144*** (0.023)	0.122*** (0.027)	0.243** (0.117)	0.112*** (0.022)
_ cons	5.191*** (1.274)	6.654*** (1.286)	7.404*** (1.657)	7.496 (5.432)	4.954*** (0.840)
TAX	-0.171*** (0.048)	-0.236*** (0.038)	-0.234*** (0.054)	-0.265*** (0.080)	-0.111*** (0.028)
R^2	0.306	0.809	0.587	0.473	0.659
Hausman 值	17.65	—	—	17.66	14.15
p 值	0.024	—	—	0.024	0.078
模型选择	固定效应	固定效应	随机效应	固定效应	随机效应

注：“***”“**”“*”分别表示在1%、5%和10%的显著性水平下显著，“（）”内的数值为标准误。

表 6-15 分环节、分税种模型估计结果

	分环节模型				分税种模型			
	全国	东部	中部	西部	全国	东部	中部	西部
income	0.12*** (0.040)	0.591*** (0.077)	0.123*** (0.021)	0.288*** (0.039)	0.106** (0.041)	0.584*** (0.094)	0.115*** (0.021)	0.091** (0.144)
dense	0.343 (0.222)	-1.371 (1.173)	0.265 (0.424)	0.633** (0.262)	0.311 (0.224)	-1.016 (1.236)	0.122 (0.404)	0.097 (0.336)
market	-0.01 (0.023)	0.018 (0.024)	-0.027 (0.049)	0.018 (0.040)	-0.017 (0.024)	0.015 (0.028)	-0.042 (0.050)	-0.013 (0.046)

续表

	分环节模型				分税种模型			
	全国	东部	中部	西部	全国	东部	中部	西部
structure	0.094**	-0.021	0.287***	-0.005	0.09**	-0.011	0.255***	-0.015
	(0.038)	(0.064)	(0.048)	(0.067)	(0.039)	(0.068)	(0.054)	(0.083)
rd	0.117***	0.001	0.032*	-0.014	0.102***	-0.048	0.018	0.171
	(0.034)	(0.041)	(0.019)	(0.011)	(0.035)	(0.040)	(0.020)	(0.129)
land	-1.513***	-1.952***	-2.354	-1.76***	-1.307***	-1.972***	-2.87*	-2.322**
	(0.393)	(0.458)	(1.628)	(0.280)	(0.401)	(0.440)	(1.595)	(0.933)
$land^2$	0.104***	0.099***	0.160	0.133***	0.090***	0.103***	0.193*	0.169**
	(0.028)	(0.032)	(0.115)	(0.023)	(0.029)	(0.032)	(0.112)	(0.068)
$dense^2$	-0.024	0.091	-0.017	-0.048***	-0.022	0.066	-0.009	-0.006
	(0.016)	(0.079)	(0.028)	(0.018)	(0.016)	(0.083)	(0.027)	(0.024)
_cons	2.102	11.888***	5.863*	2.970**	1.177	11.007**	7.929	5.255
	(1.553)	(4.216)	(5.866)	(1.366)	(1.589)	(4.487)	(5.744)	(3.698)
HQ	-0.007*	-0.012*	-0.028	-0.002				
	(0.013)	(0.014)	(0.026)	(0.019)				
BY	-0.043	-0.112***	-0.068**	0.088**				
	(0.040)	(0.037)	(0.043)	(0.076)				
JY	-0.135***	-0.069**	-0.008	-0.108***				
	(0.039)	(0.044)	(0.043)	(0.034)				
gdzy					-0.008*	-0.019***	-0.014*	-0.012
					(0.013)	(0.014)	(0.025)	(0.028)
fc					-0.074**	-0.037*	-0.143*	0.003**
					(0.051)	(0.063)	(0.083)	(0.099)
cztdsy					-0.006	-0.031*	-0.026*	0.062*
					(0.018)	(0.016)	(0.029)	(0.042)
tdzz					-0.015	0.014	0.045**	-0.045
					(0.012)	(0.018)	(0.022)	(0.021)
qs					-0.144*	-0.074*	-0.096**	-0.171*
					(0.036)	(0.039)	(0.044)	(0.087)

续表

	分环节模型				分税种模型			
	全国	东部	中部	西部	全国	东部	中部	西部
R^2	0. 306	0. 590	0. 473	0. 659	0. 564	1. 610	0. 527	0. 339
Hausman值	17. 650	59. 800	17. 660	14. 150	13. 280	0. 938	51. 030	10. 620
p 值	0. 024	0. 000	0. 024	0. 078	0. 209	0. 549	0. 000	0. 303
模型选择	固定效应	固定效应	固定效应	随机效应	随机效应	随机效应	固定效应	随机效应

注：“ *** ”“ ** ”“ * ” 分别表示在 1%、5%和 10%的显著性水平下显著，“ （） ” 内的数值为标准误。

（一）全国估计结果分析

从土地税收总量模型的估计结果可以看出（见表 6-14），就全国层面而言，TAX 变量的系数估计结果在 1%的显著性水平下高度显著，且符号为负，弹性系数为-0. 171，这说明总体而言，我国的土地税收收益分配制度显著地抑制了城市建设用地利用效率的增长，土地税收占城市非农产业产值的比重每提高 1 个百分点，将会导致城市建设用地利用效率下降 0. 171 个百分点。

从分环节土地税收模型的结果来看（见表 6-15），就全国层面而言，HQ 变量的系数估计结果为负，且在 10%的显著性水平下高度显著，弹性系数为-0. 007，这说明，获取环节的土地税收收益分配制度显著地抑制了城市建设用地利用效率的有效提升。耕地占用税占城市非农产业产值的比重每提高 1 个百分点，将会导致城市建设用地利用效率下降 0. 007 个百分点。这主要是因为我国的城市化主要是由地方政府主导，耕地征占在很大程度上是由地方政府的政绩显示驱动，而不是由城市经济社会发展的内生动力驱动，这就使得耕地的征占和城市建设用地规模扩张很少受耕地占用税收益分配制度的规制。同时，地方政府是城市土地出让市场的垄断供给者，这就决定了地方政府可较容易地将耕地占用税转嫁给最终的土地使用者，这进一步降低了地方政府的耕地征占成本，刺激了耕地征占和城市建设用地的非理性扩张，加剧了城市蔓延，引发了土地供应的阶段性过剩，致使土地出让价格大幅下滑，诱发了土地的粗放利用和低效配置，严重抑制了城市建设用地利用效率的持续快速增长。

与此同时，JY 变量的系数估计结果也通过了 1%的显著性检验，符号为负，弹性系数为-0. 135，这说明我国土地交易流转环节的税收收益分配制度显著地抑制了城市建设用地利用效率的增长，交易流转环节的税收收入占城市非农产业产值的比重每增加 1 个百分点，将会导致城市建设用地利用效率下降 0. 135 个百分点。通过对分税种的估计结果做进一步的分析可以发现，这主要是由契税收益分配制度不合理引发的，土地增值税对城市建设用地利用效率的抑制作用并不显著，契税占城市非农产业产值的比重每提高 1 个百分点，将会导致城市建设用地利用效率下降 0.144 个百分点。这主要是因为我国的契税税负整体过重，占城市非农产业产值的比重偏高，国家凭借公共管理者的身份所攫取的土地交易利益过多，而土地使用者所分享的土地交易利益过少，这严重挫伤了土地交易者的交易积极性，阻碍了土地的交易流转，固化了存量建设用地的扭曲配置现状，抑制了存量建设用地利用效率的持续快速增长。

此外，BY 变量的系数估计结果虽然也为负，但即使是在 10%的显著性水平下也不显著，这可能是因为我国的房产税适用范围过窄，只对经营性房地产征收，而大量的非经营性房地产却在房产税的规制范围之外，严重弱化了房产税的资源配置功效。而我国的城镇土地使用税税率偏低，最高一档也才每年 30 元/平方米，与城市经济社会发展的级差收益相去甚远，这严重扭曲了城市建设用地的级差收益分配关系，大量级差收益滞留在低效率土地使用者或非最佳用途土地使用者手中，并为土地使用者提供了错误的激励，诱使低效率土地使用者抢占优越的经营区位，非最佳用途的土地使用者挤出了最佳用途的土地使用者，如大城市的城镇土地使用税偏低将吸引大量低效率的土地使用者流入，再如市中心的城镇土地使用税偏低将吸引工业、住宅等土地使用者涌入，这严重扰乱了土地资源的空间配置秩序，恶化了城市内部以及不同城市之间的土地资源配置状况，降低了城市建设用地的空间配置效率，抑制了城市建设用地利用效率的持续快速增长。

（二）分区估计结果分析

从分区的估计结果来看（见表 6-15），东部地区 HQ 变量的系数估计结果在 10%的显著性水平下高度显著，符号为负，弹性系数为-0.012，这说明东部地区的耕地占用税收益分配制度显著地抑制了其城市建设用地利用效率的增长，东部地区耕地占用税占城市非农产业产值的比重每提高 1 个百分点，将会导致城市建设用地利用效率下降 0.012 个百分点，这与预期相一致。这主要是因为东部地区的耕地占用税税负过轻，占城市非农产业产值的比重过低，地方政府凭借其公共管理者身份所分享的耕地征占利益过小，而土地使用者所分享的耕地征占利益偏多，这严重扭曲了耕地占用税收益分配关系，降低了新增建设用地的使用成本，并为土地使用者提供了错误的激励，诱使土地使用者更多地采用新增建设用地，而不是存量建设用地，这加速了耕地征占，加快了城市建用地规模扩张，加剧了土地城市化对人口城市化的偏离，诱发了土地的粗放利用和低效配置，严重抑制了城市建设用地利用效率的持续快速增长。

与此同时，东部地区 BY 变量的系数估计结果也通过了 1%的显著性检验，符号为负，弹性系数为-0.112，这说明东部地区土地保有环节的土地税收收益分配制度显著地抑制了城市建设用地利用效率的增长，土地保有环节的税收占城市非农产业产值的比重每提高 1 个百分点，将会导致城市建设用地利用效率下降 0.112 个百分点。通过对分税种的估计结果做进一步分析可以发现，房产税和城镇土地使用税收益分配制度均显著地抑制了城市建设用地利用效率的有效提升。这主要是因为东部地区的经济发展水平较高，人口资源集聚能力较强，这使得东部地区的土地房产价值也较高，但目前我国的房产税还未普遍开征（只对经营性用房征收），这就使得大量的房产处于房产税收益分配制度的约束监管范围之外，地方政府无法通过房产税等税收手段回收土地自然增值，而土地房产所有者却只需凭借自己对土地房产的占有就可坐享土地自然增值的好处，这严重扭曲了地方政府与土地房产持有者的收益分配关系，将部分本应由地方政府享有的土地收益通过房产税免征的形式流入到了土地房产持有者手中，降低了房产持有成本，并为土地房产持有者提供了错误的激励，诱使土地使用者将房产作为投机对象，引发了严重的土地投机，加剧了土地囤积，扭曲了土地资源的配置结构，降低了土地资源的配置和利用效率。而我国的城镇土地使用税的级距偏低，远无法满足合理调节不同城市之间和同一城市不同区位之间级差收益的需求，致使在东部地区和区位条件更佳的地段经营的土地使用者能比中西部地区和非最佳区位经营的土地使用者获取更多的超额土地利益，这诱使大量资源向东部地区和城市中心集中，致使东部地区和市中心的资源过分“拥挤”，超过了土地的集约利用边界，引发了严重的负外部性，降低了土地资源的边际效率，抑制了城市乃至东部地区整体城市建设用地利用效率的持续快速增长。

此外，JY 变量的系数估计结果在 5%的显著性水平下高度显著，但符号为负，弹性系数为 -0.069，约为土地获取环节税收收益分配制度抑制作用强度的 5.75 倍。通过对分税种的估计结果做进一步分析可以发现，这主要由契税收益分配制度不合理引发，契税收入占城市非农产业产值的比重每提高 1 个百分点，将会导致城市建设用地利用效率下降 0.0735 个百分点。这主要是因为东部地区的契税税率过高，税负过重，地方政府凭借其公共管理者的身份所分享的土地贸易利益过多，严重挫伤了土地使用者参与土地交易的积极性。沉重的土地交易流转税负显著增加了土地的交易成本，严重阻碍了土地的交易流转，固化了存量建设用地的扭曲配置现状，抑制了存量建设用地配置和利用效率的持续快速增长。

与东部地区不同，中部地区土地税收收益分配制度的问题主要集中在保有环节。从分环节的估计结果来看，中部地区 BY 变量通过了 5%的显著性检验，符号为负，弹性系数为-0.068，这说明中部地区土地保有环节的土地税收收益分配制度显著地抑制了城市建设用地利用效率的增长，保有环节的税收收益占城市非农产业产值的比重每提高 1 个百分点，将会导致城市建设用地利用效率下降

0.068 个百分点。通过对分税种的估计结果做进一步的分析可以发现，这也是由房产税和城镇土地使用税收益分配制度不合理共同引发的，且房产税的抑制作用强度要超过城镇土地使用税。从房产税的角度来看，虽然中部地区的房地产业不如东部地区发达，但部分热点城市的房价依然较高。由于当前我国的房产税还未普遍开征，这使得大量非经营性商品住宅依然处于房产税的约束范围之外，非经营性土地房产所有者只需凭借对土地房产的占有便可获得大量的土地房产增值收益，但这部分土地房产增值并不是土地房产所有者个人努力的结果，而是城市政府和全体社会成员共同努力的结果。按照“谁投资，谁获益”的原则，这部分土地自然增值理应由地方政府代表全体社会成员代为保管和使用，但由于房产税收益分配制度的缺陷，这部分土地收益缺乏有效的回收渠道，长期滞留在土地房产所有者手中，严重扭曲了土地自然增值的收益分配关系，并为土地房产所有者提供了错误的激励，诱使土地房产所有者加大土地房产的持有数量，加剧了土地房产的投机和囤积行为，引发了严重的土地房产空置情况，恶化了土地房产的配置状况，抑制了城市建设用地利用效率的持续快速增长。从城镇土地使用税的角度来看，与东部地区类似，对于中部地区而言，现行城镇土地使用税税率也偏低，这不仅与城市内部不同区位的级差收益情况不相吻合，更无法满足调节区域之间级差收益、维护社会公平公正的要求，这严重扭曲了中部地区城市内部不同区位土地使用者以及中部地区土地使用者和西部地区土地使用者之间的土地收益分配关系，恶化了土地资源的空间配置结构，降低了土地资源的空间配置效率，抑制了城市和区域整体建设用地利用效率的增长。

与东部和中部地区不同，西部地区 BY 变量的系数估计结果为正，且在 5% 的显著性水平下高度显著，弹性系数为 0.088，这说明西部地区保有环节土地税收收益分配制度有效地促进了其城市建设用地利用效率的增长。西部地区土地保有环节税收占城市非农产业产值的比重每提高 1 个百分点，将有效促进城市建设用地利用效率增长 0.088 个百分点。通过对分税种的估计结果做进一步分析可以发现，不仅房产税显著地促进了西部地区城市建设用地利用效率的增长，而且城镇土地使用税收益分配制度也有效地推动了西部地区城市建设用地利用效率的提升。这主要是因为西部地区的经济发展水平较低，城市内部的级差收益较小，现行城镇土地使用税与西部地区内部的级差收益基本吻合，城镇土地使用税能有效引导土地的空间布局，将特定区位的土地配置给最佳的用途，真正做到“地尽其用”，有效地优化了土地资源的空间配置结构，促进了城市建设用地空间配置效率的持续快速增长。与此同时，由于经济落后，西部地区地方政府的财政状况普遍不佳，尚不足以维持城市政府正常的运转需求，更遑论挤出资金大搞城市建设。在这样的财政状况下，西部地区的城市投资建设资金极度匮乏，城市投资建设严重滞后，城市土地房产的自然增值极为有限，对投机投资资本的吸引能力自然也就不强，土地房产投机也就不如东部和中部热点城市那么严重，这有利于避免土地的囤积和闲置浪费，可促进西部地区城市建设用地配置和利用效率的持续快速增长。

此外，与东部和中部地区类似，西部地区 JY 变量也在 10%的显著性水平下高度显著，且符号为负，弹性系数为-0.108，约为东部地区土地交易流转环节税收收益分配制度对城市建设用地利用效率抑制作用强度的 2 倍，这有点出乎预料。通过对分税种的估计结果做进一步分析可以发现，这也是由契税收益分配制度不合理单方面引发的，西部地区的契税占城市非农产业产值的比重每提高 1 个百分点，将会导致城市建设用地利用效率下降 0.171 个百分点。这说明西部地区的契税收益分配制度也存在较大程度的扭曲，契税税负过重，占城市非农产业产值的比重偏高，地方政府凭借其公共管理者的身份所攫取的土地交易利益过多，严重抑制了土地的交易流转，固化了存量建设用的扭曲配置现状，降低了存量建设用地的配置效率。除此之外，西部地区的市场经济不发达，土地交易者对土地的交易成本更加敏感，契税税负的微小增加都将导致土地交易需求的大幅减少。但值得特别注意的是，现实的土地交易需求并不会因为交易成本的增加而消失，而是会由“地上”转至“地下”，这严重扭曲了土地贸易利益的分配关系，将部分本应由地方政府享有的土地收益通过地下非法交易的方式流入到土地交易双方手中，这将降低土地使用价格，诱发土地的粗放利用。更关键的是，低廉的土地使用成本还可能会助长土地使用者的技术创新惰性，诱使土地使用者只顾享受低廉的土地价格所带来的饕餮大餐，而怠于从事技术创新，这严重阻碍了技术进步，抑制了企业生产技术水平和土地利用效率的有效提升。

二、微观作用机理实证检验

（一）耕地占用税刺激耕地征占机理实证检验

受政绩显示的驱动，耕地占用税的开征可能会沦为地方政府扩大城市建设用地面积的“遮羞布”和“挡箭牌”，在缴纳了耕地占用税后，地方政府肆意扩大城市建设用地面积的罪恶感会有所降低，这将刺激耕地征占和城市建设用地规模的扩张，加剧土地城市化对人口城市化的偏离，诱发土地的粗放利用和低效配置，抑制城市建设用地利用和配置效率的增长。

为验证耕地占用税是否真的会通过刺激耕地征占和城市建设用地规模扩张的方式来抑制城市建设用地利用效率的增长，本书构建了一个以耕地征占面积与耕地占用税收益分配制度的交叉项为核心变量，城市建设用地利用效率为被解释变量，其余变量为控制变量的计量模型，具体设定如下：

$$\ln tfp_{it}=\alpha_i+\beta\ln X+\alpha_1\ln spgd_{it}+\alpha_2\ln spgd_{it}*\ln gdzy_{it}+\xi_{it}$$

$$\beta=(\beta_1, \beta_2, \beta_3, \beta_4, \beta_5, \beta_6, \beta_7, \beta_8)$$

$$X=(\ln income, \ln dense, \ln market, \ln structure, \ln rd, \ln land, \ln^2 land, \ln^2 dense)'$$

式中，gdzy 表示耕地占用税收益分配制度，用耕地占用税占城市非农产业产值的比重来表示，spgd 表示耕地占用面积，用国务院和省政府审批的耕地占用数量表示①，spgd * gdzy 为耕地占用税收益分配制度与耕地征占面积变量的交互项。X 为控制变量，各变量的具体含义和衡量方法与前面完全相同，此处不再赘述（详见本章第一节）。

利用我国 29 个省份 2004~2014 年的相关数据，采用 Stata 12.0 软件对耕地占用税刺激耕地征占模型进行了计量分析，具体估计结果如表 6-16 所示。

表 6-16 耕地占用税刺激耕地征占模型实证结果

被解释变量：城市建设用地利用效率	系数	标准误
income	0.140***	0.041
dense	0.009	0.015
market	-0.002	0.022
structure	0.001	0.015
rd	0.067**	0.032
land	-1.757***	0.369
$land^2$	0.111***	0.027
_ cons	5.544***	1.286
spgd	-0.067***	0.022
spgd * gdzy	-0.010***	0.003
R^2	0.34	
Hausman 值	123.5	
p 值	0	

注：“***”“**”“*”分别表示在 1%、5%和 10%的显著性水平下显著。

① 自 2004 年开始，农地转用审批权统一上收至国务院和省政府，具体规定见 2004 年版《土地管理法》，农地转用审批中涉及的耕地面积数据来源于《国土资源统计年鉴》。

从模型的估计结果可以看出，spgd 变量的系数估计结果为负，且在 1%的显著性水平下高度显著，弹性系数为-0.067，这说明，耕地审批面积的增加显著地抑制了城市建设用地利用效率的增长，审批耕地面积每增加 1 平方公里，将会导致城市建设用地利用效率下降 0.067 个百分点。这充分说明，当前我国的城市建设用地规模扩张过快，严重偏离了城市经济社会发展的实际需求，城市建设用地规模扩张不是受城市经济社会发展内生动力的驱动，而在很大程度上是受土地出让收入分配制度和政绩显示的驱使。

与此同时，gdzy * spgd 变量的系数估计结果为负，且在 1%的显著性水平下高度显著，这说明，我国现行耕地占用税收益分配制度不仅没有抑制反而严重加剧了审批耕地面积的增加，加速了城市建设用地规模扩张，加剧了土地城市化对人口城市化的偏离，诱发了土地的粗放利用和低效配置，抑制了城市建设用地利用效率的增长。更进一步来说，当前我国的耕地占用税收益分配制度已在很大程度上沦为地方政府大用、快用耕地征占指标，大规模实施城市建设用地规模扩张的“遮羞布”和“挡箭牌”，在缴纳了耕地占用税之后，地方政府就可以堂而皇之地实施城市建设用地规模扩张，这严重违背了城市经济社会发展规律，扰乱了农地非农化秩序，致使农地非农化进程过快，严重威胁着城乡土地的持续利用，抑制了城市建设用地长期利用效率的持续快速增长。

（二）土地交易流转环节税收刺激非法土地交易机制实证检验

土地交易流转环节的税负过重可能会刺激非法交易的增长，这将扰乱城市建设用地交易秩序，扭曲土地贸易利益的分配关系，并为土地交易双方提供错误的激励，诱使土地交易双方采取错误的土地利用行为，这严重抑制了城市建设用地配置和利用效率的增长。

为验证土地交易流转环节税收收益分配制度是否会通过非法交易的方式对城市建设用地利用效率产生显著的不良影响，本书分别从土地交易流转环节税收总量和土地交易流转环节分税种的角度开展了验证工作，构建了如下两个计量模型：

$$tfp_{it}=\alpha_i+\beta X+\alpha_1 \ln offend_{it}+\alpha_2 \ln jy_{it} * \ln offend_{it}+\xi_{it}$$

（交易流转环节税收总量模型）

$$tfp_{it}=\gamma_i+\beta X+\gamma_1 \ln offend_{it}+\gamma \ln Z_{it} * \ln offend_{it}+\xi_{it}$$

（交易流转环节分税种模型）

$\gamma=(\gamma_1, \gamma_2)$

$Z=(qs, tdzz)'$

$\beta=(\beta_1, \beta_2, \beta_3, \beta_4, \beta_5, \beta_6, \beta_7, \beta_8)$

$X=(\ln income, \ln dense, \ln market, \ln structure, \ln rd, \ln land, \ln^2 land,$

$\ln^2 dense)'$

核心变量：offend 表示非法交易，用违法用地涉案面积表示（由于《国土资源统计年鉴》中并未单独列示土地非法交易的相关信息，而是囊括在违法用地总量当中，因此我们无法直接测度土地非法交易，但一般而言，非法交易会随违法用地的盛行而增长，故采用违法用地涉案面积对非法交易进行代理就不失为一个良好的选择，有鉴于此，本书用历年查处的违法用地涉案面积来表征非法土地交易）。jy、qs 和 tdzz 分别表示土地交易流转环节税收收益分配制度、契税收益分配制度和土地增值税收益分配制度，分别用交易流转环节税收总量、契税和土地增值税占城市非农产业产值的比重来表示。

X 为一组控制变量，各变量的内涵和测定方法与前面完全相同，此处不再赘述；tfp 为被解释变量，表示的是城市建设用地利用效率；ξ_{it} 为随机扰动项，表征的是所有不能为已设定的解释变量解释的随机因素对城市建设用地利用效率的影响。交易流转环节税收模型主要用于验证土地交易流转环节税收总量收益分配制度是否会刺激非法交易，进而抑制城市建设用地利用效率的持续快速增长，而交易流转环节分税种模型主要用于验证土地增值税和契税收益分配制度是否会刺激非法交易的增加，进而扰乱城市建设用地的交易秩序，诱发土地的粗放利用和低效配置，抑制城市建设用地利用效率的持续快速增长。

利用我国 29 个省份 2004~2014 年的相关数据，采用 Stata 12.0 软件，分别对上述两个模型进行了实证检验，具体估计结果如表 6-17 所示。

表 6-17　土地交易流转环节税收刺激土地非法交易作用机理实证结果

被解释变量：tfp	交易流转环节税收总量模型	交易流转环节分税种模型：土地增值税	交易流转环节分税种模型：契税
income	0.154*** (0.031)	0.133*** (0.043)	0.146*** (0.031)
dense	0.480** (0.210)	0.439* (0.235)	0.513** (0.207)
market	-0.013 (0.022)	-0.009 (0.022)	-0.018 (0.022)
structure	0.002 (0.014)	0.007 (0.015)	-0.002 (0.014)
rd	0.017 (0.015)	0.045 (0.035)	0.015 (0.014)

续表

被解释变量：tfp	交易流转环节税收总量模型	交易流转环节分税种模型：土地增值税	交易流转环节分税种模型：契税
land	-1.579*** (0.272)	-1.728*** (0.400)	-1.524*** (0.268)
$land^2$	0.114*** (0.020)	0.111*** (0.029)	0.11*** (0.020)
$dense^2$	-0.034** (0.015)	-0.031* (0.017)	-0.037** (0.015)
_ cons	3.031*** (1.116)	4.188*** (1.463)	2.729** (1.106)
nadd	-0.529*** (0.169)	-0.082 (0.177)	-0.830*** (0.209)
JY * newadd	-0.114*** (0.036)		
tdzz * newadd		-0.017 (0.027)	
qs * newadd			-0.165*** (0.041)
R^2	0.512	0.242	0.525
Hausman 值	8.98	18.98	11.18
p 值	0.534	0.041	0.344

注：“***”“**”“*”分别表示在1%、5%和10%的显著性水平下显著，“( )”内的数值为标准误。

从模型的估计结果可以看出，JY * offend 变量的估计结果为负，且在1%的显著性水平下高度显著，这说明总体而言，土地交易流转环节的税收收益分配制度加剧了违法用地对城市建设用地利用效率的抑制作用，这与预期相一致。这可能是由于我国交易流转环节的税收收益分配制度不合理，土地交易流转环节税负过重，地方政府凭借其公共管理者的身份所分享的土地税收份额过高，而土地交易者所分享的土地利益过低，严重挫伤了土地交易者进入正规交易市场进行交易的积极性，加剧了违法用地的盛行。与合法用地相比，非法交易大多只能在“地下”进行，获知交易信息的人数较少，交易范围极为狭窄，大多只能通过熟人介绍，这极大地限制了土地的交易范围，降低了土地资源的配置效率。更关键的是，与正规土地交易市场相比，非法交易的实施机制并不健全，而为了保障土地交易安全和土地利益，土地交易双方都需额外投入大量的预防性成本，这直接意味着资源的浪费，严重扭曲了资源的配置结构，抑制了城市建设用地利用效率的增长。

从分税种的情况来看，qs * offend 变量的系数估计结果在1%的显著性水平下高度显著，这说明，契税收益分配制度刺激了非法交易的盛行，强化了非法交易对城市建设用地利用效率的抑制作用。这主要是由于我国的契税收益分配制度并不合理，契税税负过重，严重挫伤了土地使用者合法交易土地的积极性，为了规避高昂的契税税负，排除地方政府分享土地交易利益，土地使用者就会选择非法土地交易，这严重扰乱了土地交易秩序，破坏了土地交易的公平公正。与合法交易者相比，非法交易者可攫取额外的交易利益，这就使得非法交易者无须通过自身努力就可获得额外的竞争优势，这一方面会降低非法交易者的用地成本，诱使非法用地者粗放利用土地资源，抑制城市建设用地利用效率的增长。同时，还会助长土地使用者的技术创新惰性，让土地使用者只顾享受低廉的土地价格所带来的饕餮盛宴，而不注重技术引进和技术创新，严重阻碍了技术进步，抑制了企业生产技术水平的有效提升和土地利用效率的持续快速增长。另一方面，非法用地者还可能会对合法用地者产生严重的挤出效应，引发严重的“劣币驱逐良币”现象。由于非法交易者不费吹灰之力就可攫取大量的土地利益，获取显著的竞争优势，这对合法交易者构成了极大的威胁，致使合法交易者在与非法交易者同场竞技的过程中常常处于劣势，大量“优质”的合法交易者频频遭受非法交易者的不当竞争威胁，屡屡陷入破产的境地，严重恶化了市场的组织结构，损害了市场整体的土地利用效率。

与契税收益分配制度相反，tdzz * offend 变量的系数估计结果即使是在10%的显著性水平下也不显著，这说明土地增值税对非法交易的激励作用并不明显，这主要是由于我国的土地增值税税收征管并不严格，大量土地增值留置在土地使用者手中，这严重弱化了土地增值税收益分配制度对非法交易的激励。

（三）土地交易环节税收固化存量建设用地交易流转机制实证检验

土地交易流转环节税负过高将抑制土地的正常交易流转，固化存量建设用地的扭曲配置现状，抑制存量建设用地配置效率的持续快速增长。

由于我国并未公布土地的二次交易流转数据，因此笔者无法直接考察土地交易流转环节土地税收收益分配制度对存量土地交易流转的影响，进而也就无法估计土地交易流转环节税收收益分配制度对存量建设用地配置和利用效率的影响。但值得注意的是，存量建设用地和新增建设用地是我国城市建设用地的两个方面，二者相反相成，对新增建设用地需求的增加将抑制存量建设用地需求的增长，而对存量建设用地需求的增加则有利于缓解新增建设用地的供给压力。有鉴于此，本书反其道而行之，从土地收益分配制度对新增建设用地供应数量影响的角度来间接考察土地交易流转环节税收收益分配制度对存量建设用地交易流转的影响。若土地交易流转环节税收收益分配制度有效地刺激了新增建设用地需求的增长，加剧了土地城市化对人口城市化的偏离，强化了城市建设用地规模扩张对城市建设用地利用效率的抑制作用，则说明现行土地交易流转环节税收收益分配制度固化了存量建设用地的交易流转，阻碍了存量建设用地配置状况的改善，抑制了存量建设用地配置和利用效率的增长。为了验证功能上述作用机理，建立了如下计量模型：

$$tfp_{it}=\alpha_i+\beta X+\alpha_1 \ln newadd_{it}+\alpha_2 \ln JY_{it}*\ln newadd_{it}+\xi_{it}$$

$$tfp_{it}=\gamma_i+\beta X+\gamma_1 \ln newadd_{it}+\gamma \ln Z_{it}*\ln newadd_{it}+\xi_{it}$$

$$\gamma=(\gamma_1,\ \gamma_2)$$

$$Z=(qs,\ tdzz)'$$

$$\beta=(\beta_1,\ \beta_2,\ \beta_3,\ \beta_4,\ \beta_5,\ \beta_6,\ \beta_7,\ \beta_8)$$

$$X=(\ln income,\ \ln dense,\ \ln market,\ \ln structure,\ \ln rd,\ \ln land,\ \ln^2 land,\ \ln^2 dense)'$$

式中，JY 表示交易流转环节税收收益分配制度，用契税和土地增值税之和占城市非农产业产值的比重来表示；qs 和 tdzz 分别表示契税和土地增值税收益分配制度，分别用契税和土地增值税占城市非农产业产值的比重来表示；newadd 表示新增建设用地供应面积。α_2衡量的是土地交易流转环节税收收益分配制度与新增建设用地的交互作用对城市建设用地利用效率的影响，α_2为负表示土地交易流转环节税收刺激了新增建设用地需求的增长，加剧了新增建设用地规模扩张对城市建设用地利用效率的抑制作用，与此同时也就说明，土地交易流转环节的税收收益分配制度固化了存量建设用地的交易流转，降低了存量土地的配置和利用效率。

利用我国 29 个省份 2004~2014 年的相关数据，采用 Stata 12.0 软件，对上述模型进行了计量，具体估计结果如表 6-18 所示。

表 6-18　土地交易流转环节税收固化土地交易流转机理实证检验结果

被解释变量：城市建设用地利用效率 tfp	交易流转环节税收总量收益分配制度	土地增值税	契税
income	0.125*** (0.042)	0.119*** (0.042)	0.134*** (0.042)

续表

被解释变量：城市建设用地利用效率 tfp	交易流转环节税收总量收益分配制度	土地增值税	契税
dense	0.367 (0.229)	0.371 (0.227)	0.392* (0.234)
market	-0.012 (0.022)	-0.014 (0.021)	-0.011 (0.022)
structure	-0.003 (0.015)	-0.006 (0.015)	0.002 (0.015)
rd	0.052* (0.031)	0.045 (0.031)	0.046 (0.032)
land	-1.639*** (0.399)	-1.544*** (0.400)	-1.659*** (0.402)
$land^2$	0.106*** (0.03)	0.100*** (0.03)	0.105*** (0.03)
$dense^2$	-0.025 (0.016)	-0.026 (0.016)	-0.027 (0.017)
_cons	3.990*** (1.427)	3.645** (1.429)	4.163*** (1.439)
offend	-0.103** (0.042)	-0.148*** (0.051)	-0.035 (0.027)
jy * offend	-0.020** (0.009)		
tdzz * offend		-0.028*** (0.010)	
qs * offend			-0.004 (0.004)
R^2	0.228	0.245	0.185
Hausman 值	26.19	18.47	30.43
p 值	0.004	0.048	0.000

注："***""**""*"分别表示在1%、5%和10%的显著性水平下显著，"（）"内的数值为标准误。

从估计结果可以看出，JY * newadd 变量的系数估计结果为负，且在5%的显著性水平下高度显著，这说明，交易流转环节的土地税收收益分配制度显著地刺激了新增建设用地供应面积的增长，加快了城市建设用地规模扩张，加剧了土地城市化对人口城市化的偏离，诱发了土地的粗放利用和低效配置，抑制了城市建设用地利用效率的增长。这也间接说明，我国现行交易流转环节的税收收益分配制度并不合理，国家凭借其公共管理者身份所分享的土地交易利益过多，严重挫伤了土地交易者的交易积极性，抑制了存量建设用地的交易流转，固化了存量建设用地的扭曲配置结构，恶化了存量建设用地的配置状况，抑制了存量建设用地配置和利用效率的持续快速增长。

从分税种的情况来看，只有 qs * newadd 变量的系数估计结果通过了1%的显著性检验，且符号为负，而 tdzz * newadd 变量的系数估计结果即使是在10%的显著性水平下也不显著，这说明，契税收益分配制度不合理，契税税负过重才是导致土地交易流转环节税收收益分配制度严重抑制存量建设用地交易流转，固化存量建设用地扭曲配置现状，降低存量建设用地配置效率的主要根源。

第四节　制度间的交互作用对土地税收资源配置功效的影响实证分析

不同的土地收益分配制度其调节目标可能并不完全相同，有时甚至是完全相反，当不同的土地收益分配制度间存在利益冲突时，强势的土地收益分配制度就可能会凌驾于弱势的土地收益分配制度之上，要求弱势的土地收益分配制度配合强势土地收益分配制度。

在我国的土地收益分配体系中，土地出让收入分配制度居于核心地位，属于强势土地收益分配制度，而土地税收则处于我国城市土地收益分配制度体系的外围，属于弱势土地收益分配制度，土地出让收入分配制度和土地税收收益分配制度在土地收益分配制度体系中地位的差异使得土地税收收益分配制度经常沦为被挟持的地位，这严重损害了土地税收收益分配制度的独立性，弱化或加强了土地税收收益分配制度的资源配置功效。无论土地出让收入分配制度加强还是减弱了土地税收收益分配制度的资源配置功效，都表明土地收益分配制度之间存在着交互作用，在分析土地税收收益分配制度对城市建设用地利用效率的影响时，除了要考虑土地税收的独立资源配置功效之外，还须顾及土地出让收入分配制度和土地税收收益分配制度的交互作用对土地税收资源配置功效的损害。

本节正是从制度间交互作用的角度出发，着重测查了土地出让收入分配制度与土地税收收益分配制度的交互作用对土地税收资源配置功效的影响。

一、模型设定

为了考察土地出让收入分配制度与土地税收收益分配制度的交互作用对土地税收资源配置功效的影响，此处构建了一个以两种土地收益制度的交互项为核心变量，城市建设用地利用效率为被解释变量，其余变量为控制变量的普通计量模型，具体设定如下：

$$\ln tfp_{it}=\beta X+\gamma_1 \ln TAX_{it}+\gamma_2 \ln crj_{it}+\xi_{it} \quad （模型 1）$$

$$\ln tfp_{it}=\beta X+\alpha_1 \ln TAX_{it}+\alpha_2 \ln crj_{it}+\alpha_3 \ln TAX_{it} * \ln crj_{it} \quad （模型 2）$$

$\beta=(\beta_1, \beta_2, \beta_3, \beta_4, \beta_5, \beta_6, \beta_7, \beta_8)$

$X=(\ln income, \ln dense, \ln market, \ln structure, \ln rd, \ln land, \ln^2 land, \ln^2 dense)'$

式中，TAX 表示土地税收收益分配制度，crj 表示土地出让收入分配制度，TAX * crj 表示土地税收收益分配制度与土地出让收入分配制度的交互项①。

模型 1 主要用于考察在不考虑制度间交互作用的条件下，土地税收收益分配制度对城市建设用地利用效率的独立影响。

模型 2 侧重于考察在考虑了土地出让收入分配制度与土地税收收益分配制度交互作用的条件下，土地税收收益分配制度对城市建设用地利用效率的净影响。

通过观察模型 2 中 α_3 的估计结果就可确知土地出让收入分配制度与土地税收收益分配制度的交互作用对土地税收资源配置功效的影响。α_3 为正则表示土地出让收入分配制度与土地税收收益分配制度的交互作用强化了土地税收的资源配置功效，为负则表示制度间的交互作用抑制了土地税收收益分配制度资源配置功效的增长。

α_1 的估计结果则较好地测度了在剔除了土地出让收入分配制度与土地税收收益分配制度的交互作用之后，土地税收收益分配制度对城市建设用地利用效率的净影响，α_1 的符号和大小反映了土地税收收益分配制度原本的资源配置功效。α_1 为正表示在剔除了土地出让收入分配制度的干扰之后，土地税收收益分配制度有效地促进了城市建设用地利用效率的增长，为负表示在排除了土地出让收入分配制度的干扰作用之后，土地税收收益分配制度对城市建设用地利用效率的影

---

① 引入交互项的目的在于排除土地出让收入分配制度对土地税收收益分配制度资源配置功效的干扰，还原土地税收收益分配制度对城市建设用地利用效率影响的本真。

响为负。

通过对比模型 1 和模型 2 中 TAX 变量的系数估计结果就可进一步验证制度间的交互作用对土地税收资源配置功效的影响，若 $\alpha_3<0$，则有 $\alpha_1>\gamma_1$，若 $\alpha_3>0$，则有 $\alpha_1<\gamma_1$。$\alpha_1>\gamma_1$ 意味着不考虑制度间的交互作用将低估土地税收的资源配置功效①，而 $\alpha_1<\gamma_1$ 则意味着不考虑制度间的交互作用将高估土地税收的资源配置功效。

二、模型估计及结果分析

利用我国 29 个省份 2004~2014 年市辖区相关数据，采用 Stata 12.0 软件，从土地税收总量和分税种的角度，对制度间的交互作用对土地税收资源配置功效的影响模型进行了计量分析，具体结果如表 6-19 和表 6-20 所示：

表 6-19　制度间的交互作用对土地税收资源配置功效的影响实证结果（模型 2）

被解释变量：tfp	土地税收总量	耕地占用税	房产税	城镇土地使用税	土地增值税	契税
income	0. 123***	0. 152***	0. 137***	0. 153***	0. 154***	0. 149***
	(0. 040)	(0. 029)	(0. 029)	(0. 029)	(0. 031)	(0. 029)
dense	0. 458**	0. 497**	0. 502**	0. 53***	0. 487**	0. 489**
	(0. 218)	(0. 206)	(0. 208)	(0. 206)	(0. 212)	(0. 203)
market	-0. 009	-0. 018	-0. 015	-0. 004	-0. 008	-0. 018
	(0. 023)	(0. 022)	(0. 022)	(0. 023)	(0. 022)	(0. 022)
structure	0. 109***	0. 091***	0. 068*	0. 087**	0. 091***	0. 083**
	(0. 038)	(0. 035)	(0. 037)	(0. 035)	(0. 035)	(0. 034)
rd	0. 109***	0. 021	0. 018	0. 023	0. 024	0. 036**
	(0. 033)	(0. 014)	(0. 014)	(0. 014)	(0. 016)	(0. 015)
land	-1. 747***	-1. 653***	-1. 646***	-1. 759***	-1. 694***	-1. 568***
	(0. 391)	(0. 273)	(0. 283)	(0. 266)	(0. 277)	(0. 278)
$land^2$	0. 119***	0. 118***	0. 117***	0. 126***	0. 121***	0. 113***
	(0. 029)	(0. 020)	(0. 021)	(0. 020)	(0. 020)	(0. 020)

① 本书假定土地税收的资源配置功效均为正，即土地税收均能有效促进土地资源配置效率的增长。

续表

被解释变量：tfp	土地税收总量	耕地占用税	房产税	城镇土地使用税	土地增值税	契税
$dense^2$	-0.032** (0.015)	-0.036** (0.014)	-0.036** (0.015)	-0.038*** (0.014)	-0.035** (0.015	-0.035** (0.014)
_ cons	3.085** (1.443)	3.421*** (1.139)	3.837*** (1.128)	3.495*** (1.116)	3.387*** (1.133)	2.465** (1.197)
cscrj	-0.114** (0.055)	-0.146** (0.063)	-0.464** (0.224)	-0.114 (0.077)	-0.062 (0.047)	-0.099 (0.099)
TAX	-0.109** (0.055)					
crj * TAX	-0.026* (0.016)					
gdzy		0.017 (0.022)				
crj * gdzy		-0.017* (0.009)				
fc			0.089 (0.097)			
crj * fc			-0.077* (0.041)			
cztdsy				-0.001 (0.028)		
crj * cztdsy				-0.012 (0.013)		
tdzz					-0.007* (0.014)	
crj * tdzz					0.003*** (0.007)	
qs						-0.077* (0.057)

续表

被解释变量：tfp	土地税收总量	耕地占用税	房产税	城镇土地使用税	土地增值税	契税
crj * qs						-0.016 *** (0.019)
R^2	0.321	0.651	0.583	0.648	0.604	0.593
Hausman 值	13.22	13.22	4.89	16.86	16.99	9.35
p 值	0.279	0.279	0.937	0.112	0.108	0.590
模型选择	随机效应	随机效应	随机效应	随机效应	随机效应	随机效应

注：“ *** ”“ ** ”“ * ”分别表示在 1%、5%和 10%的显著性水平下显著，“（）”内的数值为标准误。

表 6-20　土地税收独立配置功效实证结果（模型 1）

被解释变量：城市建设用地利用效率	土地税收总量	耕地占用税	房产税	城镇土地使用税		土地增值税	契税
income	0.120 *** (0.040)	0.150 *** (0.029)	0.138 *** (0.029)	0.115 *** (0.041)	0.154 *** (0.028)	0.153 *** (0.031)	0.153 *** (0.029)
dense	0.438 ** (0.218)	0.534 *** (0.206)	0.497 ** (0.208)	0.46 ** (0.222)	0.527 ** (0.206)	0.501 ** (0.210)	0.489 ** (0.203)
market	-0.004 (0.023)	-0.012 (0.022)	-0.016 (0.022)	-0.011 (0.024)	-0.002 (0.023)	-0.008 (0.022)	-0.018 (0.022)
structure	0.110 *** (0.038)	0.089 *** (0.035)	0.081 ** (0.036)	0.109 *** (0.039)	0.089 *** (0.034)	0.092 *** (0.035)	0.081 ** (0.034)
rd	0.111 *** (0.033)	0.021 (0.014)	0.019 (0.014)	0.071 ** (0.032)	0.022 (0.014)	0.022 (0.015)	0.036 ** (0.015)
land	-1.962 *** (0.368)	-1.671 *** (0.270)	-1.779 *** (0.273)	-1.768 *** (0.370)	-1.739 *** (0.262)	-1.693 *** (0.276)	-1.558 *** (0.275)
$land^2$	0.133 *** (0.027)	0.119 *** (0.020)	0.127 *** (0.020)	0.116 *** (0.027)	0.124 *** (0.019)	0.120 *** (0.020)	0.112 *** (0.020)
$dense^2$	-0.031 ** (0.015)	-0.038 *** (0.014)	-0.036 ** (0.015)	-0.032 ** (0.016)	-0.038 *** (0.014)	-0.036 ** (0.015)	-0.034 ** (0.014)

续表

被解释变量：城市建设用地利用效率	土地税收总量	耕地占用税	房产税	城镇土地使用税		土地增值税	契税
_ cons	3. 790 (1. 379)	3. 111 (1. 124)	3. 445 (1. 110)	3. 959 (1. 413)	3. 298 (1. 094)	3. 328 (1. 124)	2. 220 (1. 151)
crj	-0. 031 * (0. 017)	-0. 038 ** (0. 017)	-0. 046 *** (0. 016)	-0. 039 ** (0. 017)	-0. 041 ** (0. 017)	-0. 040 ** (0. 017)	-0. 015 (0. 018)
TAX	-0. 152 *** (0. 048)						
gdzy		-0. 019 (0. 011)					
fc			-0. 070 (0. 046)				
cztdsy				-0. 013 (0. 018)	-0. 025 (0. 016)		
tdzz						-0. 011 (0. 011)	
qs							-0. 117 *** (0. 032)
R^2	0. 329	0. 646	0. 579	0. 270	0. 643	0. 601	0. 588
Hausman 值	20. 88	12. 02	4. 25	-0. 98	-0. 98	13. 51	11. 24
p 值	0. 022	12. 020	0. 935	—	—	0. 141	0. 339
模型选择	固定效应	随机效应	随机效应	固定效应	随机效应	随机效应	随机效应

注：“***”“**”“*”分别表示在 1%、5%和 10%的显著性水平下显著，“（）”内的数值为标准误。

从模型 2 土地税收总量模型的估计结果可以看出，crj * TAX 变量的系数估计结果在 10%的显著性水平下高度显著，符号为负数，弹性系数为-0. 026，这说明总体而言，土地出让收入分配制度与土地税收收益分配制度的交互作用显著地弱化了土地税收的资源配置功效，不考虑制度间的交互作用将低估土地税收收益分配制度对城市建设用地利用效率的抑制作用，高估土地税收的资源配置功效①。

从模型 2 分税种的估计结果可以看出（见表 6-19），crj * gdzy 变量的系数估计结果在 5%的显著性水平下高度显著，且符号为负，这说明，土地出让收入分配制度显著地抑制了耕地占用税资源配置功效的有效发挥。通过对比模型 1 和模型 2 的估计结果可以发现，在未考虑制度间交互作用的情况下，耕地占用税对城市建设用地利用效率的作用为负，弹性系数为-0.017，且在 5%的显著性水平下高度显著，但在考虑了制度间的交互作用之后，gdzy 的系数估计结果则由负转正，弹性系则数变为 0.017，且在 5%的显著性水平下高度显著。这充分说明，原本的耕地占用税收益分配制度是一个有效的收益分配制度，只是受土地出让收入分配制度的影响，耕地占用税对城市建设用地利用效率的促进作用被严重扭曲。

与此同时，从房产税模型的估计结果来看，crj * fc 变量的系数估计结果也在 10%的显著性水平下高度显著，且符号为负，弹性系数为-0.077，这说明，土地出让收入分配制度显著地加剧了房产税对城市建设用地利用效率的抑制作用。这主要是因为为了推动城市房价上涨，促进土地出让收入的增加，地方政府会放松对土地房产投机的打击力度，有时甚至会主动引进投机投资资本，这加剧了商住用地和商住物业的投机和囤积，引发了商住用地的闲置浪费，直接抑制了商住用地利用效率的增长。

从土地增值税模型的估计结果来看，crj * tdzz 变量的系数估计结果为正，且在 1%的显著性水平下高度显著，弹性系数为 0.003，这表示土地出让收入分配制度强化了土地增值税的资源配置功效。这主要是因为为了吸引投机投资资本进入，地方政府会放松对土地投机投资资本的监管力度，降低土地增值税的税收征管力度，这虽然会加剧土地投机投资，进而引发房产的囤积和闲置浪费，但同时也会降低土地交易成本，刺激土地交易流转，优化存量建设用地的配置结构，矫正扭曲的土地配置现状，提高存量建设用地的配置效率，当土地增值税税收征管放松所激发的土地交易流转数量超过了土地投资投机的增长数量时，土地增值税收益分配制度对城市建设用地利用效率的抑制作用就会有所减轻，土地出让收入分配制度就会强化土地增值税的资源配置功效，促进城市建设用地利用效率的增长。

从包含与不包含交叉项模型的估计结果来看，tdzz 变量的系数估计结果均为负，只是在考虑了土地出让收入分配制度与土地税收收益分配制度的交互影响后，土地增值税收益分配制度对城市建设用地利用效率的抑制作用有所减轻，这说明了如下两个问题：一是我国的土地增值税收益分配制度对城市建设用地利用

① 假定土地税收的资源配置功效为正。

效率的作用原本就是负的；二是进一步验证了土地出让收入分配制度有利于促进土地增值税资源配置功效增长的结论。

此外，从契税模型的估计结果可以看到，crj * qs 变量的系数估计结果符号为负，这说明，土地出让收入分配制度加剧了契税收益分配制度对城市建设用利用效率的抑制作用，这与预期相一致。这主要是因为为了增加新增建设用地需求，提高土地出让收入，地方政府就必须制定一个较高的契税税率，这显著地增加了土地的交易成本，抑制存量建设用地的正常交易流转，固化了存量建设用地的扭曲配置现状，降低了存量建设用地的配置效率。虽然在房地产业低迷时期，中央政府频频出台契税刺激政策措施，有限度地降低契税税率，减轻房产交易者的契税负担，但与土地房产全面自由流通所需的契税税率相比，依然还有较大的下降空间，与此同时，契税优惠政策也有较为严格的限制条件，只有符合特定条件的人才能享受，这就使得契税刺激政策的受惠范围极为有限，对城市土地房产交易流转的促进作用也就不强。最糟糕的是，契税优惠政策在刺激正常的土地交易流转的同时也助长了土地投机，这相当于是地方政府贴钱来吸引投机投资资本进入，严重扭曲了契税收益的分配关系，将部分本应由地方政府享有的契税收入通过契税优惠政策的方式流入到投资投机者手中，并为投机投资者提供了错误的激励，加剧了土地房产投资投机的盛行，加剧了土地的囤积和闲置浪费状况，抑制了城市建设用地利用效率的增长。

最后，从城镇土地使用税模型的估计结果可以看到，crj * cztdsy 变量的系数估计结果也为负，但即使是在 10%的显著性水平下也不显著，这说明，城镇土地使用税的资源配置功效并没有遭到土地出让收入分配制度的干扰。

第五节　本章小结

利用我国 29 个省份 2004~2014 年相关数据，综合采用普通计量、空间计量和门限回归模型对农地发展权收益分配制度、土地出让收入分配制度和土地税收收入分配制度三项子土地收益分配制度安排对城市建设用地利用效率的影响进行了实证，结果表明：

(1) 总体而言，农地发展权收益分配制度显著地抑制了城市建设用地利用效率的增长，但不同的农地发展权制度安排对城市建设用地利用效率的影响方式存在显著的差别。其中，新增建设用地供应计划主要是通过影响规模效率的方式来抑制城市建设用地利用效率的增长，且新增建设用地供应计划对城市建设用地利用效率的影响存在显著的门槛效应，只有市辖区人口规模介于1111万和1821万的省份，其新增建设用地供应计划才有效地促进了城市建设用地利用效率的增长，而市辖区人口规模小于1111万和大于1821万的省份，其新增建设用地供应计划均显著地抑制了城市建设用地利用效率的有效提升。更关键的是，市辖区人口规模大于1821万的省份，其新增建设用地供应计划农地发展权收益分配制度对城市建设用地利用效率的抑制作用要比人口规模小于1111万的省份显著更强。

与此相对，超计划用地农地发展权收益分配制度安排也显著地抑制了城市建设用地利用效率的有效提升，但超计划用地的抑制作用主要是通过“空间示范效应”得以发挥。更关键的是，超计划用地的空间示范效应致使城市建设用地利用效率产生了显著的空间负外溢效应，一个地区的超计划用地行为不仅会加剧其自身城市建设用地的蔓延，抑制其自身空间配置和利用效率的持续快速增长，而且还会在现行政绩考评体系和区域招商引资竞争的催化作用下，招致其他地区的模仿，加剧其他地区的超计划用地情况，并抑制其他地区城市建设用地利用效率的持续快速增长。与此同时，超计划用地的空间示范效应和由此引发的城市建设用地空间负外溢效应还存在显著的门槛效应，当超计划用地普及率逼近或超过一定的阈值（18.9%）时，超计划用地的空间示范效应将会进一步加剧，对城市建设用地利用效率的抑制作用也会进一步增强。

（2）土地出让收入分配制度显著地抑制了城市建设用地利用效率的增长，且中部地区的抑制作用最强，东部地区和西部地区的抑制作用旗鼓相当。从土地出让收入的不同组成部分来看，它们对城市建设用地利用效率的影响也存在一定的差异，其中土地出让纯收益分配制度显著地抑制了城市建设用地利用效率的增长，但区际差异明显，其中东部地区和西部地区的土地出让纯收益分配制度均显著地抑制了城市建设用地利用效率的有效提升，而中部地区的土地出让纯收益分配制度对城市建设用地利用效率的抑制作用并不显著。城市维护建设投资收益分配制度对城市建设用地利用效率的抑制作用并不显著，但区域差别明显，其中西部地区的城市维护建设投资收益分配制度显著地促进了其城市建设用地利用效率的增长，而中部地区的城市维护建设投资收益分配制度却严重地抑制了其城市建设用地利用效率的有效提升，东部地区的城市维护建设投资收益分配制度对城市建设用地利用效率的作用并不显著。通过进一步分析发现，“区域基础设施投资建设竞争”情况的差异是引发这种区际差异的重要原因。

从微观层面来看，土地出让收入分配制度还通过城市建设用地规模扩张、土地出让方式差异化、土地督察执法、研发投资以及违法用地等土地利益相关者的微观土地利用行为对城市建设用地利用效率产生了显著的影响，但不同的微观土地利用行为，其对城市建设用地利用效率的影响方式和影响效果均存在较大的差异。

（3）土地税收收益分配制度显著地抑制了城市建设用地利用效率的增长，土地税收占城市非农产业产值的比重每提高 1 个百分点，将会导致城市建设用地利用效率下降 0.171 个百分点，但不同的环节、不同的税种以及不同的区域，其对城市建设用地利用效率的影响则存在一定的差别。

从分环节的估计结果来看，土地获取环节和交易流转环节的税收收益分配制度均显著地抑制了城市建设用地利用效率的增长，但土地保有环节的税收收益分配制度对城市建设用地利用效率的作用并不显著。

从分税种的情况来看，耕地占用税不仅没有抑制，反而刺激了耕地征占，加速了城市蔓延，加剧了土地城市化对人口城市化的偏离，抑制了城市建设用地利用效率的持续快速增长。契税显著地抑制了存量建设用地的交易流转，固化了存量建设用地的扭曲配置结构，抑制了存量建设用地配置和利用效率的持续快速增长。与此同时，契税收益分配制度还改变了城市土地的开发利用模式，诱使土地使用者更多地依靠增加新增建设用地供给的方式来满足日益增长的城市建设用地需求，而不注重对存量建设用地的盘活，这加快了城市建设用地规模扩张，加剧了土地城市化对人口城市化的偏离，抑制了新增建设用地利用和配置效率的持续快速增长。此外，土地增值税收益分配制度刺激了土地非法交易的增长，扰乱了土地交易秩序，扭曲了土地增值收益分配关系，将部分本应由国家享有的土地收益通过非法交易的方式流入到了非法交易者手中，并通过如下两个渠道对城市建设用地利用效率产生了严重的不良影响：一是土地非法交易降低了土地成交价格，诱发了土地的粗放利用和低效配置，抑制了城市建设用地利用效率的持续快速增长；二是非法土地交易阻塞了地方政府城市投资建设的回收渠道，损害了城市维护建设投资的持续发展能力，阻碍了城市国有土地使用功能的不断完善，降低了城市经济系统的整体运行效率，抑制了城市建设用地利用效率的持续快速增长。

从分区域的估计结果来看，也存在一定的区际差异，但这主要表现在西部与东中部之间，东部与中部地区的差异并不明显。具体而言，东部和中部地区土地获取环节和交易流转环节的税收收益分配制度安排均显著地抑制了其城市建设用地利用效率的增长，而土地保有环节的税收收益分配制度安排对城市建设用地利用效率的影响并不显著。但对西部地区而言，土地保有环节的税收收益分配制度安排显著地促进了其城市建设用地利用效率的有效提升，土地获取环节的影响并不显著，而土地交易流转环节的税收收益分配制度安排却显著地抑制了城市建设用地利用效率的持续快速增长。

（4）土地出让收入分配制度与土地税收收益分配制度的交互作用对土地税

收的资源配置功效产生了显著的影响，但不同的税种，其影响方向和影响程度存在一定的差异。受土地出让收入分配制度的干扰，耕地占用税、房产税和契税收益分配制度对城市建设用地利用效率的抑制作用均有所增强，而土地增值税对城市建设用地利用效率的抑制作用却有所减少，但对城镇土地使用税资源配置功效的影响却并不显著，故不考虑制度间的交互作用将低估耕地占用税、房产税和契税收益分配制度对城市建设用地利用效率的抑制作用，高估土地增值税收益分配制度对城市建设用地利用效率的抑制作用。

第七章　研究结论与政策建议

为分析土地收益分配制度对城市建设用地利用效率的影响，从农地发展权收益分配制度、土地出让收入分配制度和土地税收收益分配制度三项子土地收益分配制度安排出发，沿着土地收益分配制度—土地利益相关者的土地利用行为—城市建设用地利用效率的总体性分析思路，以制度经济学和西方经济学的相关理论为指导，对土地收益分配制度影响城市建设用地利用效率的作用机理进行了逻辑推演，并综合采用普通计量、空间计量和门限面板等现代化计量手段和估计方法，对农地发展权收益分配制度、土地出让收入分配制度、土地税收收益分配制度以及土地出让收入分配制度和土地税收收益分配制度的交互作用对土地税收资源配置功效的影响进行了实证分析，得到了相应的结论，并根据实证结果和土地收益分配制度影响城市建设用地利用效率的作用机理，借鉴典型国家和地区的优秀土地收益分配制度发展经验，提出了进一步深化土地收益分配制度改革、提高城市建设用地利用效率的对策建议。

第一节　研究结论

利用我国 29 个省份 2004~2014 年相关数据，综合采用超效率 DEA 模型和 Malmqusit 指数法，从动态和静态两个角度对我国各地的城市建设用地利用效率进行了综合测定，通过借助普通计量、空间计量和门限面板等现代化计量手段和估计方法，对农地发展权收益分配制度、土地出让收入分配制度以及土地税收收益分配制度三项子土地收益分配制度安排对城市建设用地利用效率的影响进行了实证分析，得到了以下结论：

（1）我国的城市建设用地利用效率整体较低，区际差异大，且整体呈波动性上升之势。

2004~2014 年全国城市建设用地利用效率均较低，为 0.633，仅相当于前沿面的 60%。2004~2014 年我国城市建设用地利用效率的改进速度年度均值为

5.1%，但这主要是由技术改进引发，效率改进不仅没有促进反而显著抑制了城市建设用地利用效率的增长。通过进一步分析发现，效率改进的退化是由纯技术效率退化和规模效率退化双重因素引发的，且纯技术效率的退化幅度相对更大，是引致我国城市建设用地利用效率退步的重要原因。

（2）农地发展权收益分配制度总体上抑制了城市建设用地利用效率的增长，但不同的层级农地发展权收益分配制度安排，其影响机理存在显著的差别。

新增建设用地供应计划总体上抑制了城市建设用地利用效率的增长，且这种影响主要通过影响规模效率的方式得以发挥，但在不同的门限区间，其影响效果存在显著差别。与此同时，超计划用地农地发展权收益分配制度也显著地抑制了城市建设用地利用效率增长，且这种抑制作用存在着显著的空间负外部性。更进一步来看，这种空间负外部性还存在显著的门槛效应，当超计划用地普及率超过18.9 %时，超计划用地农地发展权收益分配制度对城市建设用地利用效率的抑制作用将会进一步增强。

（3）土地出让收入分配制度显著地抑制了城市建设用地利用效率的增长，但不同层次土地出让收入分配制度的影响方式和效果均存在显著的差别。

土地出让总收入分配制度显著地抑制了城市建设用地利用效率的增长，但不同层级的土地出让收入分配制度其对城市建设用地利用效率的影响方式和影响效果均存在显著的差别。从中观层面来看，土地出让纯收益分配制度显著地抑制了城市建设用地利用效率的增长，而城市维护建设投资收益分配制度对城市建设用地利用效率的抑制作用并不显著，且区域差别明显。从微观层面来看，土地出让收入分配制度还通过地方政府和土地使用者的微观土地利用行为对城市建设用地利用效率产生了显著的影响（如城市建设用地规模扩张、投资结构房地产化、工业用地低价出让、土地出让市场化改革、土地督察执法、研发投入和违法用地等），只是不同的微观土地利用行为对城市建设用地利用效率的影响方式和影响效果均存在一定的差异。

（4）土地税收收益分配制度显著地抑制了城市建设用地利用效率的增长，且不同环节、不同税种和不同区域的影响效果有所不同。

土地税收收益分配制度显著地抑制了城市建设用地利用效率的增长，但不同环节和不同税种的影响效果差别明显。其中，土地获取环节和交易流转环节的税收收益分配制度安排均显著地抑制了城市建设用地利用效率的增长，而土地保有环节的税收收益分配制度安排对城市建设用地利用效率的影响并不显著。

从分税种的情况来看，耕地占用税刺激了城市建设用地的扩张，加剧了土地城市化对人口城市化的偏离，抑制了城市建设用地利用效率的持续快速增长。契税阻碍了土地的交易流转，固化了土地的扭曲配置结构，抑制了城市建设用地配置和利用效率的增长。此外，土地增值税收益分配制度主张了非法用地，扰乱了土地开发利用秩序，抑制了城市建设用地利用效率的有效提升。

（5）制度间的交互作用显著地弱化了土地税收的资源配置功效，但对不同税种资源配置功效的干扰效果和干扰机制均存在显著的差别。

土地出让收入分配制度强化了土地税收收益分配制度对城市建设用地利用效率的抑制作用。从分税种的情况来看，除了城镇土地使用税没有受到土地出让收入分配制度的荼毒之外，其他税种均遭到了出让收入分配制度的干扰，只是不同的税种，土地出让收入分配制度对其资源配置功效的干扰机制和干扰效果均存在显著的差别。具体而言，受土地出让收入分配制度的干扰，耕地占用税、房产税和契税对城市建设用地利用效率的抑制作用均有所加重，而土地增值税对城市建设用地利用效率的抑制作用却有所减轻。

第二节　政策建议

根据实证结果，结合土地收益分配制度影响城市建设用地利用效率的作用机理，借鉴典型国家和地区的优秀土地收益分配制度发展经验，提出了如下针对性较强的对策建议。

一、建立新增建设用地供应计划指标交易市场

由于我国的新增建设用地计划实行的是严格的计划管理体制，信息不完全和对公平原则的考虑使得新增建设用地供应计划指标的初次分配存在严重的扭曲，部分地区存在指标节余，而有些地方却有指标缺口。但由于缺乏有效的调剂机制，致使存在指标节约的地区只能将新增建设用地供应计划指标转化为实实在在的土地使用权，而指标不足的地区只能将超额用地需求转化为超计划用地，这严重降低了新增建设用地供应计划的空间配置效率。因此，应建立新增建设用地供应计划指标交易市场制度，允许新增建设用地供应计划指标跨区域交易流转，有效矫正新增建设用地供应计划的初始扭曲配置现状，提高新增建设用地供应计划指标的配置效率。

与国民收入分配体制改革的原则不同，新增建设用地供应计划的初次分配应当更加注重公平，二次分配应当更加注重效率，要充分发挥市场在二次分配中的主导作用。存在指标节余的地区除了可将节余指标储藏起来以待日后再用之外，

还可将其在新增建设用地供应计划指标交易市场上出售，以变现自己的农地发展权利益。而存在指标缺口的地区，再也不用冒着被查处的风险实施超计划用地，而是可以光明正大地进入新增建设用地供应计划指标交易市场购买所需指标。指标交易价格随行就市，通过价格信号引导新增建设用地供应计划的二次配置。

从交易市场体系建设方面来看，应最终建立全国统一的新增建设用地供应计划指标交易市场，成立以自然资源部领衔的新增建设用地供应计划指标交易市场管理委员会，交易主体从省级国土资源厅开始，待条件成熟后再扩围至地级市甚至县和区。

此外，可充分借鉴美国“可购买土地发展权计划”的发展经验，允许中央政府和一些环保公益组织作为市场主体进入新增建设用地供应计划指标交易市场参与指标交易。当国家出于宏观调控目标需要收缩地根时，可直接进入新增建设用地供应计划指标交易市场购买相应的新增建设用地供应计划指标，环保等社会公益组织也可根据自己的资金状况和历史使命入市交易，自主决定指标交易数量。国家和公益组织购买的新增建设用地供应计划指标一般不投入实际生产过程，而是储存起来，待日后因经济形势需要须增加土地供给时再行投放市场。

二、建立土地“二次出让”制度

加快政府职能转换，剥离土地出让业务，完善土地出让管理体制，组建独立的土地出让管理公司。

由于地方政府不仅是农地转用的垄断需求者，而且是国有土地出让市场的垄断供给者，这就使得地方政府不仅要承担公共管理职能，履行土地征收职责，而且还要承担经济职责，深度参与土地出让。但这两种职能存在着严重的矛盾冲突，为了使自身利益最大化，地方政府往往会滥用自己的公共管理职权，肆意征收土地，并通过低价征收和高价出让的方式来攫取大量的土地利益。更有甚者，为了使土地出让收入最大化，地方政府采取了差异化的土地出让策略，具体而言，对工业用地采用协议或“虚假挂牌”等“伪市场化”方式出让，而对商住用地则采用招拍挂等完全市场化方式出让。工业和商住用地出让方式的差异化致使工业和商住用地出让收入分配制度存在严重的横向扭曲，这一方面加剧了商住用地的价格上涨压力，推动了商住用地出让价格的非理性上涨，并为地方政府提供了错误的激励，诱使地方政府盲目加大对房地产业的支持力度，致使城市投资结构房地产化，严重挤占了其他行业的投资支出，阻碍了其他行业的正常发展，弱化了产业间的“外溢效应”，降低了城市经济系统的整体运行效率，抑制了城市建设用地利用效率的持续快速增长；另一方面，低廉的工业用地出让价格还将助长土地使用者的技术创新惰性，诱使土地使用者只顾享受低廉的土地出让价格所带来的饕餮大餐，而怠于从事技术创新和技术引进，这阻碍了技术进步，抑制了建设用地利用效率增长。更关键的是，低廉的工业用地出让价格还会诱使土地使用者采用非土地节用型生产技术，但根据我国的技术演化历程，非土地节用型生产技术大多都是早期发明的落后技术，因此对非土地节用型生产技术的普遍采用将降低企业技术水平，降低城市建设用地利用效率。此外，差异化的土地出让方式还将阻碍土地出让市场的市场发育进程，抑制城市建设用地配置效率的持续快速增长。

因此，应加快政府职能转变，弱化政府土地出让的经济职能，将土地出让业务从地方政府职能中剥离出来，充分借鉴新加坡等国的发展经验，组建半官方的土地出让管理公司，实行土地“二次出让”管理制度。充分发挥土地出让管理公司贴近市场，了解企业用地特点的优势，提高土地资源的配置效率，理顺土地出让收入分配关系，从源头上斩断地方政府对土地出让利益的不当攫取，减少地方政府对土地征收和供应的不当行政干预。具体而言，由国土资源管理部门负责土地征收，但国土资源管理部门并不直接出让土地给具体的土地使用者，而是批发给工业用地资产经营管理公司、商住用地资产经营管理公司和其他用地资产经营管理公司，三大土地资产经营管理公司根据自己对市场用地需求的判断，有针对性地对一次出让地块开展前期开发和建设，然后再根据市场需求状况，适时零售给具体的土地使用者。其中工业用地资产经营管理公司专门负责工业用地的开发建设和“二次出让”，而商住用地资产经营管理公司则主要负责商住用地的前期开发建设和“二次出让”，其他土地资产经营管理公司则负责其他地类的前期开发建设和“二次出让”（如交通运输用地、公园、绿地、学校、政府机关、军事单位等）。其中，商住用地和工业用地均采用市场化的招拍挂方式出让，出让价格随行就市，对于拍卖和挂牌，严格遵循价高者得的市场经济原则，而对于招标，则严格遵循综合设计最优者得的标准。对于其他用地，则充分借鉴瑞典等国的发展经验，主要采用协议方式供应，并根据用地单位性质和盈利能力的强弱，采取差异化的优惠地价，协议出让的基准地价参照同地段相同类型土地的市场价格。其他用地类型的最低出让价格不得低于土地获取成本，只有在非常特殊的情况下才可无偿划拨或以低于成本的价格出让。工业用地资产经营管理公司、商住用地资产经营管理公司以及其他土地资产经营管理公司各自独立经营、核算。

三、深化土地税收体制改革

当前我国土地税收收益分配制度严重抑制了城市建设用地利用效率的增长，

其中最主要的根源在于各税种的职能定位不清，对土地税收资源配置功能的重视程度不够，因此应继续深化土地税收体制改革，明确各税种的功能定位，简化税制，均衡税负。

具体而言，耕地占用税应主要定位于保护耕地，要因地制宜地制定差异化的耕地占用税税率，适当扩大不同等级耕地占用税税率的差距，并根据经济社会发展状况和耕地资源保护状况，适时调整耕地占用税税率，建立耕地占用税动态调整机制。

与此同时，保有环节税收收益分配制度应主要定位于回收土地自然增值，调节土地保有和开发利用，理顺土地自然增值收益分配关系，充实城市维护建设基金，促进城市基础设施投资建设持续健康发展。具体而言，应加快房产税立法进程，扩大房产税适用范围，将非经营性房地产纳入房产税征管体制。同时，还应适当提高城镇土地使用税税率，扩大不同规模等级城市间的税率差距。更关键的是，要综合运用房产税和城镇土地使用税来调节土地开发利用行为，在提高城镇土地使用税的同时适当降低房产税税率，在抑制城市建设用地规模扩张的同时促进土地集约水平的增长。

交易流转环节税收应定位于促进土地交易流转，调节土地交易，规范土地交易秩序，打击土地投机，防止土地囤积。因此，应大力改革契税税制，充分借鉴英国或中国香港等地的发展经验，对契税设定的一定的免征额，只有免征额以上的部分才需缴纳契税，免征额以下的部分无须缴纳。建立免征额动态调整机制，随着土地房产价值的不断提高，免征额也要不断提高。抑或是对不同的交易额实行差异化的契税税率，交易额越大，契税税率越高，如此一来既可有效打击土地投机需求，又不会阻碍土地的正常交易流转，可谓一箭双雕。

对于土地增值税，则应充分借鉴日本的发展经验，区别投机性交易和正常交易，以保有期限为依据，制定差别化的土地增值税税率。具体而言，对保有期限较短的土地，对其入市交易所得征收较高的土地增值税，而对于保有期限较长的土地，则对其入市交易所得征收较低的土地增值税，对保有期限超过一定年限的土地（如 10 年以上），其土地交易所得甚至可以完全免税。

总体而言，土地税收收益分配制度的改革方向应定位为：不断强化土地保有环节税收的地位和作用，弱化交易流转环节税收（特别是契税）在土地税收收益分配制度体系中的地位和作用，理顺土地税收收益分配关系，合理引导土地保有和开发，促进土地配置和利用效率的持续快速增长。

四、建立土地督察执法中央垂直管理体系

虽然我国早在 2006 年就建立了省以下国土资源管理部门垂直管理体制，但

这样的土地督察管理体制对违法用地的抑制作用并不明显，这主要是由于现行土地执法“悖论”的症结在于地方政府与自然资源部之间的利益冲突，而不是省政府与市县政府之间的利益冲突。各省为了本地区的利益很可能会放松对其辖区范围内市县政府部门的土地违法行为的督察和惩处，这就使得省以下土地管理部门垂直管理体制对违法土地利用行为的约束作用大打折扣，单纯实行省以下国土资源管理部门垂直管理还无法避免“内部人控制”的问题。另外，现行省以下国土资源管理部门垂直管理体制仅仅体现在有限的人事权上（上级国土资源管理部门有权提名下级国土资源管理部门正副职领导人选），而国土资源管理部门其他组成人员的人事权和绝大部分财权都掌握在地方政府手中，在这样的权利配置结构体系下，很难保证国土资源管理部门能依法独立公正地行使自己的土地督察职权。

有鉴于此，应深化土地督察管理体制改革，建立土地督察机构中央垂直管理体制。整合现有土地督察资源，将各土地督察局与各省国土资源管理部门的土地督察职能合并，组建新的独立的土地督察管理机构。下级土地督察机构只接受上级土地督察机构的单独领导，对上级土地督察机构负责，所有土地督察机构听命于中央，部门领导由自然资源部任命。部门工作人员通过中央国家机关招录系统选拔，由中央拨付行政办公经费，让土地督察机构与地方政府彻底脱钩，确保土地督察部门依法、独立、公正地行使土地督察职能，维护国家土地管理法律法规的严肃性和权威，有效保障国家土地宏观调控政策和土地管理法律法规的深入贯彻落实，切实避免土地督察执法沦为地方政府攫取额外土地的工具。

五、提高土地督察效率

提高现代化信息技术与土地督察执法的融合程度，大力采用卫星遥感等现代化通信信息技术手段，不断推进土地督察执法的现代化，提高土地督察执法的效率，提高违法用地成本，弱化违法用地对地方政府的不当激励，让地方政府不仅不敢而且不想违法用地。同时还应改进土地督察方法，转变土地督察理念，一改过去只重事后查处，不重事前预防和事中监督的落后执法思维，建立起覆盖土地开发利用全过程的土地督察执法体系，真正做到将违法用地扼杀在摇篮里。还应提高土地督察执法频率，让土地督察执法常态化，切实避免“运动式执法”，做到重在预防，早发现，早查处，执法必严，违法必究，处罚必重，尽早发现地方政府的土地违法利用行为，有效避免土地督察执法发展到失控的地步，切实防止被地方政府“绑架”。

六、将地均 GDP 纳入地方政府官员政绩考评体系

由于现行土地征收收益和土地出让收入分配制度并不健全，地方政府只须凭借自己掌握的土地征收权和垄断土地供应权，“低征高卖”便可轻松攫取大量土地收益，这为地方政府官员肆意扩大城市建设用地规模提供了极大的内在激励。在现行地方政府官员政绩考评体系的激励约束作用条件下，地方政府官员有极大的激励来实施城市建设用地规模扩张，并将土地出让收入分配制度所蕴含的潜在收益转化为实际的土地出让收入和政绩，这就使得我国的城市建设用地犹如脱缰的野马疯狂蔓延，土地城市化速度快于人口城市化速度，诱发了土地的粗放利用和低效配置，严重抑制了城市建设用地利用效率的增长。因此，要想提高城市建设用地利用效率，一方面要改革现行土地征收和土地出让收入分配制度，降低土地收益分配制度为地方政府提供的过度激励；另一方面要切实转变政绩观念，改革地方政府官员政绩考评办法，建立起与经济发展新常态相适应的政绩评价指标体系，一改过去唯 GDP 总量和财政收入马首是瞻的短视性政绩考评办法，将地均 GDP 纳入地方政府官员政绩考评体系，赋予地均 GDP 与 GDP 总量同等重要的地位和作用，建立地均 GDP 离任审计制度，由审计部门在地方政府官员离任时出具独立的审计报告，计入地方政府官员人事档案，重点考核地方政府官员完整任期内的地均 GDP 平均水平，有效防止地方政府官员的短视行为。

参考文献

[1] Andersen P., Petersen N. C. A Procedure for Ranking Efficient Units in Data Envelopment Analysis. *Management Science*, Vol. 39, No. 10 (Oct., 1993), pp. 1261-1264.

[2] Benoy Jacob, Daniel McMillen. Border Effects in Suburban Land Use. *National Tax Journal*, Vol. 68, No. 35 (Sep., 2015), pp. 855-874.

[3] Bento, Antonio M., Franco Sofia F.. Kaffine Daniel T., Efficiency and Spatial Impacts of Development Taxes: The Critical Role of Alternative Revenue-Recycling Schemes. *American Journal of Agricultural Economics*. Vol. 91, No. 5 (Jan., 2009), pp. 1304-1311.

[4] Burge, Gregory S., Trosper Trey L.. Nelson Arthur C., Can Development Impact Fees Help Mitigate Urban Sprawl?. *Journal of the American Planning Association*, Vol. 79, No. 3 (Jul., 2013), pp. 235-248.

[5] Cao Guangzhong, Feng Changchun, Tao Ran. Local Land Finance in China's Urban Expansion: Challenges and Solutions. *China and World Economy*, Vol. 16, No. 2 (Mar., 2008), pp. 19-30.

[6] Chattopadhyay Soumyadip, Prasad Smriti. Urban Property Tax in India: Problems and Prospects. *Journal of Economic Policy & Research*, Vol. 10, No. 2 (Apr., 2015), pp. 92-110.

[7] Chien Chin Ting, Wu Shih Ying. The Permanent and Transitory Effects of Land Value Increment Taxes on Land Trading: The Case of Self-Used Residential Land Taiwan Economic. *Forecast and Policy*, Vol. 45, No. 2 (2015), pp. 69-100.

[8] Cho Seong-Hoon, Kim Seung Gyu, Lambert, Dayton M. etc. Impact of a Two-Rate Property Tax on Residential Densities. *American Journal of Agricultural Economics*, Vol. 95, No. 3 (Apr., 2013), pp. 685-704.

[9] Cho Seong-Hoon, Kim Seung Gyu, Roberts, Roland K. etc. Effects of Land-Related Policies on Land Development during a Real Estate Boom and a Recession. *Growth & Change*, Vol. 46, No. 2 (Jun., 2015), pp. 218-232.

[10] Coase. R. H. The Problem of Social Cost, *Journal of Law and Economic*, Vol. 3, (Oct., 1960), pp. 1-44.

[11] Dachis Ben, Duranton Gilles, Turner Matthew A. The Effects of Land Transfer Taxes on Real Estate Markets: Evidence from a Natural Experiment in Toronto, *Journal of Economic Geography*, Vol. 12. No. 2 (Mar., 2012), pp. 327-354.

[12] De Pasquale. Pragmatic Proposition: Regionally Planned Coastal TDRs in Light of Rising Seas, *Urban Lawyer*, No. 1 (2016), pp. 179-207.

[13] Deng Feng. Land Development Right and Collective Ownership in China. *Post-Communist Economies*, Vol. 25, No. 2 (Jun., 2013), pp. 190-205.

[14] Deng F. Frederic. Public Land Leasing and the Changing Roles of Local Government in Urban China. *Annals of Regional Science*, Vol. 39, No. 2 (Jun., 2005), pp. 353-273.

[15] Du Jinfeng, Thill Jean C., Feng Changchun. Wealth Redistribution in Urban Land Development under a Dual Land System: A Case Study of Beijing. *Papers in Regional Science*, Vol. 93, No. 2 (Jun., 2014), pp. 501-517.

[16] Farris N. What to Do When the Street is Legal Again: Regional Land Value Taxation as a New Urbanist Tool. *University of Pennsylvania Law Review*, Vol. 164, No. 3 (Feb., 2016), pp. 755-777.

[17] Gluszak Micha. The Equity of the Area-Based Property Tax System in Poland. *World of Real Estate Journal*, Vol. 94, No. 4 (2015), pp. 37-43.

[18] Harman, Ben P., Pruetz Rick, Houston Peter. Tradeable Development Rights to Protect Peri-urban Areas: Lessons from the United States and Observations on Australian Practice. *Journal of Environmental Planning and Management*, Vol. 58, No. 2 (Feb., 2015), pp. 357-381.

[19] Hansen B. E. Inference When a Nuisance Parameter is not Identified Under the Null Hypothesis. *Econometrica*, Vol. 64, No. 2 (1996), pp. 413-430.

[20] Jacob Benoy, McMillen Daniel. Border Effects in Suburban Land Use. *National Tax Journal*, Vol. 68, *Special Issue* (Sep., 2015), pp. 697-697.

[21] John McLaren. A Uniform Land Tax in Australia: What is the potential for This to Be a Reality Post the "Henry Tax Review?". *Australian Tax forum*, Vol. 29, No. 1 (Jan., 2014), pp. 43-58.

[22] Jou Jyh-Bang, Lee Tan. Taxation on Land Value and Development When There Are Negative Externalities from Development. *Journal of Real Estate Finance and Economics*, Vol. 36, No. 1 (Jan., 2008), pp. 103-120.

[23] Kyosti Pietol, Sami Myyra, Eija Pouta. The Effects of Changes in Capital Gains Taxes on Land Sales: Empirical Evidence from Finland. *Land Economics*, Vol. 87, No. 4 (Nov., 2011), pp. 582-594.

[24] Linkous, Evangeline R., Chapin, Timothy S. TDR Program Performance in Florida. *Journal of the American Planning Association*, Vol. 80, No. 3 (Jun., 2014), pp. 253-267.

[25] Michael, S. Owen, Wayne, R. Thirsk. Land Taxes and Idle Land: A Case Study of Houston Land Economics. *Land Economics*, Vol. 54, No. 4 (Aug., 1974), pp. 251-260.

[26] McConnell Virginia, Kopits Elizabeth, Walls Margaret. Using Markets for Land Preservation: Results of a TDR Program. *Journal of Environmental Planning and Management*, Vol. 49, No. 5 (Sep., 2006), pp. 631-651.

[27] Mitra. Land Tax and Land Use. Journal of Agricultural Economics, Vol. 1, No. 1 (Jun., 1960), pp. 1-53.

[28] Pietola Kyosti, Myyra Sami, Pouta Eija. The Effects of Changes in Capital Gains Taxes on Land Sales: Empirical Evidence from Finland. *Land Economics*, Vol. 87, No. 4 (Nov., 2011), pp. 582-94.

[29] Pizor Peter J. A Review of Transfer of Development Rights. *Appraisal Journal*, Vol. 46, No. 3 (Jul., 1978), pp. 386-397.

[30] Sami Alpanda, Taxation. Collateral Use of Land and Japanese Asset Prices. *Empirical Economics*, Vol. 43, No. 2 (Oct., 2012), pp. 819-850.

[31] Sundberg Jeffrey. Preferential Assessment for Open Space. *Public Finance and Management*, Vol. 14, No. 2 (Mar., 2014), pp. 165-193.

[32] Zhu Jieming. From Land Use Right to Land Development Right: Institutional Change in China's Urban Development. *Urban Studies*, Vol. 41, No. 7 (Jun., 2004), pp. 1249-1267.

[33] Zróbek Sabina, Manzhynski Siarhei, Zysk Elzbieta etc. Some Aspects of Local Real Estate Taxes as an Instrument of Land Use Management. *Real Estate Management & Valuation*, Vol. 24, No. 3 (Sep., 2016), pp. 93-105.

[34] [美] 巴泽尔:《产权的经济学分析》, 费方域、段毅才译, 上海三联书店、上海人民出版社, 1997 年。

[35] 白彦锋、刘畅:《中央政府土地政策及其对地方政府土地出让行为的影响——对"土地财政"现象成因的一个假说》,《财贸经济》2013 年第 7 期。

[36] 贝涵璐、吴次芳、冯科等:《土地经济密度的区域差异特征及动态演

变格局——基于长江三角洲地区的实证分析》,《自然资源学报》2009 年第 11 期。

[37] 毕宝德:《土地经济学》,中国人民大学出版社,2001 年。

[38] 毕继业、朱道林、邹晓云:《政府内部土地收益分配的博弈分析》,《中国土地科学》2003 年第 2 期。

[39] 曹广忠、袁飞、陶然:《土地财政、产业结构演变与税收超常规增长——中国“税收增长之谜”的一个分析视角》,《中国工业经济》2007 年第 12 期。

[40] 陈多长、张明进:《工业化对浙江地方政府土地财政依赖的影响研究》,《浙江工业大学学报》(社会科学版) 2015 年第 4 期。

[41] 陈伟、彭建超、吴群:《中国省域工业用地利用效率时空差异及影响因素研究》,《资源科学》2014 年第 10 期。

[42] 陈伟、吴群:《长三角地区城市建设用地经济效率及其影响因素》,《经济地理》2014 年第 9 期。

[43] 陈宇琼、钟太洋:《中国地方政府土地租税收入变化对城市建设用地扩张的影响》,《中国土地科学》2016 年第 2 期。

[44] 程雪阳:《土地发展权与土地增值收益的分配》,《法学研究》2014 年第 5 期。

[45] 程瑶:《税收的土地资源配置效应研究》,《北京理工大学学报》(社会科学版) 2011 年第 1 期。

[46] 程瑶:《土地财政与中国房地产税》,南京大学出版社,2009 年。

[47] 崔军、杨琪:《新世纪以来土地财政对城镇化扭曲效应的实证研究——来自一二线城市的经验证据》,《中国人民大学学报》2014 年第 1 期。

[48] [英] 大卫·李嘉图:《政治经济学及赋税原理》,周洁译,华夏出版社,2013 年。

[49] 单豪杰:《中国资本存量 K 的再估算 1952—2006 年技术》,《数量经济技术经济研究》2008 年第 10 期。

[50] [美] 道格拉斯·C. 诺斯:《制度、制度变迁与经济绩效》,杭行译,上海人民出版社,2014 年。

[51] 董礼洁:《地方政府土地管理权》,法律出版社,2009 年。

[52] 范建双、虞晓芬:《土地利用效率的区域差异与产业差异的收敛性检验》,《统计与决策》2015 年第 10 期。

[53] 方创琳、马海涛:《新型城镇化背景下中国的新区建设与土地集约利用》,《中国土地科学》2013 年第 7 期。

[54] 高国力:《新加坡土地管理的特点及借鉴》,《宏观经济管理》2015 年第 6 期。

[55] 宫汝凯:《分税制改革、土地财政和房价水平》,《世界经济文汇》2012 年第 4 期。

[56] 郭志勇、顾乃华:《制度变迁、土地财政与外延式城市扩张——一个解释我国城市化和产业结构虚高现象的新视角》,《社会科学研究》2013 年第 1 期。

[57] 韩峰、王琢卓、杨海余:《产业结构对城镇土地集约利用的影响研究》,《资源科学》2013 年第 2 期。

[58] 何芳、王小川、张皓:《基于 Bootstrap 法和神经网络模型的浦东新区土地收储增值收益分配研究》,《管理评论》2015 年第 12 期。

[59] 何芳:《城市土地经济与利用》,同济大学出版社,2009 年。

[60] 侯有金:《论制约我国城市建设用地集约利用原因及解决途径》,《城市地理》2015 年第 18 期。

[61] 黄祖辉、汪晖:《非公共利益征地行为与土地发展权补偿》,《经济研究》2002 年第 5 期。

[62] 蒋震:《地方政府努力与土地财政:对中国土地财政的一个分析视角》,《中国工业经济》2014 年第 10 期。

[63] 金媛、王世尧:《"财""政"激励与土地出让市场分割:整合还是分化?》,《中央财经大学学报》2015 年第 6 期。

[64] 金媛、王世尧:《分割市场与土地出让——理论与来自中国省际面板的证据》,《中国经济问题》2016 年第 6 期。

[65] [奥] 卡尔·门格尔:《国民经济学原理》,刘絜敖译,上海世纪出版集团,2013 年。

[66] [美] 康芒斯:《制度经济学》(下),赵睿译,华夏出版社,2013 年。

[67] 柯新利、丁璐、马才学:《城市间相互作用力对城市建设用地利用效率影响研究——以武汉城市圈为例》,《华中师范大学学报》(自然科学版)2014 年第 5 期。

[68] 孔伟、郭杰、欧名豪:《不同经济发展水平下的建设用地集约利用及区域差别化管控》,《中国人口·资源与环境》2014 年第 4 期。

[69] 李刚:《中国城市土地利用效率:测度、演变机理与影响因素》,《财经理论研究》2015 年第 3 期。

[70] 李怀、何富彩:《土地财政、城镇化因素对房价影响的实证分析——基于中国 1999~2014 年各省房价的面板数据》,《价格理论与实践》2016 年第

11 期。

[71] 李佳佳、罗能生：《城镇化进程对城市土地利用效率影响的双门槛效应分析》,《经济地理》2015 年第 7 期。

[72] 李培祥：《城市土地利用结构转换与产业结构演变关系分析——以广东城市为例》,《资源与产业》2010 年第 2 期。

[73] 李涛、邹一南、谷继建：《城市用地扩张中地方政府的土地财政行为选择与制度优化——基于土地收益与供求的分析》，《中国行政管理》2015 年第 2 期。

[74] 李一花、李雪妍：《城镇化与政府财产性收入的关系研究》，《公共财政研究》2016 年第 3 期。

[75] 李永乐、舒帮荣、吴群：《中国城市土地利用效率：时空特征、地区差距与影响因素》,《经济地理》2014 年第 1 期。

[76] 李勇刚、王猛：《土地财政对中国城市空间扩张影响效应的实证检验》,《统计与决策》2016 年第 2 期。

[77] 李中：《农地入市流转对土地资源配置效率的影响》,《财经问题研究》2012 年第 12 期。

[78] 梁慧星：《中国物权法研究》，法律出版社，1998 年。

[79] 林继红：《差异化税收开辟节地新路——浙江省调整城镇土地使用税促进土地节约利用试点的做法》,《中国土地》2014 年第 9 期。

[80] 林坚、马珣：《中国城市群土地利用效率测度》，《城市问题》2014 年第 5 期。

[81] 林毅夫：《关于制度变迁的经济理论：诱致性变迁和强制性变迁》，载于科斯、阿尔钦、诺斯等《财产权利于制度变迁》，上海三联书店，1996 年。

[82] 刘国臻：《论我国土地征收收益分配制度改革》，《法学论坛》2012 年第 1 期。

[83] 刘军：《安徽省土地出让金收入管理研究》，合肥工业大学出版社，2015 年。

[84] 刘琼、欧名豪、盛业旭等：《不同类型土地财政收入与城市扩张关系分析》,《中国人口·资源与环境》2014 年第 12 期。

[85] 刘英群：《土地使用效率传导机制和土地利用》,《大连海事大学学报》(社会科学版) 2013 年第 12 期。

[86] 卢现祥：《新制度经济学》，武汉大学出版社，2010 年。

[87] 陆铭、陈钊：《为什么土地和户籍制度需要联动改革——基于中国城市和区域发展的理论和实证研究》,《学术月刊》2009 年第 9 期。

［88］吕海峰、吕冬娟：《看新加坡如何出让土地》，《中国土地》2009 年第 11 期。

［89］吕炜、刘晨晖：《财政支出、土地财政与房地产投机泡沫——基于省际面板数据的测算与实证》，《财贸研究》2012 年第 12 期。

［90］罗文斌、吴次芳、冯科：《城市土地经济密度的时空差异及其影响机理——基于湖南省城市面板数据的实证分析》，《城市发展研究》2010 年第 6 期。

［91］孟媛、张凤荣、姜广辉等：《北京市产业结构与土地利用结构的关系研究》，《地域研究与开发》2011 年第 3 期。

［92］彭冲、陈乐一、韩峰：《新型城镇化与土地集约利用的时空演变及关系》，《地理研究》2014 年第 11 期。

［93］彭佳雯、钟太洋、张晓玲等：《土地督察减少国有土地收益流失效果评价》，《中国土地科学》2012 年第 1 期。

［94］丘海雄、付光伟、张宇翔：《土地财政的差异性研究———兼论土地财政对产业转型升级的启示》，《学术研究》2012 年第 4 期。

［95］曲福田、吴郁玲：《土地市场发育与土地集约利用度的理论与实践——以江苏省开发区为例》，《自然资源学报》2007 年第 3 期。

［96］容志：《土地调控中的中央与地方博弈——政策变迁的政治经济学分析》，中国社会科学出版社，2010 年。

［97］邵朝对、苏丹妮、邓宏图：《房价、土地财政与城市集聚特征》，《党政视野》2016 年第 10 期。

［98］邵挺、崔凡、范英等：《土地利用效率、省际差异与异地占补平衡》，《经济学（季刊）》2011 年第 3 期。

［99］沈飞、朱道林：《政府和农村集体土地收益分配关系实证研究——以我国土地征用—出让过程为例》，《中国国土资源经济》2004 年第 8 期。

［100］沈守愚：《论设立农地发展权农地理论基础和重要意义》，《中国土地科学》1998 年第 1 期。

［101］孙超：《土地储备融资与土地收益的分配研究》，《经济经纬》2013 年第 3 期。

［102］孙华强：《浙江桐庐：亩产税收与土地使用税挂钩》，《中国国土资源报》，2015 年 7 月 13 日第 4 版。

［103］谭荣：征收和土地出让过程中政府干预对土地配置效率影响的定量研究》，《中国土地科学》2010 年第 8 期。

［104］唐鹏、石晓平、曲福田：《地方政府竞争与土地财政策略选择》，《资源科学》2014 年第 4 期。

［105］陶然、陆曦、苏福兵等：《地区竞争格局演变下的中国转轨：财政激励和发展模式反思》，《经济研究》2009 年第 7 期。

［106］屠帆：《政府行为和城市土地资源配置研究》，经济科学出版社，2013 年。

［107］汪晗：《土地开发与保护的平衡：土地发展权定价与空间转移研究》，人民出版社，2015 年。

［108］王克强、胡海生、刘红梅：《中国地方土地财政收入增长影响因素实证研究——基于 1995~2008 年中国省际面板数据的分析》，《财经研究》2012 年第 4 期。

［109］王良健、李辉、石川：《中国城市土地利用效率及其溢出效应与影响因素》，《地理学报》2015 年第 11 期。

［110］王猛、李勇刚、王有鑫：《土地财政、房价波动与城乡消费差距——基于面板数据联立方程的研究》，《产业经济研究》2013 年第 5 期。

［111］王霞、尤建新：《城市土地经济学》，复旦大学出版社，2004 年。

［112］王小映、贺明玉、高永：《我国农地转用中的土地收益分配实证研究——基于昆山、桐城、新都三地的抽样调查分析》，《管理世界》2006 年第 5 期。

［113］王兴杰：《中国土地城镇化和人口城镇化相对效率评价》，《生态经济》2016 年第 4 期。

［114］王秀平、焦华富：《煤炭资源型城市产业结构演进与土地利用结构变化关联分析——以淮南市为例》，《国土与自然资源研究》2013 年第 5 期。

［115］王永慧：《农地非农化增值收益分配机制研究》，中国人民大学出版社，2015 年。

［116］王雨竹、徐培玮：《京津冀地区城市土地集约利用与城镇化耦合协调关系研究》，《水土保持研究》2016 第 1 期。

［117］王昱、丁四保、卢艳丽：《建设用地利用效率的区域差异及空间配置——基于 2003—2008 年中国省域面板数据》，《地域研究与开发》2012 年第 6 期。

［118］［美］威廉·阿朗索：《区位和土地利用》，梁进社、李平、王大伟译，商务印书馆，2010 年。

［119］［美］威廉·配第：《赋税论》，马妍译，中国社会科学出版社，2010 年。

［120］文贯中、柴毅：《政府主导型城市化的土地利用效率——来自中国的实证结果》，《学术月刊》2015 年第 1 期。

［121］吴群、李永乐、曹春：《财政分权、地方政府偏好与城市土地利用》，科学出版社，2015 年。

［122］吴一洲、吴次芳、罗文斌：《经济地理学视角的城市土地经济密度影响因素及其效应》，《中国土地科学》2013 年第 1 期。

［123］武彦民、杨峥：《土地财政、城市产出效率与全要素生产率增长差异》，《审计与经济研究》2012 年第 4 期。

［124］夏清滨、黄少安：《中国城市全要素土地效率及其影响因素分析》，《华东经济管理》2015 年第 5 期。

［125］夏清滨、李成友：《城市建设用地市场化对城市土地利用效率的影响研究——基于 2003~2011 年中国 286 个地级市面板数据的分析》，《制度经济学研究》2015 年第 1 期。

［126］徐会苹：《提高农民土地增值收益分配比例的对策建议》，《经济纵横》2015 年第 5 期。

［127］徐莉萍、张淑霞、李姣：《美国土地发展权转让定价主体、模型、制度的演进及启示》，《华东经济管理》2016 年第 1 期。

［128］许建伟、许新宇、朱明侠等：《基于数据包络分析的长三角城市群土地利用效率及其变化研究》，《世界地理研究》2013 年第 1 期。

［129］闫勇、姚思宇：《征收房地产税对地方公共财政和土地出让的影响研究》，《财政研究》2015 年第 1 期。

［130］杨欢进：《评新版〈辞海〉对“土地收益递减律”的释义》，《河北学刊》2010 年第 3 期。

［131］杨亚、么新：《完善土地政策参与宏观调控的五点建议》，《中国土地》2005 年第 1 期。

［132］杨志安、汤旖璆：《地方政府横向竞争与中央治理政策对土地财政不同发展阶段影响研究——基于区域集群、主成分分析结果的动态面板分析》，《财经论丛》2015 年第 3 期。

［133］姚成胜、李政通、杜涵等：《长三角地区土地集约利用与经济发展协调性》，《经济地理》2016 年第 2 期。

［134］［日］野口悠纪雄：《土地经济学》，汪斌译，商务印书馆，1989 年。

［135］叶林、吴木銮、高颖玲：《土地财政与城市扩张：实证证据及对策研究》，《经济体制比较》2016 年第 3 期。

［136］叶涛、史培军：《从深圳经济特区透视中国土地政策改革对土地利用效率与经济效益的影响》，《自然资源学报》2007 年第 3 期。

［137］臧俊梅、王万茂、陈茵茵：《农地非农化中土地增值分配与失地农民

权益保障研究——基于农地发展权视角的分析》，《农业经济问题》2008 年第 2 期。

［138］张海鹏、曲婷婷：《城市化进程中的土地困局：现状、成因与变革》，《江海学刊》2014 年第 3 期。

［139］张敬东：《中国城市土地并非无偿使用——兼论土地利用效率低的根本原因》，《城市问题》1992 年第 5 期。

［140］张军、吴桂英、张吉鹏：《中国省际物质资本存量估算：1952—2000》，《经济研究》2004 年第 10 期。

［141］张俊峰、张安录、董捷：《武汉城市圈土地利用效率评价及时空差异分析》，《华东经济管理》2014 年第 5 期。

［142］张乐勤、陈素平、陈保平等：《城镇化与土地集约利用耦合协调度测度——以安徽省为例》，《城市问题》2014 年第 2 期。

［143］张良悦：《土地发展权框架下失地农民的补偿》，《东南学术》2007 年第 6 期。

［144］张鹏、高波、叶浩：《土地发展权：本质、定价路径与政策启示》，《南京农业大学学报》（社会科学版）2013 年第 4 期。

［145］张荣天、焦华富：《长江经济带城市土地利用效率格局演变及驱动机制研究》，《长江流域资源与环境》2015 年第 3 期。

［146］张衔、吴先强：《中国城市建设用地利用效率区域差异研究》，《暨南学报》（哲学与社会科学版）2016 年第 11 期。

［147］张宪涛、丁峻强、雷霞：《新常态下开发区土地集约利用评价》，《西北农林科技大学学报》（社会科学版）2016 年第 2 期。

［148］张雅杰、金海：《长江中游地区城市建设用地利用效率及驱动机理研究》，《资源科学》2015 年第 7 期。

［149］张占录、赵茜宇、李蒴：《中国土地发展权的经济分析与配置设计——以北京市平谷区为例》，《地域研究与开发》2015 年第 2 期。

［150］张志宏、金晓斌、周寅康：《农用地转用征收环节土地税费设置分析与绩效评价研究》，南京大学出版社，2013 年。

［151］张志辉：《中国城市土地利用效率研究 》，《数量经济与技术经济研究》2014 年第 7 期。

［152］章祥荪、贵斌：《中国全要素生产率分析：Malmquist 指数法评述与应用》，《数量经济技术经济研究》2008 年第 6 期。

［153］赵爱栋、马贤磊、曲福田：《市场化改革能提高中国工业用地利用效率吗?》，《中国人口·资源与环境》2016 年第 3 期。

[154] 赵伟、罗亚兰、王丽强：《中国建设用地利用效率的影响因素》，《城市问题》2016 年第 2 期。

[155] 钟成林、胡雪萍：《农村土地发展权、空间溢出与城市建设用地利用效率——基于空间误差模型的实证分析》，《中国经济问题》2016 年第 6 期。

[156] 钟成林、胡雪萍：《中国城市建设用地利用效率，配置效率及其影响因素》，《广东财经大学学报》2015 年第 4 期。

[157] 钟国辉：《基于边际生产率的城市建设用地区域配置研究》，南京农业大学博士学位论文，2014 年。

[158] 钟太洋、黄贤金、张丽君等：《土地税收与城市土地利用关系的理论分析》，《中国地质大学学报》（社会科学版）2007 年第 6 期。

[159] 周沂、贺灿飞、黄志基等：《地理与城市土地利用效率——基于 2004~2008 中国城市面板数据实证分析》，《城市发展研究》2013 年第 7 期。

[160] 朱平芳、徐伟民：《政府的科技激励政策对大中型工业企业 R&D 投入及其专利产出的影响——上海市的实证研究》，《经济研究》2003 年第 6 期。

[161] 邹伟：《中国土地税费的资源配置效应与制度优化》，科学出版社，2013 年。

[162] 邹秀清：《中国土地财政区域差异的测度及成因分析——基于 287 个地级市的面板数据》，《经济地理》2016 年第 1 期。

后　记

本书是在本人博士学位毕业论文的基础上修改而成的，在本书的写作及修改过程中得到了诸多人员及单位的帮助与支持，在此一一表示感谢。

首先要感谢的是江西师范大学财政金融学院的领导和同事，是你们为我提供了一个良好的科研平台和写作环境，让我能够在极为静谧的环境中完成书稿的整理和后续修正工作，是你们激励创新、鼓励科研的文化环境让我下定决心出版本书，是你们的慷慨解囊才让本书得以面世！

其次要感谢的是我的博士生导师胡雪萍教授，是您给了我继续深造的机会，让我有幸能够在自我价值实现的轨道上肆意畅游，感谢您的宽容，让我有机会选择自己感兴趣的研究方向，在我的研究兴趣与您的研究专长不一致时，您没有强行中止我的研究方向，而是以极为宽广的胸怀包容我的叛逆，不断尝试寻找我的研究方向与您研究专长的结合点，并尽己所能，调动各方资源，为我博士阶段的研究提供力所能及的帮助与支持，虽已毕业多年，但导师慈母般的身影总是令我难以忘怀，细细回味，能够遇到如此宽容的导师，实乃人生之大幸。

此外，还要感谢财大西方经济学专业的卢现祥教授、罗良文教授、廖涵教授和项本武教授，是你们的人格魅力和学术魅力扭转了我对西方经济学的刻板印象，激发了我对西方经济学的学习兴趣，明确了自己的研究方向，形成了自己的研究范式。与此同时，还要感谢西方经济学专业的梁圣蓉博士、刘培青博士、沈媛媛同学和唐叶同学，感谢你们三年的陪伴，是你们让我体会到了学习的乐趣，你们的成熟和睿智引领着我迅速成长，愿我们的友谊常在！

最后，要感谢我的家人，感谢爸妈无条件的支持，是你们的远见才让出身农村的我有读到博士的机会。感谢姐姐的无私和大度，在家庭经济条件有限的情况下，学习成绩优异的你毅然决然地选择外出打工，把读书的机会让给了我，这是我一辈子的遗憾，但我会铭记于心，尽己所能，为你创造幸福！

钟成林

2019 年 5 月 25 日于静湖湖畔